Marco Caimi, Patrik Meier
Löwen tragen keine Uhren

Marco Caimi, Patrik Meier

Löwen tragen keine Uhren

Das Antistressbuch
für den Arbeitsalltag

A & O des Wissens

Die Deutsche Bibliothek verzeichnet diese Publikation
in der Deutschen Nationalbiographie.
Internet: http://dnb.d-nb.de

© 2007 A & O des Wissens, Basel

www.aundoverlag.ch

Alle Rechte der Verbreitung durch Film, Funk und Fernsehen, fotomechanische Wiedergabe, Tonträger jeder Art, auszugsweisen Nachdruck oder Einspeicherung und Rückgewinnung in Datenverarbeitungsanlagen aller Art sind vorbehalten.

Satz: Jungbluth Digital & Print, Freiburg im Breisgau
Umschlagillustration: Reto Fontana
Lektorat: Tobias Wessels
Druck: fgb freiburger graphische betriebe,
Freiburg im Breisgau

Printed in Germany

ISBN 978-3-905327-37-3

INHALT

Vorworte 9
Einleitung 17

1.0 Anforderungsprofil Arbeitswelt 23
1.1 Interview mit Peter Merz 52
1.2 Interview mit Dr. Peter Petrin 58

2.0 „You never work alone" 63
2.1 Interview mit Peter Gugger 89

3.0 Homo sapiens (a)sexualis 95
3.1 Interview mit Eliane Schweitzer 107

4.0 Der Körper – die Kathedrale der Seele 115
4.1 Säule 1: Die Flügel der Bewegung –
      Lebenselixier Ausdauer 123
4.1.1 Interview mit Viktor Röthlin 135
4.2 Säule 2: Die Inspiration der Kraft –
      für Ihren starken Auftritt 140
4.2.1 Interview mit Stefan Heiniger 148
4.3 Säule 3: Inspiration Ernährung –
      die Lust am lustvollen Essen 151
4.3.1 Interview mit Andi Gonseth 165
4.4 Säule 4: Motivation und Ziele –
      es ist machbar! 168

5.0 Egomarketing 179
5.1 Interview mit Urs Odermatt 204

6.0	Die Umgebung der Arbeit	209
6.1	Interview mit H.-P. Cohn	230
7.0	Unternehmer oder Unterlasser?	235
7.1	Interview mit Claudio Ammann	264
8.0	Was kann ein Unternehmen tun?	267
8.1	Interview mit Urs Hanselmann	300
8.2	Interview mit Andri Rüesch und Chantal Beyeler	303
9.0	Die Zukunft der Arbeit	309
9.1	Interview mit Ingrid und Luca Bein	336
10.	Inspironomie®-Bar	343
11.	Literaturverzeichnis	349

Dr. med. Marco Caimi, geb. 1962, ist Co-Leiter von ÄQUILIBRIS REHAB Basel und Frenkendorf, Rehabilitationszentrum für den Bewegungsapparat, speziell Wirbelsäule. Als Vollblutunternehmer ist er in der Schweiz Marktleader als Managementtrainer und Referent im Bereich Corporate Health und betreut namhafte Unternehmen wie Hugo Boss, LGT, UBS, Swisscom, emmi, vitra., asics Schweiz/Montana Sport, Holcim, BVB, Sony, BLKB und v.a.m. Er ist Fachseller-Autor, Kolumnist und Moderator, Marathonläufer, Du- und Triathlet, Rotweinliebhaber, Weissbierfetischist, Fashion-Victim. Kurz: Lp (Lebensgeniesser pur). Verheiratet, zwei Kinder. Inspironom I.

Patrik Meier, geb. 1971, dipl. Ingenieur Maschinenbau und Wirtschaft, bis 2004 in diversen Funktionen im dänischen Grossunternehmen Danfoss weltweit tätig: Product Manager, Business Development, Vertriebs- und Marketingleiter und weltweiter Key Account Manager. 2004 bis 2006 CEO Medical Teaching Concept AG (Betreiberin des ÄQUILIBRIS TRAINING). Ab 1.1.07 erster Franchisenehmer des ÄQUILIBRIS-TRAINING-Konzeptes und damit definitiv Unternehmer, Referent und Seminartrainer. Verheiratet, drei Kinder, passionierter Skilangläufer und Ausdauersportler. Inspironom II.

Vorwort Olivier Pagan

Wenn man sich überlegt, wie viel Platz die beruflichen Verpflichtungen und wie viel Platz die Freizeit im Leben von Herrn und Frau Normalverbraucher einnehmen, und dies mit dem Arbeitsalltag vor 100 Jahren vergleicht, als sich die Freizeit, wenn es sie überhaupt gab, auf den Sonntag beschränkte, so darf man sich fragen, warum heute so viele Bücher zu Work-Life-Balance, Burnout, Mobbing und ähnlichen Themen erscheinen. Tatsächlich haben die Menschen in unseren sogenannt zivilisierten Breitengraden nie so viele Möglichkeiten zur Gestaltung ihres Alltagslebens gehabt, unter anderem dank einer immer schnelleren Kommunikation, immer leistungsfähigeren Technologien, flexiblen Arbeitszeiten und grösserer Mobilität. Je mehr Wahlmöglichkeiten die Menschen haben, desto schwieriger wird es aber anscheinend für sie, ihre Freizeit bei all der Reizüberflutung sinnvoll zu gestalten. Was ist es wohl, was uns Menschen der Zapping-Generation fehlt? Als ich den Buchtitel las und gebeten wurde, das Vorwort zu verfassen, habe ich mich zuerst gefragt, was denn der Zoologische Garten Basel mit diesen Themen zu tun habe. Nach einiger Überlegung schien es mir interessant, eine Brücke zu schlagen zwischen den Buchthemen, wissenschaftlichen Tierbeobachtungen und dem Zoo Basel.

Der Zoo Basel ist eine wissenschaftlich geleitete Institution, welche vier Hauptaufgaben erfüllt: Erholung bieten, Bildung vermitteln, Forschung ermöglichen und Naturschutz betreiben. Der Zoo Basel ist nicht nur eine kulturelle Non-Profit-Organisation, sondern auch ein Betrieb, ein KMU, welches von Menschen für Menschen geführt wird. In diesem Betrieb stehen die Tiere im Zentrum unserer täglichen Beschäftigungen. Jeden Tag lernen wir von den Tieren und bemühen uns, mithilfe einer vorbildlichen Tierhaltung die Besucher an unserem Lernprozess teilhaben zu lassen.

Aber kehren wir einen Augenblick zu den Löwen zurück, zu denen im Titel, den Zoolöwen oder denjenigen in Afrika. Löwen leben in Familienverbänden. Die Weibchen jagen, um ihren Hunger zu stillen und die Jungtiere zu ernähren und ... auch die Männchen, welche im Gegenzug das Territorium der Familie verteidigen. Wenn die Jungtiere selbständig geworden sind, verlassen sie ihre Familie und versuchen, ein eigenes Revier zu erkämpfen. Sie suchen Weibchen, paaren sich, gründen eine neue Familie, und der Kreis schliesst sich. Aber womit verbringen die Löwen denn den grössten Teil des Tages? Sie schlafen! Gemäss neuesten wissenschaftlichen Untersuchungen schlafen wild lebende Löwen bis zu 23 Stunden am Tag. Unglaublich, welch eine Leistung! Das ist echte Work-Life-Balance ...

Und die Gorillas? Was machen sie den ganzen Tag? Und die Wildhunde? Sie alle widmen sich denselben grundlegenden Tätigkeiten zur Befriedigung ihrer Bedürfnisse: fressen, sich fortbewegen, um neue Nahrungsgründe zu finden, jagen oder fischen, einen Partner suchen, ein Revier verteidigen, Körperpflege betreiben, Darm und Blase entleeren, sich fortpflanzen, um den Erhalt der Art sicherzustellen, sich ausruhen – richtig: sich ausruhen. Sicher sagen Sie nun, dass sich Elefanten nicht lange ausruhen können, denn sie müssen weiterziehen, genau wie die Gnus ... wirklich? Nein, auch sie finden immer einen Moment, um zu ruhen, auch wenn natürliche Zwänge wie klimabedingte saisonale Dürreperioden oder Nahrungsmangel in ihrem Lebensraum, welcher aufgrund von menschlichen Aktivitäten immer mehr zerstückelt und zerstört wird, ihr Verhalten zu diktieren scheinen.

Ach ja, menschliche Aktivitäten – im Geschäft, in der Stadt, auf dem Land, in der Schule, zu Hause ... überall Aktivität, Produktivität, Wachstum, Leistung, übertriebene Konkurrenz und Rekorde, an welchen sich unsere Gesellschaft ergötzt. Wo finden wir Menschen der Zapping-Generation nur unser Gleichgewicht? Wenn Sie das wissen möchten, empfehle ich Ihnen einen Rundgang durch den Zoo, wo Sie viele Tiere mit einem Beruf antreffen werden: Die Zootiere sind Botschafter ihrer wilden Artgenossen und ihrer bedrohten Lebensräume. An den Zootieren können Sie beobachten, wie sie mit viel Tatkraft und kämpferischem Geist, aber ohne chronischen Stress kommunizieren und sich auf eine Aufgabe konzentrieren, sei es Nahrungssuche, Aufzucht und Erziehung der Jungtiere, Spiel mit Artgenossen oder Rangkämpfe. Sie werden sehen, dass Ausruhen, Unter-einem-Baum-im-Schatten-Liegen oder Schlafen nicht nur gerechtfertigte, sondern unerlässliche und unentbehrliche biologische Tätigkeiten sind. Und wenn Sie sich fragen, wie wir Menschen all diese Themenkreise gewichten, ihre Wechselbeziehungen verstehen, sie trotz der Probleme, die sie uns im Alltag stellen, schliesslich in ein Gleichgewicht bringen und Lösungen finden können – tun Sie es, wie wir es in der Schule gelernt haben: erst die Theorie, dann die Praxis.

Dr. med. vet. Olivier Pagan
Direktor Zoo Basel

Vorwort Marco Caimi

Warum dieses Buch? Bei vielen hundert Laufmetern an bereits vorhandener Managementliteratur hat nun wirklich niemand darauf gewartet ... Anderer Meinung war der Verlag A&O des Wissens. Nicht selbstverständlich, und dafür tausend Dank von uns Autoren. Toll.

Es war aber auch mir ein Bedürfnis, nach einer zweistelligen Anzahl Berufsjahren als Arzt und Seminartrainer (Letzteres vorwiegend in Firmen) diese Erfahrungswerte wiederzugeben. Unplugged. Zu vermitteln, dass Bertolt Brecht mit seinem

„Alles, was keinen Spass macht, nennt man Arbeit!"

unrecht hatte. Zu vermitteln, dass das Gegenteil der Fall sein sollte oder meistens auch sein kann. Dass es keine Arbeit gibt, die so ernst ist, dass man nicht dabei lachen darf. Am Tod ist nicht der Bestatter schuld. Zu vermitteln, dass jede und jeder an und zu Stimmungen beitragen kann und soll, dass aber das Schaffen der dafür geeigneten Grundbedingungen Chefsache ist.

Das Buch soll auch ein Dank sein an unsere Firmenkunden, die, im Bewusstsein ihrer Verantwortung für ihre Mitarbeiter, weder Mühe noch Geld oder zeitlichen Aufwand gescheut haben, um auch für die Soft Factors ihres Human Capitals etwas zu tun.

Einige von ihnen konnten wir im Buch zu Wort kommen lassen. Es waren spannende Begegnungen und Interviews. Dadurch brachten wir Menschen und damit Leben ins Buch. Wir hätten noch viele Interviews führen können, aber der Platz war beschränkt. Die, die nicht zu Wort gekommen sind, waren nicht minder wichtig, und auch ihnen gebührt mein aufrichtiger Dank, denn sie sind ein wohltuender Kontrast zu anderen schlechten und verwerflichen Beispielen, die zwar lautstark auf ihren Websites von den Mitarbeitern als dem wertvollsten Kapital sprechen. Geht es aber darum, Farbe zu bekennen, ist es plötzlich zu teuer, keine Zeit vorhanden oder gerade wegen Umstrukturierung ungünstig oder alles Sache der Mitarbeiter als erwachsenen Menschen ... An vorderster Front sei eine hoch börsenkotierte Lebensmittelgesellschaft vom Genfersee erwähnt, die uns stunden-, beinahe tagelang zum Nulltarif Konzepte entwerfen und mehrfach anreisen liess, um dann aus finanziellen Gründen dankend abzuwinken. Gut haben wir mal darüber gesprochen. In Tiefkühlprodukten und Babynahrung sublimierte Geschäftsethik.

Das Buch zu schreiben, war ein Erlebnis. Es war Patrik und mir bewusst, dass es nicht in unserer Alltagswelt und deren Hektik entstehen konnte. So haben wir uns an unseren Firmensitz in Stellenbosch/Südafrika, mittlerweile beinahe so etwas wie unsere Wahlheimat, zurückgezogen. Im dortigen milden Winter fanden wir die Ruhe und Inspiration zur Inspironomie. In einem Land, welches wie kein anderes durch Grosszügigkeit, Toleranz und Vergebung beinahe ein Wunder geschaffen hat.

Trotzdem kam ich mir beim Schreiben manchmal wie auf dem Jakobsweg vor, auf welchem man Hochs und Tiefs erlebt und einem das eigene Leben begegnen soll. Der Kampf mit dem Gedanken des Aufgebens, des Kapitulierens, die Schreibeinsamkeit, abgelöst von euphorischen Phasen ungeahnten Flows. Hape Kerkeling war mir in diesen Wochen mit seinem Buch „Ich bin dann mal weg!", das seinen wirklich durchwanderten Jakobsweg beschreibt, ein wunderbarer Begleiter (der Dank gebührt auch unserem Interviewpartner Peter Merz für seinen Buchtipp kurz vor unserer Abreise).

VORWORT

Das Buch ist für Menschen, die sich in irgendeiner Form mit Arbeit auseinandersetzen. Als Arbeitgeber, als Vorgesetzte, als Personalverantwortliche, als Arbeitnehmer, deren einzige Motivation für das morgendliche Aufstehen nicht die volle Blase sein soll.

In dem Sinne soll das Buch nicht pfannenfertige Lösungen anbieten, sondern zu Reflexionen anregen. Zu Diskussionen. Zu Versuchen. Zum Aufbrechen. Zu Toleranz. Zu Respekt und gegenseitiger Wertschätzung. Zu erfüllter Arbeit. Zum Lachen. Zu einem Ja zum Leben.

Marco Caimi, im Herbst 2007

Einleitung

Laut! Schrill! Überall!

Vor einiger Zeit mussten wir uns den Vorwurf gefallen lassen, dass wir mit unserem Wissen, unserer Denkhaltung, unserer Arbeitsweise zu zurückhaltend seien. Wir haben keine Lust mehr auf die Zurückhaltung und nennen mit diesem Buch ein wenig die Probleme, viel mehr aber die Lösungen beim Namen.

Wir wissen,
- dass wir sehr vielen Menschen bei ihren Rückenproblemen helfen können. Wir haben das Wissen, die Infrastruktur und die richtigen Mitarbeiter.
- dass wir sehr vielen Menschen bei ihren Gewichtsproblemen helfen können. Wir haben das Wissen, Sie die persönliche Infrastruktur.
- dass wir sehr vielen Menschen bei ihren Mentalproblemen, dem vernachlässigten Zielfindungsprozess helfen können. Wir haben das Wissen, Sie das Hirn dazu.
- dass wir sehr vielen Menschen bei ihren Ernährungsproblemen helfen können. Wir haben das Wissen, können Ihren Zustand messen, können Sie beraten, und Sie haben alle Nahrungsmittel vor Ihrer Haustüre.
- dass wir sehr vielen Menschen in ihrer von Stress, Burnout, Mobbing und anderen Produktivitätshemmern geplagten, lustlosen Arbeitswelt helfen können. Wir haben das Wissen und praktizieren eine leistungsorientierte und dennoch kreative Arbeitsweise, die die Hirntätigkeit erlaubt und nicht ver- oder behindert.

Und all dies in der Wissensgesellschaft, wo Kreativität den entscheidenden Wirtschaftsfaktor darstellt.

Kennen Sie das Gefühl, welches in Ihnen aufkommt, wenn Sie folgende Sätze hören?

- Das Leben ist so hart.
- Das Wetter ist so schlecht.
- Ich schlafe schlecht.
- Wir müssen zehn Prozent der Stellen abbauen.
- Die Chinesen produzieren viel billiger.
- Ich erhalte 225 E-Mails pro Tag.
- Alles ist so kurzfristig, ich plane nicht mehr.
- Ich habe so viele Probleme, ich habe keine Zeit mehr für die Kunden.
- Mein Arbeitstag hat 12 bis 16 Stunden, aber meine Familie ist mir das Wichtigste ...
- Ich kann das alles mit Ernährung und Bewegung nicht mehr hören.
- Wie geht's? – Stress!
- Ich muss 15 Kilo abnehmen.
- Die Zeit wird immer knapper.
- Das darfst du nicht sagen, sonst stösst du die Leute vor den Kopf.
- Ich freue mich auf die Ferien. Ich mache zwei Wochen einfach gar nichts.

Dies sind Auszüge aus dem Schauspiel „Homo Jammertalus". Daraus könnte man so schöne Geschichten und vermutlich ein Vermögen machen. Das will die Welt hören. Mit Katastrophismus kann man viel Geld verdienen (was völlig okay ist, solange man dieses Geld wieder in sinnvolle Projekte investiert) und noch schlimmer, viele Menschen so in Ohnmacht versetzen,

EINLEITUNG

dass diese keinen Fuss mehr vor den anderen setzen können. FRUST.

Dieses Buch ist von Menschen für Menschen geschrieben worden. Für die Menschen, den Turbo der Gesellschaft. Für die Führungskräfte, das Viagra der Wirtschaft.

Das Buch soll nicht viel mehr, als dem Wort FRUST die Buchstaben F und R zu entreissen und diese durch den Buchstaben L zu ersetzen. Daraus wird LUST.

LUST auf Arbeit
LUST auf Menschen
LUST auf Gesellschaft
LUST auf sich selber
LUST auf Beziehungen
LUST auf Büro
LUST auf Herausforderungen
LUST auf Essen
LUST auf Bewegung
LUST zum Nachdenken

Dazu haben wir den Begriff der Inspironomie® geschaffen:

Inspironomie ist die Lehre von der Inspiration und ihren mittel- und unmittelbaren Folgen. Inspironomie ist nicht nur eine Geistes-, sondern Lebenshaltung generell. Innerlich gelebt, aber auch äusserlich zum Ausdruck gebracht.
Die Inspironomie lebenden Menschen sind Inspironomen. Sie sind dem Leben zugewandt, bekennenderweise allerdings mehr den positiven, schönen und aufbauenden Seiten des Lebens als den negativen und alles schlechtmachenden. Sie tragen aber nicht einfach eine rosa Brille, sondern sind auf der dauernden Suche nach Erkenntnis, auch über sich selbst,

über *Situationen, Umgebungen und Mitmenschen. Diese Erkenntnisse versuchen sie in inspirierten Reaktionen umzusetzen, auch wenn es das Verlassen von ausgetretenen Trampelpfaden bedeutet.*
Dies heisst nicht nur Lust auf Meer, sondern auch auf Mehr. Insbesondere bei der Arbeit. In der Inspironomie ist Zeit Leben und nicht mangelnde Ressource.
Inspironomen sehen Zeit als positiven Lebensticker und versuchen selbst zu bestimmen, wann sie bremsen oder beschleunigen. Wie die Löwen.
Inspironomie steht für kreatives Arbeiten in kreativer, möglichst entspannter, dafür produktiver und ästhetischer Umgebung. Dies weckt Neugierde, manchmal kindisch-verspielt, manchmal rational-zielorientiert, oft Visionen schaffend.
Inspironomie ist dem Genuss und der Leistung zugewandt. Eine erfolgreiche Paarung.

Die Denke der Inspironomie ist so unglaublich anders verglichen mit dem Grossteil der Hirntätigkeit der Menschen, dass man sich ernsthaft Sorgen darüber machen muss, warum der Mensch sich mit Händen und Füssen gegen die schönen Dinge im Leben wehrt (und dazu gehört eben auch die Arbeit). Diese Haltung ist systematisch akzeptierte Fremdsteuerung und der Freipass zur Unselbständigkeit. Wellenreiten ohne Surfbrett, Bungeejumping ohne Seil, Autofahren ohne Bremse.

Wir leben und arbeiten in einer Do-it-yourself-Wohlfahrtsgesellschaft. Von allen gefordert und heute gefürchtet. Für uns selbst verantwortlich sein, das wollen wir dann doch nicht. Das Leben kommt als IKEA-Bausatz daher – ohne Montageanleitung, wohlverstanden. Dafür mit dem Warnschild: „Für Risiken und Nebenwirkungen gibt es niemanden, den Sie fragen können. 99 Prozent Eigenverantwortung!"

EINLEITUNG

Dieses Buch soll Ihnen auf Ihrem Weg zur Eigenverantwortung helfen. Die Inspironomie soll Ihnen als kreativer Geburtshelfer dienen.

Wir können und wollen unsere Herkünfte nicht leugnen. Wir sind ÄQUILIBRIS! Der Name unseres Unternehmens stammt vom Wort Equilibrium ab und bedeutet Gleichgewicht. (Dazu gehört manchmal auch bewusst ein Moment des Ungleichgewichts.) ÄQUILIBRIS heisst auch wissen, wie man wieder zum Gleichgewicht zurückfindet. Es ist eine eigenverantwortliche Strategie, die eine Balance der vier persönlichen Erfolgsfaktoren
- Ausdauer
- Kraft
- Ernährung
- Zielorientierung und Motivation

fördert. ÄQUILIBRIS ist ein Katalysator für Leistung und Wohlbefinden. Die ÄQUILIBRIS-Strategie ist genussvoll, lustbetont und berücksichtigt In- und Output gleichermassen: regelmässig einzahlen und ab und zu auch gehörig abheben und mit gutem Gewissen geniessen! ÄQUILIBRIS ist die körperliche und geistige Umsetzung von Inspironomie®.

Für den einzelnen Menschen ist es sehr schwer geworden, einen Lebensunterhalt zu verdienen und gleichzeitig „ein Leben zu haben".

Die Anwendung des ÄQUILIBRIS-Konzepts und die Denkweise der Inspironomie® machen dies möglich.

Die Autoren haben ÄQUILIBRIS und Inspironomie zum Traumpaar des 21. Jahrhunderts erkoren. Lesen Sie selbst, warum. Viel Genuss, Lust, Spass, Neugierde und Kraft zur Umsetzung wünschen Ihnen die Autoren!

Patrik Meier, im Herbst 2007

1.0 Anforderungsprofil Arbeitswelt

„*Bewerten Sie Ihre Arbeit auf einer Skala von eins bis zehn:*
1 – Wieder ein Arbeitstag. Bringt die Miete ein.
4 – Wir tun etwas Wertvolles.
7 – Ziemlich cool (und absolut subversiv).
10 – Wir wollen die Welt verändern."

Tom Peters

WAS „ARBEIT" IST
Arbeit bringt Geld.
Arbeit bringt Status.
Arbeit ist Beziehungslieferant.
Arbeit vermittelt Zugehörigkeit.
Arbeit ist Lernen.
Arbeit ist Aufgabe, ist Auftrag.
Arbeit stiftet Sinn.
Arbeit ist Leben.
Arbeit ist sichtbar gewordene Liebe.
Arbeit ist geil.

Die Arbeit prägt wie nichts anderes unsere Gesellschaft. Unsere Gesellschaft ist eine Arbeitsgesellschaft, noch immer geprägt von der industriellen Arbeitskultur. In unseren Köpfen steckt immer noch das Bild der rauchenden Schornsteine und der Arbeitermassen, die morgens zur gleichen Zeit durch die Tore der Unternehmen strömten und diese zu jeweils gleicher Stunde am Abend wieder in der umgekehrten Richtung verliessen. Die Arbeitswelt wird schon seit einiger Zeit in ihrem Grundgerüst aufs Massivste durchgeschüttelt. Es rauchen primär die Köpfe, und strömen tun vor allem die E-Mails.

„Ich frage Menschen immer, wie viele E-Mails sie in ihrem Posteingang haben. Ich höre dann oft – von denen, die ehrlich genug zu mir sind – 3 000 und mehr."
Mark Hurst, „Bit Literacy: Productivity in the Age of Information and E-Mail Overload"

Die Arbeitswelt von heute wandelt sich grundlegend.

Krise oder Chance? Schauen Sie sich die Zeitungen, Zeitschriften und aktuellen Bücher an. Hier wird der Wandel in erster Linie als Krise beschrieben: Stress, Mobbing, Krankheiten, zu hoher Bonus für Manager, Swissair-Prozess ...

Wollen Sie unsere Meinung zum Wandel hören?

Der Wandel der Arbeitswelt ist eine Riesenchance, die Sie nutzen können, ja sogar müssen, wenn ihnen etwas an sich selber liegt. Ihr Fokus im Gehirn muss sich wandeln, sonst reduziert sich ihr Leben gemäss dem Ausspruch: Die meisten Menschen stehen am Morgen nur noch auf, um ihre Blase zu leeren. Eine solche Denkweise passt nicht zum Wunder „Mensch" und macht über kurz oder lang krank.

Das Leben, und dazu gehört die Arbeit auch, hat zu viel zu bieten, um auf das „Wasserlassen" reduziert zu werden.

Es entsteht eine Arbeitskultur, in der Selbstverantwortung, Umgang mit Wandel und Kreativität von höchstem Interesse sind.

SO KÖNNTE DIESES KAPITEL AUCH BEGINNEN ...
X Prozent Ausfälle wegen Stress am Arbeitsplatz.
Y Prozent Tage Produktivitätsverluste wegen Mobbing am Arbeitsplatz.
Z Prozent Erhöhung der Krankenkassenbeiträge als Folge des Übergewichts und der Rückenschmerzen.

Psychische Symptome A.
Physische Symptome B.

Der Wandel der Gesellschaft ist dafür verantwortlich, und wir sind einfach alle Schlaffsäcke ... und wir sehen Sie vor dem Buch nicken.

Ja, ja, genau so ist es. Eine Katastrophe! Verrückt! Unverständnis!

Nein, die grosse Katastrophe ist, dass wir trotz all den dramatischen Zahlen nichts dagegen tun. Wir setzen uns schön neben die drei Affen, die Augen, Ohren und Mund verschliessen. Wir stammen nicht von den Affen ab, wir sind zu oft Affen. Aber eben, verbogene Affen. Und wenn schon ein Tier, dann lieber gleich unser Titeltier, der Löwe. Der, und natürlich auch der Affe, hätte auf alle Fälle ein besseres Lebenskonzept als wir: Die beiden bewegen sich täglich, ruhen sich aus, essen Leben und leben vor allem im Hier und Jetzt!

Sicher, es ist dramatisch. Aber wissen Sie was? Es scheint noch nicht dramatisch genug zu sein, um die Allgemeinheit hinter dem Ofen hervorzulocken. Wir glauben auch nicht, dass wir mit noch mehr Zahlen und noch dramatischerer Darstellung mehr Bewegung in den Arbeitsalltag bringen können.

Wir reagieren anders auf die Probleme und schreiben über die Lösungen, über das Positive, über das Kreative, über die Lust, über unsere Idee der Inspironomie®.

Denn es gibt sie, die Menschen, die gerne arbeiten. Die gesund sind, weil sie das Konzept Mensch studiert und begriffen haben. Leider sind diese Menschen keine Tagesschlagzeile wert. Zumindest nehmen wir uns viel zu wenig unserer kostbaren Zeit, um Berichte, Artikel und Bücher zu lesen oder mit Menschen auf der ganzen Welt über deren herausragende Erfahrungen und Aktionen zu sprechen, die sich der heutigen Zeit angepasst haben und enorm erfolgreich sind. Diese erfolgreichen Menschen nutzen die Veränderungen in der Arbeitswelt und bauen sich persönliche und unternehmerische Erfolgspositionen auf. Sie nutzen die technischen Veränderungen für sich aus. Lassen die Innovationen für sich arbeiten, damit sie noch mehr Zeit für die gewinnbringenden Tätigkeiten haben.

Es sind Menschen, die vor allem eines begriffen haben: Fast jedes Business ist People Business. Von, mit und für Menschen. Menschen führen den Wandel herbei und passen sich dem Wandel an.

Survival of the Fittest

„Fit" hat in diesem Fall nichts mit körperlicher Fitness zu tun, sondern steht für die Fähigkeit, sich an ein verändertes Umfeld anzupassen.

Glauben Sie uns, nicht alles Neue ist negativ, obwohl dies viele glauben mögen. Das Neue macht uns dann krank, wenn es uns führt und nicht wir das Neue führen. Beispiele gefällig?
- Ihr Handy hat einen Knopf zum Abschalten, den Sie persönlich betätigen können.
- Sie entscheiden, ob Sie das E-Mail-Programm ständig geöffnet haben und zusätzlich noch den E-Mail-Eingang mit einem grausamen Ton begleiten lassen wollen.
- Sie bestimmen, ob Sie zwischendurch eine Techno-Pause einlegen.

WAS SICH WANDELT

Das Umfeld, die Technik, die Werte, die Marken, die Märkte, die Arbeit, die Leute, die Ziele – all das unterliegt ständigem Wandel. Und im Zentrum sind Sie als Mensch.

> Der Mensch, die einzige Konstante?

- Konstant arbeitend?
- Konstant gestresst?
- Konstant sitzend?
- Konstant vor dem PC?
- Konstant im Konflikt?

Sag's uns, Giovanni Trapattoni: Habe fertig, Konstante! Denn dann wandeln Sie sich zur Verkümmerung. „Die Leute sind wild nach Veränderungen", meint der Managementguru James Champy. „Eine Gesellschaftsordnung, die das Bedürfnis des Menschen nach Stabilität so sehr vernachlässigt, kann nicht von Bestand sein", so das Fazit des Soziologen Richard Sennett. Im Spannungsfeld zwischen diesen Polen müssen wir unseren eigenen Weg finden.

EINE UNÜBLICHE DEFINITION VON ARBEIT

Auf der Website von Zukunftsforscher Matthias Horx fanden wir vor kurzem eine interessante Definition der zukünftigen Arbeit, die sehr stimmig mit der unsrigen ist:

> Die Ära des Arbeitsplatzes neigt sich dem Ende zu. „Platz" sagt man im 21. Jahrhundert zu seinem Hund, aber nicht mehr zur Arbeit. Denn Arbeit wird in vielen Dimensionen „flüssig", sie erhebt sich von den Plätzen. Arbeit, das ist im 21. Jahrhundert jene wunderbar soziale, kreative, anstrengende Tätigkeit, für die wir obendrein auch noch Geld bekommen. Wissen Sie, wie Ihr

Beruf in 15 Jahren heisst? Wenn ja, ist das in Zukunft ein schlechtes Zeichen für eine erfolgreiche Karriere. In Zukunft sind wir alle das Prekariat – aber das positive Prekariat. Denn es gibt auch immer mehr Menschen, für die Leben, Liebe, Arbeit und Selbstverwirklichung näher aneinanderrücken. Und für die „lebenslang" nicht mehr eine Beschreibung für einen Arbeitsplatz, sondern eher ein Urteil für Schwerverbrecher ist. Arbeit verliert ihre strikte Bindung an Zeit, Bürosessel und Produktionsorte. In der Wissens-Gesellschaft, wo Kreativität den entscheidenden Wirtschaftsfaktor darstellt, arbeitet man am besten beim Gärtnern, beim Joggen, beim intensiven Gespräch – in jedem Fall in Bewegung.

Wir haben uns für diese Art von Arbeit entschieden. Und Sie?

DAS UMFELD HAT SICH VERÄNDERT
Die Welt müssen wir neu sehen. So viel Offenheit über den zukünftigen Werdegang des Weltgeschehens gab es sicherlich noch nie. Konnten wir vor Jahren unsere Geschäfte lokal definieren und mussten die Augen und Ohren in einem kleinen Umkreis offen halten, sind wir aufgefordert, den Weltmarkt zu beobachten. Überall gibt es Konkurrenten, die uns das Fürchten lehren. Dieses „Unbekannte" macht uns mächtig Angst. Chinesen und Inder scheinen neu unsere grösste Konkurrenz darzustellen. Andere Denkweisen, andere Schriften, andere Gesichter, andere Flugnummern, anderes Klima, aber – gleiche Ziele: ökonomische Wertschöpfung, Marktanteile, Mitarbeiterbeschäftigung. Wir wehren uns mit Händen und Füssen gegen die Veränderungen der Umwelt und hoffen, dass die grössten Big Bangs nach unserer Pensionierung eintreten.

Die heutigen Gesellschaften sind dazu aufgefordert, die Jugend so zu erziehen, dass diese die verkrusteten Regeln bricht und Zukunftsvisionen lebendig entwickelt. Die Flexibilität der Arbeit ist zu stärken, indem der Unternehmerinstinkt im Menschen geweckt wird, um dem globalen Druck in der Wirtschaft gewachsen zu sein.

Sehen wir uns die Veränderungen am Beispiel einiger Branchen an:
- In der Fertigungsindustrie sind die Zeiten der grossen Lager definitiv vorbei, und es wird just-in-time, on demand produziert. Sind die Lieferzeiten dadurch kürzer und verlässlicher geworden? Nur dann, wenn wir uns für das Produkt aus dem Sortiment entscheiden, das der Lieferant vielleicht auch als Mainstreamprodukt definiert hat.
- Energie: Wurden die Märkte von einigen wenigen Firmen dominiert und haben zu Stabilität geführt, ist die Energieversorgung heute geprägt von der Gefahr von Nachschubengpässen im Mittleren Osten, in Lateinamerika und anderswo. Einige Länder unterschreiben Protokolle, andere kümmert das nicht im Geringsten ...
- Telekommunikation: von Monopolriesen zu innovativen Neueinsteigern aus der Dose.
- Gesundheit: von Vollkaskomentalität und teuren Originalpräparaten zu Selbstbeteiligung und billigen Generika (bei bleibender Vollkaskomentalität).

... und wir hätten es gerne ein wenig ruhiger. Vergessen Sie es!

DER HAUPTBESCHLEUNIGER: DIE TECHNIK
Das Tempo der Veränderungen nimmt immer stärker zu. Hatten sich die grossen Veränderungen im Denken der Menschen in der alten Zeit noch im Rhythmus der Jahrtausende vollzogen, so erfolgten diese Paradigmenwechsel nach 1000 n. Chr. ungefähr alle hundert Jahre. Schon nur im 19. Jahrhundert änderte sich mehr als in 900 Jahren zuvor. In den ersten zwan-

zig Jahren des 20. Jahrhunderts gab es dann mehr Veränderungen als während des gesamten „wilden" 19. Jahrhunderts. Ums Jahr 2000 erfolgten grössere Paradigmenwechsel bereits im Zehnjahresrhythmus. Und nun kommt's: Für das 21. Jahrhundert prognostiziert man eintausend Mal so viele technische Neuerungen wie im 20. Jahrhundert.

Wir müssen uns anschnallen, denn der grösste Teil der technischen Neuerungen basiert auf dem Mikrochip. Die meisten Menschen glauben, dass die technologischen Versprechungen der Vergangenheit angehören und wir nichts Neues mehr zu erwarten haben; deswegen werden sie durch IT tagtäglich auf dem linken Fuss erwischt. Die Welt von heute steht und fällt mit dem Internet.

Freuen Sie sich auf die eintausendmal mehr technischen Neuerungen, solange diese uns nur nicht so verwöhnen, dass unsere menschlichen Fähigkeiten verkümmern. Technologiefirmen müssen lernen, Menschen zu mögen und diese nicht mit ihren Technologien fertigzumachen: uns bevormunden, nerven oder schlichtweg überfordern.

Ganz im Zeichen der Inspironomie®: Wir wollen Technologien, die so idiotensicher sind, dass sie uns mehr Kreativität ermöglichen.

Dazu zwei der Gesetze von Apple bei der Entwicklung des iPod:
1. Denken Sie an die Nutzer, nicht ans Geld.
   Das Drehrad samt Menüführung ist ein Meisterwerk der Benutzerfreundlichkeit. Wenn Menschen erleichtert lachen, klingelt die Kasse.
2. Verzichten Sie auf alles Überflüssige.
   Was auffällt? Nichts. Fast nichts. Designer Jonathan Ive hat eine Ikone der Reduktion entworfen. Noch mehr weglassen hiesse: kein iPod.

ARBEITSDROGE GESCHWINDIGKEIT UND REIZÜBERFLUTUNG
Johann Wolfgang von Goethe hat sich im Jahre 1825 beklagt, dass alles „flüchtig" sei, man sich nicht mehr kenne, man vom Zeitstrudel mitgerissen werde, nur noch Reichtum und Schnelligkeit bewundert würden und dass man sich nur noch an den Verbesserungen der Kommunikation ergötze. Ach du lieber Goethe, wenn du wüsstest ...

Seit 1825 ist das Reisen hundert Mal und die Kommunikation zehn Millionen Mal schneller geworden. Kein Wunder, dass der Grossteil der Menschen die ständige Hektik und Unruhe als den grössten Auslöser für Stress empfindet.

> Stress, der Krankmacher Nr. 1

Alle haben „keine Zeit" mehr und geben so ihren Mitmenschen zu verstehen, dass diese absolut tiefste Priorität geniessen. Es gibt sogar Menschen, die Ihnen schon bei der Begrüssung sagen, dass sie eigentlich keine Zeit für Sie haben. Nett, oder? Dabei wollen diese so viel von ihnen.

Das Paradoxon der Zeit:
1. Wir haben heute mehr Zeit, als Menschen je hatten.
2. Während der letzten 100 Jahre hat sich unsere Lebenserwartung beinahe verdoppelt.

Im Buch „Zeit – der Stoff, aus dem das Leben ist" beschreibt Stefan Klein drei Ursachen unseres Zeitmangels: Unkonzentriertheit, Stress und Unlust.

Das Virus Geschwindigkeit hat heute schon die ganze Welt infiziert. Niemand kann sich dagegen so richtig wehren. Es ist wie bei einem Marathon. Sie gehen mit der Masse mit, obwohl Sie genau wissen, welches Ihr passendes Tempo wäre. Zähne zusammenbeissen und weiterrennen – bis zum Zusammenbruch. So ein Lauf ist weit vom viel gepriesenen Genusslauf, der uns so gut tun würde, entfernt.

Die Hauptproblematik der ultrahohen Geschwindigkeit ist die nie da gewesene Dichte von Reizen, die in einer schier unendlich kurzen Zeiteinheit auf uns einprasseln. In einem einzigen Jahr nehmen wir so viele Eindrücke mehr auf als Goethes Zeitgenossen in einem ganzen Leben. Nur fehlt uns die Zeit, um diese einzelnen Reize zu geniessen. Dagegen gibt es zwei Strategien: Entweder wir widmen jedem Reiz weniger Zeit, oder aber wir wählen aus und akzeptieren, dass wir nicht jeden Reiz berücksichtigen können. In beiden Fällen nutzen wir nicht das ganze Angebot aus, mit diesem Fakt müssen wir aber leben können. Denn Aufmerksamkeit ist ein knappes Gut. Jede Information, die wir verarbeiten wollen, kostet Zeit, die dann für etwas anderes fehlt. So schlimm wäre dies nicht, solange unser Auswahlfilter gut funktionieren würde. Tut er aber in unserer modernen Umgebung nicht. Längst ist der moderne Mensch süchtig nach Reizen. Einer Umfrage des Internetdienstleisters AOL zufolge rufen 41 Prozent der Befragten morgen noch vor dem Zähneputzen zum ersten Mal ihre Mails ab, und gleich viele haben zugegeben, dass sie schon nachts extra aus dem Bett aufgestanden sind, um nur schnell den Eingang von Mails abzufragen. 4 Prozent können es scheinbar nicht einmal auf der Toilette bleiben lassen ...

Die Reizüberflutung ist aber nicht nur negativ zu bewerten. Diese verschafft uns auch sehr gute Gefühle. Keine Reize zermürben uns nämlich. Das Problem des Zuviel an Reizen ist, dass wir uns dadurch schlechter konzentrieren können. Eine höhere Erregung führt zu einer Hemmung der Aufmerksamkeit. Wir verlieren so die Fähigkeit, uns den selbst gewählten Tätigkeiten zu widmen, und wir leben nicht nach unserem eigenen Rhythmus. Die Reizüberflutung und das Mitgehen des Takts der Aussenwelt funktionieren so lange sehr gut, wie es uns gelingt, dabei unsere eigenen Aufgaben zu bewältigen. Kontrolle.

Übrigens, kennen Sie den Verhaltenskodex der Fischer und Bauern auf der malaysischen Halbinsel Kentalan? „Wer hastet, ist ein Flegel, denn er erweist damit der Gemeinschaft Respektlosigkeit." Dem ist nichts anzufügen.

WENN KÖRPER UND GEIST KEIN TEAM MEHR SIND
Eine uns sehr nahestehende Marke der Sportartikelbranche nutzt in ihrem Markennamen den folgenden Ausspruch:

Anima **S**ana **I**n **C**orpore **S**ano
Ein gesunder Geist in einem gesunden Körper

Diesen Anspruch muss jeder an sich selbst stellen, wenn er interessiert daran ist, dass er Topleistungen in allen Facetten des schönen Lebens erbringen will. Wissen Sie, ein funktionierender Körper gekoppelt mit einem Hirn, das benutzt und nicht nur besessen wird, kann einfach mehr. Mehr tolle Sachen erleben.

Leider sind Kopf und Geist in den meisten Fällen eher Konkurrenten als ein Team:

Körper: grosses (vor allem horizontales) Wachstum
Geist: grosses Schrumpfen (wohl zu viel Lean Management erfahren)

Diese beiden Entwicklungen haben einen unglaublichen Einfluss auf die heutige Arbeitswelt. Arbeitnehmer, bei denen Körper und Geist kein Team mehr bilden, werden zu Ameisen.

Die anderen, die Body-and-Mind-Teamplayer, sind Adler. Dieser bildliche Vergleich, welcher durch Dr. med. Ulrich Strunz weltweite Bekanntheit erlangt hat, erklärt unglaublich vieles. Die grosse Herausforderung: Wir haben zu viele Ameisen und zu wenige Adler.

Ameisen stapeln Bierkisten mit Problemen (wirkliche und nicht wirkliche) des Lebens vor sich auf. Vor lauter Bierkisten sehen sie weder nach links noch nach rechts, oben oder unten. Ameisen gehen zwar jeden Tag wieder die Probleme an, die Kistentürme werden aber nicht kleiner. Diese Anstrengungen brauchen unglaublich Kraft. Zähne zusammenbeissen, Kopf nach unten, Überstunden machen, Probleme bewältigen, täglich, bis ans frühe Lebensende. Ameisen sollten sich einmal die Zeit nehmen, mit den Adlern einen Kaffee zu trinken und zuzuhören. Die nähern sich nämlich den Problemen von oben. Die überblicken die Bierkisten, haben die Übersicht. Die kreisen mit Energieüberschuss und einer beneidenswerten Leichtigkeit über den Stapeln. Im Gegensatz zu Ameisen lernen die Adler von den wissenschaftlichen Erkenntnissen, machen sich diese zunutz und bewegen sich, erholen sich im richtigen Moment zur Erlangung der inneren Ruhe, führen mit tiefem Cortisolspiegel und energetischem Überschuss ein aktives Leben. Sie nähern sich den Problemen mit stoischer Ruhe, delegieren und erledigen selber Aufgaben mit links.

Ameisen (die mit dem galaktisch hohen BMI und dem permanent hohen Stresspegel) starten den Tag schon im Energieunterschuss. Sie möchten lieber eine Stunde länger schlafen, können und dürfen aber nicht. Täglich, über Monate und Jahre, bis sie schon vor der Pensionierung nicht mehr können ... Übrigens, Adler werden jünger alt.

TRILOGIE DER ANFORDERUNGEN
Um es auf einen einfachen Nenner zu bringen: Weltweit, weiblicher und gereifter wird unsere Arbeit in Zukunft sein.

Angst davor?
Sicher nicht, oder?

ARBEITSMARKT 1: ÄLTER
Spätestens im April dieses Jahres (2007) sollten wir alle, die noch Zeitungen lesen, etwas begriffen haben: Wir sind nicht bereit für die alternde Gesellschaft! Nicht in der Schweiz, nicht in Deutschland, nicht in Österreich und erst recht nicht in Frankreich. Dies trifft insbesondere auf die Unternehmen zu. Zu diesem Schluss kommt eine in Zürich durch den Temporärarbeitvermittler Adecco vorgestellte Studie.

In der Schweiz wird die Zahl der Arbeitskräfte im Alter zwischen 30 und 44 Jahren bis ins Jahr 2020 im Vergleich zum Jahr 2000 um ein Fünftel abnehmen, die Zahl der Arbeitskräfte im Alter von 50 bis 64 Jahren jedoch um ein Drittel zunehmen. Schon im Jahr 2010 wird mit 55 Prozent die Mehrzahl der Arbeitskräfte über 40 Jahre alt sein.

Die Studie stellt fünf Handlungsbereiche der Personalpolitik in den Vordergrund, die über die Zukunftsfähigkeit entscheiden dürften. Konkret geht es um Karrieremanagement, lebenslanges Lernen, betriebliches Gesundheits- und Wissensmanagement sowie den generationenübergreifenden Einsatz von Arbeitskräften. Auf der Basis dieser fünf Faktoren hat das von Wolfgang Clement, dem früheren deutschen Bundesminister für Arbeit, geleitete Adecco-Institut ein eigenes Barometer geschaffen: den Demographic Fitness Index (DFX). Ein cooler Name.

Demographic Fitness Index (DFX)

Den DFX zu verbessern, ist keine Hexerei, bedingt aber, dass die Unternehmen die Problematik als Chance ansehen, die Politik die grundlegenden Strukturen bereitstellt und die Arbeitnehmer mitmachen. Auch die Arbeitnehmer müssen wissen, dass sie ihren Beitrag dazu leisten müssen. Es nützt nichts, wenn das Unternehmen sie in eine Weiterbildungsveranstaltung sendet, aber sie mangels geistiger Fitness kein Wort und keine Eindrücke aufnehmen können. Die Situation heute:

- Nur wenige Unternehmen bieten ein ausreichendes Spektrum an Möglichkeiten zur Gestaltung der Berufslaufbahn ihrer Mitarbeiter an, und nur ein geringer Anteil der Mitarbeiter macht davon Gebrauch, insbesondere nicht die Altersgruppe der über 45-Jährigen.
- Unternehmen bieten Fortbildungsmöglichkeiten an, die nur von etwa 50 Prozent der Belegschaft in Anspruch genommen werden. Dabei handelt es sich grösstenteils um standardisierte Trainings, deren Schwerpunkt nur in geringem Masse auf individuelle Erfordernisse oder Schlüsselqualifikationen ausgerichtet ist.
- Im Bereich Wissensmanagement fehlen häufig strukturierte Informationen darüber, wo sich das Fachwissen konzentriert, d.h. darüber, welche Mitarbeiter über welche Fachkenntnisse verfügen.
- Im Bereich des betrieblichen Gesundheitsmanagements besteht europaweit Verbesserungsbedarf. In nur wenigen Unternehmen geht das Angebot über die obligatorischen Vorsorgeprogramme (z.B. Kontrolluntersuchungen) hinaus und umfasst längerfristige Massnahmen, beispielsweise Be-

ratung zu Themen wie Stressbewältigung, Ernährung oder gesunde Lebensweise.
- Obwohl die grosse Mehrheit der Unternehmen die gesetzlichen Vorschriften zum Thema Altersvielfalt einhält und formal alle Altersgruppen gleich behandelt werden, sind darüber hinausgehende Massnahmen wie die persönliche Betreuung durch einen Mentor und die generationenübergreifende Weitergabe von Erfahrungswissen nur selten zu finden.

Die Studie zeigt eines ganz klar auf: Wer sich dem alternden Arbeitsmarkt nicht stellt und sich die Möglichkeiten nicht zunutze macht, wird verlieren. Adecco prognostiziert sogar, dass eine Erhöhung des DFX zu einem 20-prozentigen Schub der Konkurrenzfähigkeit, der Produktivität und der Innovationsfähigkeit führt. Stellen Sie doch diesen Wert einmal dem typischen „10 Prozent Stellenabbau" der Unternehmen gegenüber, die den Zug der Veränderungen auf dem Markt verpasst haben und dadurch an Konkurrenzfähigkeit, Produktivität und Innovationsfähigkeit verloren haben. Können Sie diese 10-Prozent-Stellenabbau-Hiobsbotschaften auch nicht mehr hören?

Supersenioren

So lautet der Titel einer Veranstaltung im Jahre 2006, die wir organisiert haben. Der Event-Saal war proppenvoll, die meisten Teilnehmer Mitglieder unserer Trainingscenter.
PS: Falls Unternehmen „spritzige" Aging Workers suchen, in unseren Centern findet man sie. Menschen, die nach 50 noch nicht mit dem Leben abgeschlossen haben, sondern sich für die erlebnisreichste Zeit vorbereiten. Die wissen, dass Kraft- und Ausdauertraining die Grundlage für den späteren Genuss sind.

Selbstverständlich, Lebensarbeitszeiten, die wie in Japan oder Skandinavien bis tief in das siebte oder gar achte Lebensjahrzehnt hineinreichen, erfordern fundamentalen gesellschaftlichen Wandel. Die sukzessive Ablösung körperlich harter Industriearbeit durch fordernde und abwechslungsreiche Wissensarbeit ist Grundlage und Bedingung dieser Entwicklung. Zeitlich und örtlich flexible Arbeitsstrukturen sowie Investitionen der Unternehmen in die körperliche und geistige Fitness arbeitender Menschen sind Erfolgsfaktoren. Es geht darum, die richtige Passung zu finden zwischen altersspezifischen Kompetenzen und der Arbeit.

50 plus heisst nicht Ruhestand, sondern Neuorientierung, nicht Altersarmut, sondern Master-Konsum, nicht Alzheimer, sondern „Pragmatik der Intelligenz". Die Kompetenz der Generation 50 plus erschöpft sich eben nicht in emotionalen und sozialen Stärken. Ihr Handlungswissen umfasst ein realistisches Planungsvermögen, den besseren Umgang mit Unsicherheiten und eine erhöhte Auswahlkompetenz.

Wie hat doch der Wirtschaftswissenschaftler Michael E. Porter in seinem wegweisenden Buch „Wettbewerbsvorteile (Competitive Advantage) – Spitzenleistungen erreichen und behaupten" geschrieben:

„Jede Komponente in der Wertkette (Value Chain) ist Kostenfaktor und Differenzierungsfaktor zugleich."

Ältere Arbeiter sind vielleicht ein bisschen teurer, bieten aber unglaubliche Chancen, um im heiss umkämpften Absatzmarkt als anders und deshalb besser wahrgenommen zu werden.

> 50-plus-Mitarbeiter = Wettbewerbsvorteil
> (falls sie körperlich und geistig fit sind)

„Alt werden ist die grosse Chance!"

Matthias Horx

ARBEITSMARKT 2: WEIBLICHER

Tom Peters, der verrückte (und deshalb so spannende) Managementguru eröffnete am 12. Oktober 2000 anlässlich der „California Governor's Conference for Women" sein Referat folgendermassen:

„Ich bin Geschäftsmann. Analyst. Pragmatiker. Welche gesellschaftlichen Vorteile die zunehmende Macht der Frauen mit sich bringt, ist mir bewusst; aber das ist nicht mein Thema. Mein ‚Geschäft' ist es, Unternehmensführern meine Überzeugung zu vermitteln, dass die zunehmende Macht der Frauen – in Führungspositionen und als Käuferinnen – heute die stärkste Wirtschaftskraft überhaupt darstellt. Als langjähriger Bewohner von Palo Alto und Silicon Valley wage ich zu behaupten: Die Bedeutung dieser Entwicklung übersteigt sogar die des Internets!"

Es kommt noch dicker: Frauen entscheiden viel mehr als Männer. Tom Peters belegt dies mit deutlichen Zahlen. Wenn es um Kaufentscheidungen für Konsumgüter geht:
- alle Konsumgüter: 83 Prozent
- Möbeleinrichtung: 94 Prozent
- Urlaub: 92 Prozent
- Häuser und Wohnungen: 91 Prozent
- Heimwerkerbedarf: 80 Prozent
- Unterhaltungselektronik: 51 Prozent
- Autos: 60 Prozent

Und bei den Dienstleistungen:
- neue Bankkonten: Frauen entscheiden in 89 Prozent der Fälle.

- Gesundheit: Frauen treffen 80 Prozent der Entscheidungen und sind für rund zwei Drittel der Ausgaben verantwortlich.

Und es geht noch weiter mit Zahlen aus den USA. Frauen ...
- stellen 80 Prozent aller Checks aus,
- bezahlen 61 Prozent aller Rechnungen,
- besitzen 53 Prozent aller Aktien,
- stellen 43 Prozent aller Amerikaner mit einem persönlichen Vermögen von einer halben Million USD und mehr.

In den USA wuchs zwischen 1970 und 1998 das Durchschnittseinkommen der Männer um 0,6 Prozent, das der Frauen um 63 Prozent.

Im ersten Quartal 2000 waren sechs von zehn Nutzern des Internets Frauen und haben mit den Online-Entscheidungen in Sachen Gesundheit, Finanzen und Bildung 83 Prozent ausgemacht.

Nun, dies ist die Sicht auf der Konsumentenseite. Auf der Seite des Arbeitsmarktes stecken wir leider noch immer in den Kinderschuhen, und wir wünschen uns eine

Revolution!

Wir wissen, dass Frauen und Männer klare Unterschiede aufweisen. Wenn man sich die zukünftigen Entwicklungen auf dem Arbeitsmarkt anschaut, sieht man sehr rasch, dass die Frauen weitaus mehr Chancen haben als Männer. Ihre besonderen Stärken:
- besseres Lesen nonverbaler Kommunikation
- Stärken im Umgang mit Worten
- emotionale Sensibilität
- Mitgefühl

- Geduld
- Multitasking (wobei auch Frauen beim Multitasking in die Produktionsfalle plumpsen)
- Verhandlungsgeschick
- ausgeprägte Fähigkeit zum Arbeiten in Netzwerken
- langfristiges Planen
- Vorliebe für Zusammenarbeit und Konsenssuche
- Führungsstil, der auf der Gleichberechtigung der Teammitglieder basiert (bei Frauen häufiger anzutreffen als bei Männern)

Ein Spezialreport der Zeitschrift BusinessWeek aus dem Jahre 2000 bringt es auf den Punkt: „Als Führungskräfte sind Frauen unschlagbar."

Das Problem? Wir müssen die von Männer dominierten Hierarchien runterbrechen, die Beschäftigungsmodelle familienkompatibel gestalten und (hey Männer) vom hohen Ross runterkommen.

> Die Zukunft gehört den Frauen!

Jetzt wissen Sie, warum bei uns 11 von 14 Mitarbeitern Frauen sind!

ARBEITSMARKT 3: GLOBALER
Die Entwicklungen der Telekommunikation und das Internet haben die grossen Distanzen virtuell drastisch verkürzt. Bis vor kurzem wäre es undenkbar gewesen, um Mitternacht über einen Onlineshop in New York nicht nur ein Buch zu finden, sondern dieses per Mausklick zu bestellen, gleich mit Kreditkarte zu bezahlen und nach einer Woche in die Schweiz geliefert zu bekommen. Wenn Sie für Ihre Kunden einen Werbe-

artikel wie zum Beispiel eine bedruckte Sporttasche in China produzieren lassen wollen, genügen ein paar Faxschreiben und E-Mails und vielleicht bei offenen Fragen noch ein Telefonanruf (wir sprechen und verstehen ja die gleiche Sprache), und die Ware ist in kurzer Zeit in Europa (das grösste Hindernis ist dann nur noch der Schweizer Zoll, der die Ware relativ lange zurückhält). Es ist heute auch für ein kleines Unternehmen in Europa aufgrund der technologischen Entwicklungen überhaupt kein Problem mehr, neue geografische Märkte anzugehen. Die Verlagerung von Arbeitsplätzen ins Ausland wird schon lange nicht mehr mit Entsetzen kommentiert.

Wir sprechen von Weltwirtschaft und meinen damit auch den Markt für Arbeit. Wir können die Zukunft der Arbeit nicht mehr ohne eine weltweite Betrachtung diskutieren.

Ein paar Zahlen aus dem Jahre 2005 für die Welt:
- 4,6 Milliarden Menschen im erwerbsfähigen Alter
- 57 Prozent davon in Asien und der Pazifikregion
- 26 Prozent in China
- 14,8 Prozent in Indien
- 191,8 Millionen Arbeitslose (entspricht einer Arbeitslosigkeit von 6 Prozent)

Was bedeutet dies für uns? Werden uns die Arbeitswilligen aus der ganzen Welt die Arbeitsplätze streitig machen? Denken Sie immer daran, Sie haben nichts zu befürchten, wenn Sie gut sind und immer wieder an sich arbeiten. Gibt es den globalen Arbeitsmarkt vielleicht nur in unseren Köpfen?

Diese Fragen allgemein zu beantworten, ist schwierig. Es macht einen riesigen Unterschied, ob Sie jemanden aus dem Bankenwesen fragen oder den Besitzer eines kleinen Restaurants in Basel.

Seien Sie sich einfach eines bewusst: Wenn Sie ein Callcenter für Probleme mit Ihrem PC anrufen, gehört die Stimme am anderen Ende des Telefons schon lange nicht mehr einem Herrn oder einer Dame in Zürich, München oder Wien. Schon eher Indien. Willkommen im Klub der Globalisierung – haben Sie keine Angst davor!

BOREOUT, DIE SCHOCKIERENDE WAHRHEIT DES OFFICE LIFE
Without work, all life goes rotten. But when work is soulless, life stifles and dies.

Albert Camus

Kurz vor Vollendung unseres Buches tauchte ein neuer Ausdruck auf. Wir sind noch voll in der Bewältigung des Burnouts, kommt gleich ein neuer Begriff um die Ecke: das Boreout.

Bis jetzt hat man uns klargemacht, dass alle Mitarbeiter komplett überarbeitet sind, ihre persönliche Work-Life-Balance weit weg von ausbalanciert zu sein scheint und dass wir auf dem Arbeitsmarkt ein schier unlösbares Problem haben, welches uns die nächsten Jahre beschäftigen wird. In seinem Buch „The Living Dead" berichtet David Bolchover, dass Millionen von Menschen inaktiv und teilnahmslos bei der Arbeit sind, dass diese Monat für Monat, Jahr für Jahr annähernd nichts tun, die Ineffizienz heimlich belächeln und sich vor sich hin langweilen.

„Sie laufen täglich in ihr Büro irgendwo auf dieser Welt, immer zur gleichen Zeit, und gehen abends immer wieder zur gleichen Zeit nach Hause. Dazwischen tun sie praktisch nichts. Leistung gleich null, Lohn auf sicher. Sie tragen nichts zum Unternehmen bei. Sie sind der lebende Tod."

Daten erwünscht?
- 14,6 Prozent der US-Arbeiter geben zu, dass sie konstant im Internet surfen, nicht etwa für das Unternehmen. Bei 70 Millionen Arbeitern mit Internetanschluss sind dies 10 220 000 Menschen, die für privates Internetsurfen Lohn im Empfang nehmen.
- Eine andere Studie spricht von durchschnittlichen 8.3 Stunden Internetsurfen pro Woche pro Mitarbeiter.
- 56,3 Prozent der US-Angestellten versenden bis zu fünf private E-Mails pro Tag. 18,7 Prozent bis zu 20, und 7,2 Prozent versenden während des „stressigen" Arbeitstags mehr als 20 private E-Mails pro Tag.
- In England werden pro Jahr neun Millionen falsche Arztzeugnisse eingereicht, obwohl diese Menschen nicht krank sind.
- Ein Drittel der jungen Arbeitnehmer hat zugegeben, dass sie mindestens zweimal pro Woche mit einem Kater zur Arbeit erscheinen.
- Zwei Drittel dieser arbeitenden Gruppe haben zum Zeitpunkt der Befragung angegeben, dass sie sich im letzten Monat mindestens einmal wegen Alkohol krank gemeldet haben. Wohlverstanden, krank gemeldet ohne Angabe eines Grunds. Umfragen mit Drogen sind in Erwartung.
- Einer von vier Europäern ist schon bei der Arbeit vor dem Bildschirm eingeschlafen.
- Die BBC News haben im Jahre 2004 von einem finnischen Steuerbeamten berichtet, der an seinem Pult während der Arbeit gestorben ist. Die hundert Mitarbeiter auf dem gleichen Stockwerk brauchten zwei Tage, um es zu merken ...
- Eine Umfrage der California State University bei 30 000 Arbeitern hat ans Tageslicht gebracht, dass 44 Prozent der Männer und 35 Prozent der Frauen schon sexuellen Kontakt am Arbeitsplatz gehabt haben.

- Spysoftware.com (eine PC-Überwachungsfirma) hat herausgefunden, dass 70 Prozent der Internetseiten mit pornografischem Inhalt während der normalen Arbeitszeiten besucht werden.

Lasst uns arbeiten! Life is good!

WORK-LIFE-BALANCE: ODER ETWA WORK-BALANCE UND LIFE-BALANCE?
Wohlverstanden, wir haben schon viele Seminare zum Thema Work-Life-Balance gegeben. Wir denken aber, dass dieses Konzept nicht die Lösung aller Probleme der heutigen Arbeitswelt ist. Denken wir doch einmal kurz über dieses Konzept nach.

Der Ausdruck WLB suggeriert, dass es auf der einen Seite die Arbeit (das scheinbar Negative) und auf der anderen Seite das Leben (das scheinbar Positive) gibt. Sind denn Arbeit und Leben wirklich in Konkurrenz miteinander? Müssen wir arbeiten, damit wir ein Leben haben? Müssen wir leben, damit wir wieder arbeiten können? Ist die Arbeit nur noch reduzierbar auf Existenzsicherung und Wohlstandsförderung? Dies scheint uns eine Ausgrenzung der Arbeit aus dem Leben zu sein. Wenn Sie so denken, dann geben Sie der Arbeit den Anstrich des Negativen, des Bösen, des Stressors. Sie werden sich jeden Morgen zehnmal im Bett umdrehen, um ja nicht aufstehen zu müssen. Ihr Puls wird schon nur beim Gedanken an die Arbeit um zehn Schläge erhöht sein. Eine halbe Stunde mehr arbeiten am Abend ist dann purer Stress, und die erste Frage wird sofort sein, wann kann ich diese halbe Stunde kompensieren – oder soll ich den Antrag zur Ausbezahlung der Überstunden stellen? Ein hektischer Alltag legitimiert uns, alle Termine am Abend mit Freunden abzusagen oder die Joggingrunde nur noch mental (immerhin) zu durchlaufen. Eine voll beladene Agenda wird dann nicht mehr als positive Herausforderung angesehen.

Lichter löschen? Ja. Aber: Spot an für „Arbeit als Teil des Lebens".

Wir persönlich haben dazu die Form des Unternehmertums gewählt. Da spielt nämlich die Überzeit keine Rolle. Als Selbständiger sind Sie nicht ständig am Arbeiten, sondern ständig am Leben.

Wir ordnen die Arbeit nicht als notwendiges Übel in die Gruppe der Widerwärtigkeiten ein. Sie müssen natürlich wissen, dass dies im Kopf oben einen unglaublichen Denkwechsel fordert und fördert. Arbeit ist dann mehr als schuften. Wir sehen die Arbeit als DIE Chance zur Sinnverwirklichung. Arbeit heisst Leben. Schöpferische, produktive Werte vermitteln. Mit unserer Arbeit ermöglichen wir es, Einzigartigkeit und Einmaligkeit für andere und mit anderen zum Ausdruck zu bringen.

Wie kann so etwas negativ besetzt sein, wie dies leider immer noch bei vielen der Fall ist? Wir geben der Arbeit wieder die hohe Wertschätzung, die dem urmenschlichen Bedürfnis auch entspricht.

Spielen Sie noch „Eile mit Weile" (oder in Deutschland: „Mensch ärgere dich nicht")? Dann kennen Sie sicher die Situation, wieder an den Anfang zurückzumüssen. Wenn Sie dieses Kapitel nicht ganz verstehen, dann zurück zum Unterkapitel „Eine unübliche Definition von Arbeit".

WENN DER URLAUB JEDEN TAG HALLO SAGT
Es gibt seit einiger Zeit ein unglaublich interessantes Phänomen: Die Menschen tun im Urlaub Dinge, die sie sonst in der

Zeit zwischen den Urlauben nicht mehr tun. Warum, wissen wir nicht:
- Im Urlaub nehme ich mir wieder die Zeit, um eine richtige Zeitung zu lesen. In der Zwischenurlaubszeit werden nur noch die elektronischen Ausgaben auf dem Bildschirm gelesen.
- Im Urlaub freue ich mich, wieder einmal in Ruhe einen Kaffee trinken zu gehen. Den trinkt man sonst nur rasch am Kaffeeautomaten.
- Im Urlaub gehen wir mit Freunden am Kurort im Feinschmeckerlokal gut essen. Dort habe ich meine Ruhe, und die Bedienung ist auch freundlicher als zu Hause.
- Im Urlaub ziehe ich mir jeden Tag die Laufschuhe an und geniesse eine Sauerstoffdusche. Warum nur im Urlaub?
- Im Urlaub kaufe ich mir in der Buchhandlung wieder einmal ein Buch. Warum sonst nur im Onlineshop?

So lassen Sie sich natürlich vom Arbeitsalltag führen, und Sie führen nicht mehr sich selber. Inseln schaffen ist gut, dies bitte aber täglich und nicht nur einmal pro Jahr.

Wenn es Ihnen an diesen Dingen fehlt, um in Ferienstimmung zu kommen, dann planen Sie die nächste Woche einmal auf eine ganz andere Weise und bringen Sie jeden Tag Urlaubsstimmung in Ihr Leben:
- Die Zeitungen online lesen ist ja nicht wirklich das höchste der Gefühle. Dreimal nach unten „scrollen", um einen Artikel zu lesen. Tun Sie dies doch wieder einmal mit Ihrer Tageszeitung – dies ist übrigens die Papierausgabe, bei der Sie während des Lesens schwarze Finger erhalten. Wie befreiend.
- Gehen Sie wieder einmal in eine Buchhandlung und kaufen sich dort Bücher. Schmökern Sie rum. Es kann ganz wohltuend sein, wenn Ihnen nicht schon auf der Startseite auf

dem Onlineportal jemand sagt: „Guten Tag, Herr/Frau X, Sie haben sich das letzte Mal das Buch Y angeschaut, und andere haben das auch schon getan. Diese haben dann den Titel Z gekauft." Aber liebe Buchhandlungen, es liegt natürlich auch an Ihnen, eine Stimmung in Ihrem Laden aufzubauen, die man online nie und nimmer haben kann.
- Wann haben Sie zum letzten Mal im Stadion ein Livekonzert besucht? Dort, wo Sie Ihren Partner bei einem schönen Lied in den Arm nehmen können. Sie können die Musik ja später immer noch bei iTunes runterladen, mit einem Vorteil: Wenn Sie das besagte Lied wieder hören, denken Sie dann immer wieder an die Umarmung und können genüsslich schmunzeln.
- Planen Sie in Ihrer Agenda zu Beginn der Woche schon die persönlichen Termine mit sich selbst ein. Kommen Sie ja nicht zu spät. Ihr eigenes Ich wird sonst nicht zufrieden sein.

Warnung: Fragen Sie vorher Ihren Chef oder die Chefin, ob Sie nach einer solchen Woche noch ertragbar sind, da Sie mit unglaublich kreativen Ideen und ausgeglichen ins Büro kommen. Es könnte sein, dass Sie Ihrem Unternehmen zu einem neuen, noch nie da gewesenen Wettbewerbsvorteil verhelfen und so dem 10x/10x-Phänomen edel davonlaufen könnten.

10x/10x: noch nie davon gehört? Dann wird es Zeit, denn in unserer Überflussgesellschaft wird es mit der Gleichheit langsam langweilig.

DAS 10X/10X-PHÄNOMEN
Die beiden schwedischen Managementprofessoren Kjell Nordström und Jonas Ridderstråle schrieben in ihrem fantastischen Buch „Funky Business": „Die Überflussgesellschaft weist einen Überschuss an ähnlichen Firmen auf, die ähnliche Leute an-

stellen, mit ähnlichen sozialen Hintergründen, die ähnliche Ideen entwickeln, die ähnliche Dinge produzieren, die ähnliche Preise und Qualität haben." Sie schreiben weiter: „Um Erfolg zu haben, müssen wir also aufhören, so verdammt normal zu sein. In einer Welt, in der der Gewinner alles einstreicht, gilt folgende Gleichung: normal = nichts."

Wenn wir nun alle die gleichen Managementbücher lesen, unsere Ausbildung an den gleichen Unis machen, die gleichen Prozesse im Unternehmen verwenden, alle nach China und Indien rennen um zu produzieren, ja dann ...

Tom Peters nennt dies das 10x/10x-Phänomen: zehnmal besser, zehnmal weniger unterscheidbar. Und jetzt kommt sie, die ultimative Herausforderung der zukünftigen Arbeitswelt:

> **Andersartigkeit by Human Touch!**

Denken Sie einmal ganz scharf nach. Es ist durchaus erlaubt, nun den Laptop zuzuklappen, das Handy auszuschalten, ein Schild aufs Pult zu stellen mit dem Wortlaut „Bitte nicht stören" und zu *denken*.

Unsere Produkte sind allesamt verkommen zu Basisfähigkeiten. Die Kunden gehen davon aus, dass die Produkte von uns gut sind, abhängig von unserer Positionierung oder je nachdem, wie der Preis ist. Die Produkte sind auswechselbar. Es gibt aber zum Glück zwei Dinge, die nicht kopierbar sind:

1. die Beziehung eines Unternehmens zu seinen Mitarbeitern

   und daraus resultierend

2. die Beziehungen der Mitarbeiter zu ihren Kunden.

Denken und die Chancen des Arbeitsmarktes besser als die Konkurrenz nutzen.

INSPIRONOMIE® – UNSERE ANTWORT AUF DIE VERÄNDERUNGEN

Wenn die Technik in immer kürzeren Abständen mit Innovationen aufwartet, die Berufsanfänger nicht auf die Lebensstelle pochen, keine Vorstellung der Zukunft haben, Kaderleute die Firmen in schneller Kadenz verlassen, kurzfristig denkende Shareholder die Unternehmerfamilien ersetzen, in vielen Berufen das Wissen überholt ist, bevor die Karriere erreicht wurde, durch flache Strukturen die Führungskräfte nicht mehr nur fünf bis sieben Direktunterstellte führen, die Krankenkassenbeiträge immer weiter steigen, Burnout geiler ist als Go-out (darunter verstehen wir, wieder einmal die Schönheit der Natur zu geniessen), dann, liebe Leser, sind Sie gefragt:

Sie als Mensch – mit Körper und Geist –, seien Sie auch mal egoistisch (mindestens einmal pro Tag sollten Sie an sich selber denken).

Frei nach dem Motto: Gönn dir doch mal was!

Wir zeigen Ihnen gerne den Weg – weil das hier Beschriebene unser tägliches Leben und unsere Arbeit wiedergibt.

Es ist ein bewegter Weg in die Welten der Dynamik und der Statik, der Leichtigkeit und Beweglichkeit, der Motivation, des Hürdenüberspringens, so dass Sie beruflich und privat jederzeit den Sprung ins Zeitalter der Kreativität schaffen. Denn Kreativität wird in Zukunft die Schlüsselressource schlechthin sein.

Kreativität

Wir praktizieren das kreative Arbeiten. Eine Arbeitskultur, die von Selbstverantwortung, Wandel und Kreativität geprägt ist. Kreatives Denken und Handeln ist die Fähigkeit, ständig neue Zusammenhänge herzustellen, unterschiedlichste Perspektiven zu integrieren und Bestehendes immer wieder zu hinterfragen – auch sich selbst und den eigenen Lebens- und Arbeitsplan.

Inspironomie®

Dazu benötigen Sie:
- ein gutes eigenes Körperschema, bei dem Körper und Geist ein Team sind
- das kreative Umfeld Arbeitsplatz
- die Freude am Umgang mit Menschen
- eine unternehmerische Grundhaltung
- Ihren persönlichen Stil – Egomarketing
- Und ... geile Unternehmen!

Work hard, have fun, make money.
In Bewegung.

1.1 Interview mit Peter Merz

Peter, du organisierst seit Jahren das Seminar zur Vorbereitung auf die Pensionierung für MitarbeiterInnen der UBS. Freuen sich Menschen auf die Pensionierung, oder haben sie Angst davor?

Diese Frage lässt sich nicht so einfach beantworten. Ich spüre bei den Teilnehmern einerseits eine grosse Erleichterung, dass sie das Berufsleben mehr oder weniger unbeschadet überstanden haben und eine Phase ohne Leistungsdruck, ohne dauernde Bewährung bevorsteht. Freude? Ja, vielleicht, weil sie jetzt über ihre Zeit allein verfügen können, niemandem mehr Rechenschaft geben müssen. Andererseits spüre ich einen grossen Respekt – nicht unbedingt Angst – vor dem neuen Lebensabschnitt. Es werden völlig andere Fragen aktuell, wie: „Wie gestalte ich meinen Alltag? Wie organisiere ich mich zusammen mit meiner Lebenspartnerin, meinem Lebenspartner? Wie halte ich mich fit?" In selteneren Fällen auch: „Reicht die Rente, um meine Bedürfnisse zu erfüllen?" Mancher wird sich jetzt – da eine völlig neue Lebensphase bevorsteht – auch seiner eigenen Endlichkeit zum ersten Mal so richtig bewusst. Ich meine, dass die Vorbereitung auf die Pensionierung viel früher einsetzen müsste, zwischen 50 und spätestens 55. Es geht nicht zuletzt darum, sich rechtzeitig Hobbys zuzulegen, seinen Freundes- und Bekanntenkreis zu pflegen usw. Viele Kolleginnen und Kollegen bestätigen mir denn auch, dass sie sich zum Teil sehr schwergetan haben, sich an den neuen Lebensrhythmus zu gewöhnen. Und einige sind in ein regelrechtes „Loch" gefallen. Dies gilt es zu verhindern.

Um die Renten nicht zu gefährden, sollen Menschen künftig länger arbeiten (müssen). Gibt es eine obere Grenze der Zumutbarkeit?

Ich bin fest überzeugt, dass wir vor einer Flexibilisierung des Rentenalters stehen. Es geht nicht nur um die Sicherung der Renten, sie wird uns sowieso noch grosse Sorgen bereiten. Ab 2010 werden wir den demografischen Wandel spüren. Will heissen, dass deutlich weniger junge Menschen auf dem Arbeitsmarkt zur Verfügung stehen. Die Unternehmungen werden dann unter anderem darauf angewiesen sein, dass ihnen die Mitarbeiter ihre Arbeitsleistung über das Pensionierungsalter hinaus zur Verfügung stellen. Deshalb müssen wir Programme entwickeln, um ebendiese Arbeitskräfte zu erhalten. Einige Firmen sind mit gutem Beispiel voran gegangen. In vielen Firmen ist die demografische Entwicklung aber bis jetzt noch kein Thema, sie wird schlicht vernachlässigt oder verdrängt. Ich habe kein Patentrezept, könnte mir aber so etwas wie eine „Altersentlastung" vorstellen mit dem Ziel, die Arbeitslust zu erhalten. In den verschiedenen Branchen stellen sich natürlich unterschiedliche Fragen. Stellen wir uns Arbeiter im Baugewerbe vor, in physisch anstrengenden Berufen, die teilweise widrigsten Witterungsbedingungen ausgesetzt und möglicherweise irgendeinmal körperlich nicht mehr leistungsfähig sind. Dagegen kann ein Kundenberater auf einer Bank seine Kunden noch Jahre über die Pensionierung hinaus kompetent betreuen. Bei der UBS kennen wir heute schon Programme, die Teilzeitarbeit ab Alter 57 fördern.

Jung, dynamisch, flexibel – ein Hype der 90er-Jahre. Warum ist plötzlich wieder mehr Erfahrung gefragt?
Ich war schon immer ein Verfechter der Vielfalt, der „Diversity". Der Erfolg eines Unternehmens hängt massgebend von der Vielfalt seiner Mitarbeiterinnen und Mitarbeiter ab, davon bin ich fest überzeugt. Ältere und Jüngere gehören dazu, genauso wie Frauen und Männer, Hochschulabsolventen und

Praktiker oder Mitarbeiter unterschiedlicher kultureller Herkunft. Die Mischung ist entscheidend. Zurück zur Frage: Ich habe den „Jugendwahn" hautnah miterlebt. Es hat mich schon verletzt, wie teilweise recht abschätzig über die älteren Mitarbeiter geurteilt wurde. Vielleicht sind sie nicht mehr ganz so leistungsfähig und dynamisch. Das ist zu respektieren. Aber zweifellos verfügen ältere Mitarbeitende über einige Lebens- und Berufserfahrung und stehen für Werte wie Loyalität, Durchhaltevermögen, Zuverlässigkeit. Wenn heute eine Korrektur stattfindet, so vielleicht nicht zuletzt deshalb, weil wir wegen der Situation am Arbeitsmarkt und der bevorstehenden demografischen Entwicklung zu unseren bestehenden Mitarbeitern mehr Sorge tragen müssen.

Gerade CEOs von Banken gehören zu den Grossverdienern. Welchen Faktor soll das maximale Lohngefälle zwischen am besten und am schlechtesten bezahlten Mitarbeitern betragen?

Ich überlasse die Beantwortung dieser Frage gerne den Compensation-Experten. Nein, ich glaube nicht, dass uns die Definition eines bestimmten Faktors zwischen dem niedrigsten und dem höchsten Lohn weiterbringt. Die Unterschiede in den Anforderungen und Kompetenzen, der Belastung und vor allem der Verantwortung lassen sich meines Erachtens nicht in einem Faktor abbilden. Was soll damit erreicht werden? Mehr vermeintliche Gerechtigkeit? Ich befürworte entschieden, dass Leistung und Verantwortung honoriert werden. Mich empört hingegen, wenn einer, der eine Unternehmung zu Schaden gebracht hat, noch mit einer hohen Abfindung verabschiedet wird. Das erachte ich als unethisch, höchst verwerflich und imageschädigend.

Im Moment arbeiten die Meisten noch von 8 bis 17 Uhr, trotz Globalisierung und Internationalisierung. Was siehst du für zukünftige Arbeitsmodelle auf uns zukommen?

Seit ich im Berufsleben stehe, habe ich noch nie einen fixen Tagesplan einhalten können. Arbeitszeiten von 8 bis 17 Uhr sind mir fremd, sie liegen mir wahrscheinlich auch nicht. Dazu kommt, dass mein Magen nicht um Punkt 12 Uhr und 18 Uhr knurrt. Ich passe meine Arbeitszeit von jeher dem Arbeitsvolumen an. Und weil ich gerne arbeite und wirklich Spass an meiner Aufgabe habe, ist es für mich keine Belastung, länger zu arbeiten. In Zukunft – das ist sicher – werden sich die Arbeitnehmer auf mehr Flexibilität einrichten müssen. Längere Arbeitszeiten, wenn es das Volumen verlangt, mit Kompensation in ruhigeren Zeiten, verschobene Arbeitszeiten und Schichtarbeit, ausgerichtet auf die Kundenbedürfnisse, vermehrt Teilzeit, nicht zuletzt, weil man es sich leisten kann.

Zurück zu den Pensionisten: Was ist der Unterschied zwischen den 60-Jährigen von heute und vor 20 oder 25 Jahren?

Mir scheint, die heutigen 60-Jährigen sind „jünger" geblieben, in der Regel physisch und psychisch in guter Verfassung, aufgeschlossen für Neues, auch technisch auf dem Laufenden. Viele von ihnen wären durchaus in der Lage, noch einige Jahre weiterzuarbeiten. Eigentlich schade, aber auch verständlich, dass sich die grosse Mehrheit nach einer vorzeitigen Pensionierung sehnt. Offenbar wird Arbeit mit zunehmendem Alter als Last empfunden. Damit schliesst sich der Kreis zur demografischen Entwicklung.

Wann legst du das Rauchen definitiv ad acta?

Ich bin eher ein Stress- als ein Genussraucher! Am meisten rauche ich, wenn ich irgendetwas Neues entwickle, so quasi kreativ dank Qualm. In meiner Freizeit ist der Nikotinkonsum hingegen stark eingeschränkt. Bis zu meiner Pensionierung werde ich es wohl nicht schaffen, mit dem Rauchen komplett aufzuhören. Danach? Schau'n wir mal!

Welches ist deine Lieblings-CD?
Viele aus allen Sparten, von Klassik bis zu Pop oder, anders gesagt, von Beethoven und Mozart über Kris Kristofferson, Elvis Presley, die Bee Gees bis zu ABBA usw., je nach Lust und Laune und Gemütsverfassung. Jede CD, die ich irgendwann einmal gekauft habe, verkörpert für mich etwas Besonderes. Ein Leben ohne Musik, schlicht unvorstellbar! Momentan besonders „in": Andrew Lloyd Webber: „Gold".

Welches Buch liegt gerade auf dem Nachttisch?
Hape Kerkeling: „Ich bin dann mal weg – Meine Reise auf dem Jakobsweg". Das Buch habe ich übrigens zu meinem letzten Geburtstag geschenkt erhalten.

Hast du einen Traum, den du dir einmal erfüllen möchtest?
Ich möchte tatsächlich irgendeinmal den Jakobsweg begehen, und zwar am besten von Einsiedeln nach Santiago de Compostela! Ich wäre dann mal weg …! Im Ernst, das fasziniert mich, das muss zwar etwas unglaublich Anstrengendes sein, aber auch etwas, was enorm Kraft gibt. Hape Kerkeling schreibt dazu: „Dieser Weg ist hart und wundervoll. Er ist eine Herausforderung und eine Einladung. Er macht dich kaputt und leer. Und er baut dich wieder auf. Er nimmt dir alle Kraft und gibt sie dir dreifach zurück." Das möchte ich an meinem eigenen Leib erfahren.

Bei freier Wahl: Mit wem würdest du zu Abend essen?
  Mit Hape Kerkeling. Er kann mir bestimmt noch einige Tipps für meine Pilgerreise geben. Auch sonst ist er eine faszinierende Persönlichkeit.

Peter Merz ist seit 2000 bei der UBS Leiter Human Resources für die Region Nordwestschweiz. Er ist verheiratet, hat zwei Söhne, liebt Uhren, Sport in allen Facetten – und den FC Basel. Sich selbst beschreibt er als zuverlässig (fast immer), kreativ (manchmal), gelassen (häufig), ehrgeizig (zunehmend weniger), hilfsbereit und berechenbar (besonders wichtig als Vorgesetzter).

1.2 Interview mit Dr. Peter Petrin

Es gab noch nie so viele Angebote für Weiterbildungen über Stressmanagement, Konfliktmanagement oder auch Work-Life-Balance, und trotzdem sind wir gestresster denn je. Klafft eine grosse Lücke zwischen Theorie und Praxis?

Stress ist für mich keine objektive, absolute Grösse. Der gleiche Druck kann bei unterschiedlichen Personen unterschiedliche Reaktionen hervorrufen. Ich zweifle nicht, dass die heutige Welt schnelllebiger ist als früher. Dennoch erachte ich viele Probleme als herbeigeredet. Wer heute zugibt, keinen Stress zu haben, fällt aus dem Rahmen; steht quasi ausserhalb der Norm. Also dürfen wir uns nicht wundern, wenn alle behaupten, „gestresst" zu sein. Ob unsere nahen Vorfahren, die noch die Sechs-Tage-Woche und kaum Ferien kannten, weniger „Stress" hatten, weiss ich nicht. Vielleicht waren sie einfach härter im Nehmen oder hatten keine Zeit, sich mit der Thematik Stress auseinanderzusetzen. Stress ist also auch Ausdruck des Zeitgeists. Alle beklagen sich über ihn, möchten ihn aber dennoch nicht missen. Da klafft Theorie und Praxis auseinander, und es eröffnet sich ein Paradoxon.

Sind die Mitarbeiter wirklich das wichtigste Firmenkapital?

Für die Schweiz ja, davon bin ich fest überzeugt. Sie sind es, die Produkten und Leistungen einen Mehrwert verleihen können, der unter anderem einen Mehrpreis im Markt rechtfertigt. Leider lässt sich dieses Kapital in Bilanzen nicht direkt ablesen; sie finden kein Aktivum, das Humankapital heisst. Indirekt lässt sich – bei kotierten Unternehmen – etwas ableiten, wenn der Börsenwert den Substanzwert übersteigt. Ein Teil dieses „Mehrwerts" ist dem Humankapital zu verdanken; genau beziffern kann man ihn aber wohl nicht.

Neben dem Dauerbrenner Burnout macht nun der Begriff Boreout die Runde. In seinem Buch "The Living Dead" zeichnet David Bolchover ein ziemlich düsteres Bild von Arbeitsplätzen und Führungspersonen. Haben wir im Überfluss von Informationen und Medien den Überblick verloren?

Es wäre spannend, zu erfahren, wie Burnout und Boreout mit der Unternehmensgrösse korrelieren respektive kausal zusammenhängen. Intuitiv würde ich behaupten, dass diese Phänomene in grösseren Unternehmen, wo man sich fast verliert, stärker auftreten. Je abstrakter der Zusammenhang zwischen dem eigenen Wirken und dem Unternehmenszweck und -ziel ist, umso grösser ist die Gefahr einer Sinnkrise. Wozu "rackere" ich mich den ganzen Tag ab? Was tue ich hier eigentlich, und wofür tu ich es? Solche und ähnliche Fragen sind wohl der Anfang einer Krise.

In einer sich immer schneller verändernden Arbeitswelt sollte das permanente Lernen einen hohen Stellenwert haben. Wir könnten ja einen regelrechten Boom in den Bildungsinstituten erwarten, oder?

Den Boom müssen wir nicht erwarten; er ist bereits da. Aber er ist in der Tat noch lange nicht am Ende angelangt.

Welche Weiterbildungen würden Sie einer Managerin (einem Manager) von morgen vorschlagen?

Eine Weiterbildung lässt sich losgelöst von der Aufgabe, den Zielen und dem Profil eines Managers nicht bestimmen. Aber wenn Sie eine allgemeingültige Antwort wollen: Wer sich im produktiven Umgang mit Menschen auf eine gemeinsame Zielerreichung hin schult, tut bestimmt nichts Falsches.

Ist Mitarbeitergesundheit Chefsache oder persönliche Eigenverantwortung des Arbeitnehmers?

Grundsätzlich liegt sie in der Eigenverantwortung des Arbeitnehmers. Der Chef soll Rahmenbedingungen setzen, damit Arbeitnehmer ihre Gesundheit auch am Arbeitsplatz leben können.

Wie sieht Ihre Work-Life-Balance aus?

Ich arbeite gerne, und die Arbeit ist daher Teil meines Lebens. Work steht also nicht im Gegensatz zu Life. Mit meiner Work-Leisure-Balance bin ich ganz zufrieden.

Welches ist Ihre Lieblings-CD?

Da muss ich leider passen; ich habe keine.

Welches Buch liegt gerade auf Ihrem Nachttisch?

Ausnahmsweise ein Fachbuch: „Marketing as Strategy" von Nirmalya Kumar.

Mit wem würden Sie bei freier Wahl mal gerne zu Abend essen?

Mit Tony Blair; er könnte jetzt mehr Zeit haben und beeindruckt mich.

Dr. Peter Petrin ist ausgebildeter Betriebswirtschafter und Direktor des SIB (Schweizerisches Institut für Betriebsökonomie) in Zürich, das seit 1963 in der Aus- und Weiterbildung von Führungskräften tätig ist. Daneben engagiert er sich in zahlreichen Verbänden (wie der Bildungskommission des kaufmännischen Verbands Schweiz oder der Geschäftsleitung des Verbands der Höheren Fachschulen für Wirtschaft) für ein starkes Weiterbildungssystem in der Schweiz.

2.0 „You never work alone"

REVIER ARBEITSWELT
Alles wird neu im Revier Arbeitswelt: Umfeld, Technik, Werte, Marken, Märkte, Arbeit, Leute, Ziele. Das Ergebnis sind hoffnungslos überforderte Menschen – überfordert mit sich selber, mit den anderen und als Team.

DAS BERMUDA-DREIECK DER BEZIEHUNGEN
Sie sind gefordert! Je mehr harte, neue Faktoren bei Ihren Aufgaben ins Spiel kommen, umso stärker sind Sie auf der Seite der weichen Faktoren gefordert. Dies ist aber leider heute bei weitem nicht mehr unsere Stärke. Nun haben wir eine Dreiecksfalle:
1. Die einzige Konstante in der heutigen Arbeitswelt ist der Wandel. Wir Menschen (und auch andere Systeme, wie z.B. die EDV) haben aber gerade ebendiese Veränderungen nicht so gerne.
2. Die Fähigkeiten zum Umgang mit Menschen, die sogenannten Soft Factors, sind nicht mehr so gut (oder gar nicht mehr) ausgebildet.
3. Die Frustrationstoleranz der Menschen ist in den letzten Jahren dramatisch gesunken.

Über diese Dreiecksfalle müssen wir sprechen!

Die Folgen des magischen Dreiecks:
- Konflikte mit sich selber und mit anderen
- Konflikte werden nicht gelöst, weil mühsam
- Übergang von Konflikten zu Mobbing
- Es wird grausam.

Damit wir die Folgen von nicht gelösten Konflikten bis zu Mobbing nicht erleben müssen, muss der Griff in die Kiste der Gedankenmodelle erfolgen: „Es ist nicht nur effizienter, sondern oft auch wesentlich effektiver, etwas vorbeugend zu schützen, als es wiederherzustellen!" Damit ist ein wichtiger Grundsatz des Konfliktmanagements und der Mobbingprophylaxe auf dem Spielfeld „Unternehmen" erschienen: die Prävention in Form von Investitionen in Beziehungen zum und vom Chef und zwischen Unterstellten.

Es ist eigentlich sehr erstaunlich, wie wir Menschen in gewissen Lebenssituationen echte Profis der Prävention sind (Zähneputzen, Helmpflicht, Versicherungen, Autoservice, Sonnenschutzmittel, Geld anlegen, Schwangerschaft, Gesichtsmasken gegen Vogelgrippe ...), dafür bei anderen Faktoren ewig auf einem Abstiegsplatz in unteren Spielligen stehen (Rauchen, Alkohol, Ernährung respektive Gewichtsmanagement, Vitamine, Muskeltraining – und eben Beziehungsmanagement). Nur durch grösste Kraftakte können wir uns dann vor dem Abstieg retten. Viele Menschen sind nicht bereit, diese Kraft aufzuwenden, und hoffen deshalb auf die Gründung einer noch niedrigeren Liga (zum Beispiel durch eine Verschiebung der BMI-Grenzwerte), um doch irgendwo vorne dabei sein zu können.

SPRACHGEBRAUCH DER HEUTIGEN IDOLE
Die verlorenen Fähigkeiten im Umgang miteinander können wir sehr gut in der verwendeten Sprache unserer Idole hören. Dazu ein Beispiel aus der Welt des Schweizer Fussballs. Nachdem der Schweizer Nationaltrainer Köbi Kuhn tollkühn vom Ziel des EM-Titels der Schweiz an der EURO 2008 sprach und von den Fans als Trainer mit speziell feinem Gespür im Umgang mit den Spielern bezeichnet wurde, musste er erleben, dass er die Rechnung ohne die Spieler und deren Egos ge-

macht hatte. Nachdem Kapitän Johann Vogel seit längerem die Erwartungen nicht erfüllt hatte, wurde er von Kuhn aus dem Kader der Nationalmannschaft gestrichen. Mit diesem Entscheid konnte Vogel nicht sofort umgehen. Ein chronologischer Ablauf in der Boulevardzeitung Blick:

8.3.2007   Vogel fliegt aus der Nationalmannschaft!
9.3.2007   Vogel: „Ich steige in den Flieger und knall Dir eine!"
10.3.2007 Vogel: „Ich habe zu heftig reagiert."
11.3.2007 Kuhn: „Die letzten Wochen waren die schwerste Zeit als National-Trainer."

Die Fussballschweiz war sich schon lange einig, dass die Massnahmen von Kuhn überreif waren. Die Situation zeigt aber, wie der Umgang mit Menschen, insbesondere mit über lange Zeit stark geförderten Menschen, auf einer Ebene mit höchstem Schwierigkeitsgrad abläuft. Und doch musste Kuhn einem Ausspruch seines Trainerkollegen José Mourinho Folge leisten: „Wenn Du eine grosse Kiste mit Orangen hast und eine von ihnen krank ist, musst Du handeln. Sonst kannst Du in einem Monat zehn Orangen auf den Müll werfen." Aber auch Mourinho kann sich nicht nur meisterlicher Aussprüche rühmen, wie die folgende Aussage aus einer Schweizer Zeitung zeigt: „Englischen Medien gemäss soll der heissblütige Erfolgstrainer mit Worten wie ‚Hurensohn' um sich geschlagen haben. Mourinho erklärte anschliessend, er habe die Worte ‚nicht beleidigend gemeint, auch wenn man sie als Beleidigung verstehen kann'."

MUSS DENN JEDER KONFLIKT GLEICH MOBBING SEIN?
Die Diagnose Mobbing wird heute in Konfliktsituationen schon fast inflationär gestellt. Es wird aber häufig vergessen, dass Beziehungsstörungen und zwischenmenschliche Konflikte in sämtlichen Bereichen unseres Lebens durchaus normal und relativ häufig sind. Eine genauere Betrachtung des Begriffs „Konflikt" lässt einige spannende Erkenntnisse zu. Das Wort Konflikt entstammt der lateinischen Sprache. Auf www.wikipedia.de, der freien Enzyklopädie im Internet, können wir dem Begriff „confligere" entnehmen, dass es sich hier um ein Aneinandergeraten und ein Kämpfen handelt. Wir geraten also aneinander, und unsere normale menschliche Reaktion ist: kämpfen. Um uns, unsere Meinung und unser Recht. Die Sprache, die wir verwenden:
- Ich habe recht.
- Nein, ich habe recht.
- Ich bin stärker.
- Nein, ich bin stärker.

Hauptsache wir gewinnen. Ein denkbar schlechtes Konfliktmanagement (wir kommen später darauf zu sprechen).

DIVERSITY MANAGEMENT
Dass Diversity, also Unterschiedlichkeit, zu managen ist, kann man sich gut bildlich vorstellen. Nehmen wir als Beispiel einen sportlichen Grossanlass, den Engadiner Skimarathon über 42 197 km von Maloja nach S-Chanf. Dort starten bis zu 13 000 männliche und weibliche Teilnehmer vieler verschiedener Nationen, Altersklassen, Hautfarben, Kulturen und mit unterschiedlicher Gesundheit und Ausrüstung. Damit ein solcher Event überhaupt gut ablaufen kann, braucht es gewisse Regeln – die Rahmenbedingungen. Dieser Rahmen wird mit

einem klaren Wettkampfreglement als Fundament für den Wettbewerb definiert. Jeder weiss, wie man sich zu verhalten hat. Es ist klar definiert, wo und wann gestartet wird. Die Streckenführung ist links und rechts begrenzt. Innerhalb dieses Streifens ist der Weg aber frei. Sie können sich ganz links, ganz rechts oder in der Mitte auf den Weg machen. Sie könnten sogar neben die Strecke ausweichen, würden aber die Disqualifikation riskieren. Your choice – but a bad one. Es ist auch klar, dass sie das Ziel oder den Auftrag erst dann erfüllt haben, wenn sie die Ziellinie in S-Chanf überschritten haben. Ihrer Kreativität sind aber trotzdem keine Grenzen gesetzt: freie Wahl der Technik, des Materials, des Tempos, des Skiwachses, der Kleidung. Nun ist es aber noch lange nicht gesichert, dass es unterwegs zu keinen Konflikten kommt. Weit gefehlt. Charakteristisch ist es, dass es umso mehr Zwischenfälle gibt, je weiter vorne im Feld man läuft: mehr Wettbewerb, mehr Verbissenheit, mehr Konflikte, mehr Kampfszenen. Aber, wer die Regeln missachtet, wird vom Wettbewerb ausgeschlossen.

Parallelen zur Arbeitswelt erkannt?

Deshalb gibt es in unseren Unternehmen SpielRegeln! Diese können Sie übrigens bei uns bestellen (siehe Inspironomie-Bar).

KONFLIKTE UND IHRE URSACHEN
Konfliktsituationen entstehen zwischen Personen, Gruppen (Unternehmen und anderen Organisationen), zwischen Staaten oder auch innerhalb eines Organismus. Stellen Sie sich nur das Sturmwetter in ihrem Körper vor, wenn sie sich nicht mehr bewegen oder nur noch das Falsche essen. Über das problemspezifische Konfliktmanagement haben Sie schon viel in diesem Buch gelesen.

Zur Lösung von Konflikten ist es eine unabdingbare Voraussetzung, dass Sie sich der verschiedenen Arten von Konflikten bewusst sind. Eine Lösung ist danach einfacher zu finden:
- Verteilungskonflikte
- Zielkonflikte
- Beziehungskonflikte
- identitätsbasierte Konflikte
- Rollenkonflikte
- Machtkonflikte
- Informationskonflikte
- Methodenkonflikte
- Werte- und Normenkonflikte

Ob die Ursachenforschung wirklich der wichtigste Schritt zur Lösung von Konflikten ist, möchten wir nicht in Stein meisseln. Es wären zu viele philosophisch anmutende Besprechungen notwendig, um herauszufinden, ob man den richtigen Weg (die Lösung) eher findet, wenn man beim Autofahren lange in den Rückspiegel schaut (Ursachenforschung) oder man die weitaus grössere Sicht durch die Frontscheibe nutzt, um in eine sichere Zukunft zu fahren. Sicher aber lässt sich festhalten, dass:
- in der Kabine des FC Chelsea nicht jeder Spieler mit dem Ausspruch des Trainers Mourinho gleich umgegangen ist und eine Ursache nachträglicher Konflikte die **Wahrnehmungsunterschiede** waren;
- bei der Budgetierung im Unternehmen der **Kampf um Ressourcen** zu hässlichen Szenen führen kann ("Warum müssen wir im Vertrieb immer sparen, damit die in der Produktion neue Maschinen kaufen können ...");
- die immer häufiger durchgeführten **Aufgliederungen von Organisationen** die Frustrationstoleranz weiter nach unten

senken und die „Change Manager" alle Hände voll zu tun haben, um die Frustablassventile der Mitarbeiter kontrollieren zu können;
- wenn der Mitarbeiter X seinen Teil zur Auftragserfüllung bewusst oder unbewusst immer zu spät erledigt, so dass der Mitarbeiter Y schon zu Beginn immer zu spät ist, die Ursache für Reibereien in **voneinander abhängigen Arbeiten** zu suchen ist;
- nur einer im Team die Rolle des Chefs einnehmen kann und es so zu **Rollenkonflikten** kommen kann;
- es aufgrund der tieferen Frustrationstoleranz immer mehr zu subjektiv erlebten **unfairen Behandlungen** kommt;
- wir Menschen unser Arbeitsgärtchen genau abstecken und **Verletzungen des eigenen Territoriums** massivst mit Gegenschlägen beantworten;
- die immer häufigeren Veränderungen im Umfeld zu Unsicherheit, Angst und Vertrauensverlust führen und so einen fruchtbaren Nährboden für Konflikte darstellen.

Eine Erkenntnis daraus können wir grafisch in einem Diagramm umsetzen. Beschriften Sie die X-Achse mit „Häufigkeit der Ursachen" und die Y-Achse mit „Konfliktpotenzial". Sie müssen kein mathematisches Genie sein, um eine Kurve zu zeichnen, die zuerst flach verläuft, dann aber rasant nach oben schnellt, je mehr Ursachen vorhanden sind.

Sie können nun in die gleiche Grafik eine Kurve zeichnen, die die Fähigkeit von uns Menschen darstellt, erfolgreich mit den Konflikten umzugehen. Diese Kurve müsste von links oben nach rechts unten verlaufen. Sie fragen, warum?

Je mehr Veränderungen, umso weniger sind wir fähig, uns mit uns und den anderen Menschen auseinanderzusetzen ... Eine explosive Mischung!

KRISENMANAGEMENT – DIE KRISE ALS CHANCE

Bis jetzt haben wir das Thema sehr negativ behandelt, im Sinne von „Oje, ein Konflikt!" Genau jetzt müssen Sie aber das Segel hissen, wenn Sie nicht in den Strudel nach unten gezogen werden, sondern den Wind ausnutzen wollen, damit sie mit rascher Fahrt in den Hafen der Kreativität als zukünftig wichtigsten Wettbewerbsfaktors einbiegen können: „Hurra, ein Konflikt!" Dies ist die Denkweise, wenn Sie die Konflikte als Chance und als wichtigstes Kreativpotenzial ansehen. Eine Sichtweise der Gewinner, die Lust auf mehr macht und nicht als Last erlebt wird. Dazu schrieb Max Frisch: „Die Krise ist ein produktiver Zustand, wenn man ihr den Beigeschmack der Katastrophe nimmt."

Damit Sie das volle Potenzial der Konflikte ausnutzen können, benötigen Sie zwei Spürnasen und einen Fährtenleger.

SPÜRNASE 1
An diesen Symptomen erkennen Sie persönliche Konflikte:
- Angst, Unsicherheit
- Ignorieren
- Rache- und Vergeltungsgedanken
- körperliche Symptome
- sich gekränkt, betroffen fühlen
- Wut, Zorn
- Vermeiden des Gesprächs
- Unbehagen in der Gegenwart des anderen
- ständiges Kreisen der Gedanken

SPÜRNASE 2
An diesen Symptomen erkennen Sie Konflikte im Unternehmen:
- vermehrte Kündigungen
- Mobbing
- Sie werden um Abhilfe ersucht
- Krankenstände steigen
- Beschwerden häufen sich
- Offenheit sinkt
- Arbeitsleistung sinkt
- Sie werden nicht informiert
- anderer Umgangston
- Spannung unter den Mitarbeitern

FÄHRTENLEGER
Wenn es zu gemütlich im Arbeitsalltag wird und sich alle Mitarbeitenden in der Komfortzone angenehm ausruhen wollen, ist „creating the crisis" angesagt.

WENN DIE SPÜRNASEN ÜBERFORDERT SIND
Obwohl die allermeisten Menschen ein feines Sensorium für Spannungen und in der Luft liegende Konflikte haben, werden diese häufig ziemlich lange entweder gar nicht bemerkt oder ignoriert, bis sie sich zu einer massiven Störung entwickeln. Die Ignoranz ist meistens eine Folge der „Oje, ein Konflikt"-Denkweise. Man hofft, dass sich die Vermutungen nicht bewahrheiten oder sich der Konflikt von alleine auflöst. Trifft die Lösung des Konflikts nicht ein, behelfen wir uns mit dem Ausspruch: „Ihr seid doch erwachsene Menschen und könnt das Problem zusammen lösen." Das Erwachsensein könnte aber genau das Hindernis zur Konfliktlösung darstellen, haben wir doch verlernt, zu vergessen oder zu verzeihen. Bei Kindern sind diese

Fähigkeiten noch stark vorhanden. Sie können nach einer kurzen Zeit den Fokus auf etwas anderes lenken und dabei die Vergangenheit hinter sich lassen – so wie es eben mit der Vergangenheit sein sollte.

Die Spürnasen-Dysfunktion ist der Preis, den wir bezahlen, wenn wir die Konfliktparteien aufgrund von räumlicher Trennung oder Abwesenheit für irgendwelche Sitzungen nicht mehr vor dem eigenen Auge oder in Hörreichweite haben oder wir aufgrund einer Überflutung von Erregungen die Aufmerksamkeit komplett verloren haben. Das Hirn ist dann durch den Informations-Highspeed überfordert. Je mehr die Erregungen zunehmen, umso schlechter können wir uns konzentrieren. Die Aufmerksamkeit (die Basis für unsere Spürnasen) ist gehemmt. Es ist uns kaum mehr möglich, zwischen Wichtig und Unwichtig zu unterscheiden; wahllos fliegt das Bewusstsein auf jeden neuen Reiz. Stellen Sie sich vor, Sie wären in der Vergangenheit (in der Steppe) ohne Spürnase unterwegs gewesen und hätten unbekannte Geräusche im Gebüsch nicht mehr wahrgenommen. Dies hätte fatale Folgen gehabt. Uns erscheinen nicht bemerkte Konflikte zuerst nicht fatal. Weit gefehlt. Die Abwärtsspirale in den Strudel der Konflikte kommt so rasch in Gang.

Das Mittel gegen eine Spürnasen-Dysfunktion ist das Management der Eindrücke hin zum Fokus auf die richtigen und wichtigen Erregungen: Ihr eigenes und das Verhalten Ihrer Mitarbeiter.

STRATEGIEN ZUR KONFLIKTLÖSUNG

Die Lösung eines Konflikts ist primär vom **Verhalten** der Beteiligten abhängig. Dazu gibt es verschiedene Strategien, welche insbesondere von zwei Faktoren abhängig sind: der Höhe der Durchsetzungskraft und dem Willen zur Mitarbeit. Mit diesen

Faktoren können Sie eine 4-Felder-Matrix bilden und die entsprechenden vier Strategien definieren:
- Zusammenarbeit
- Vermeidung
- Zwang
- Nachgeben

Zweifelsohne besteht die optimale Strategie aus einem klärenden Gespräch und einem Beilegen des Konflikts durch das Finden eines Konsenses. Das Resultat nennt man dann: Win-Win-Situation – beide Seiten gewinnen.

NACKTE THEORIE
Schauen wir uns einmal das wohl bekannteste Modell der Konflikteskalation und die entsprechenden Tätigkeiten und Möglichkeiten an. Dieses Modell wurde von Friedrich Glasl erarbeitet. Er teilt den Prozess in neun verschiedene Stufen:
Stufe 1: Verhärtung
Stufe 2: Polarisation und Debatte
Stufe 3: Taten statt Worte
Stufe 4: Sorge um Image und Suche nach Koalitionen
Stufe 5: Gesichtsverlust
Stufe 6: Drohstrategien
Stufe 7: Begrenzte Vernichtungsschläge
Stufe 8: Zersplitterung
Stufe 9: Gemeinsam in den Abgrund

Möglichkeiten auf den Stufen 1 – 3:
Die Parteien sind meist in der Lage, die Auseinandersetzung selbst auszutragen und eine gemeinsame Lösung zu finden. Diese Lösungen führen zu Win-Win-Situationen und sind gut erreichbar mit dem Resultat, dass alle Konfliktparteien von einer Lösung profitieren können.

Möglichkeiten ab Stufe 4:
Es entstehen häufig Win-Lose-Situationen. Eine externe Unterstützung durch Supervision, Prozessbegleitung oder Mediation ist erforderlich, um Win-Win-Lösungen zu finden.

Möglichkeiten auf den Stufen 7 – 9:
Die Folgen der Eskalation sind Lose-Lose-Situationen. Auf Stufe 8 endet die Möglichkeit der externen Beratung und der Mediation. Zur Beruhigung des Konflikts ist der Eingriff von Machtinstanzen nötig.

Wie Sie unschwer erkennen können: Je früher Massnahmen zur Konfliktlösung einsetzen, umso geringer ist der Schaden in den persönlichen Beziehungen und damit die Beeinträchtigung des Betriebs.

SO MANAGEN SIE KONFLIKTE RICHTIG
Der Umgang mit Konflikten muss in jedem Unternehmen und für jede Führungskraft als Teil des Standardrepertoires verstanden werden – solange man die Überzeugung hat, dass Konflikte die Grundlage fürs Weiterkommen sind. Verinnerlichen Sie den folgenden Satz von Arthur Schopenhauer: „Hindernisse überwinden ist der Vollgenuss des Daseins." Um in den Genuss des Überwindens zu kommen, dürfen Sie die Problemlösung nicht beim kleinsten Widerstand einer externen Instanz übergeben. Die involvierten Konfliktparteien sollen in einer ersten Phase versuchen, im Sinne der Selbsthilfe zusammen eine Lösung zu finden. Geht dies nicht und kommen sie nicht zum Ziel, dann ist es Zeit für Nachbarschaftshilfe oder Hilfe durch den Vorgesetzten.

Die nächste Stufe, wenn keine Lösung gefunden werden konnte, ist von höchster Wichtigkeit. Holen Sie sich die Unter-

stützung einer professionellen externen Drittpartei. In grösseren Unternehmen sind diese Profis natürlich im Betrieb vorhanden, mittlere und kleinere Unternehmen können diese Hilfe von draussen holen:
- Mediation (lat. Vermittlung)
- Supervision (für Mitarbeiter)
- Coaching (für Führungskräfte)
- gesetzliche Instanzen

Ob die Konfliktparteien selbst, Sie als Vorgesetzter oder eine externe Drittpartei die Lösung suchen, das Vorgehen kann allgemein in vier Stufen eingeteilt werden:

1. Erkennen von Konflikten
   - Bedingt Interesse
   - Grundeinstellung, dadurch lernen zu können
   - Beobachtungsgabe
   - Sensibilität für das Andersartige
2. Analysieren des Konflikts und seiner Ursachen
   - Empfänglichkeit für das Andersartige
   - Fähigkeit zu Objektivität
   - Bewusstsein, dass auch ich anders bin
3. Spannungen aushalten
   - Humor
   - Kreativität
   - Fantasie
   - Bereitschaft zu unkonventionellen Lösungen
4. Konflikte nutzbar machen
   - Konfliktursache beseitigen (z.B. Missverständnisse)
   - Lösungen suchen
   - Lerneffekt
   - Durchsetzungsvermögen

Managen Sie die Konflikte richtig. Nutzen Sie das hier beschriebene Wissen, denn: „Richtig gemanagt, sind Konflikte der Nährboden für kreative Problemlösungen." Lernen Sie, Konflikte nicht negativ zu bewerten, abzulehnen und möglichst auf die lange Bank zu schieben. Wir können lernen, die Gefühle als etwas Positives zu sehen, nämlich als ein Warnsignal dafür, dass hier etwas zu lösen ist, hier Energie ist, die zum Wohle aller Beteiligten genutzt werden kann – als Ausdrucksmittel für die Wahrnehmung von Vielfalt, um diese integrieren zu können. Konfliktäres Verhalten als sinnvolles Verhalten, welches etwas in Bewegung setzt.

Wer nichts bewegt, wird bewegt.

DER WUNSCH, KONFLIKTE GAR NICHT ENTSTEHEN ZU LASSEN
Niemals Konflikte entstehen zu lassen, ist beinahe unmöglich – und schon gar nicht erwünscht. Was Sie sich aber nicht nur wünschen, sondern dringlich aneignen sollten: Kompetenzen im Umgang mit sich selber und anderen, soziale Kompetenz, Schulung Ihres Verhaltens und den Gebrauch Ihrer Spürnase und jener des Unternehmens und Coping Skills. Darunter versteht man die Fähigkeit, mit Herausforderungen umzugehen.

VOM KONFLIKT ZUM MOBBING
Die wohl fieseste und menschenunwürdigste Form eines Konfliktes ist das Mobbing. Es gibt für uns nur einen wichtigen Grundsatz:
Gib Mobbing keine Chance!

Die Diagnose Mobbing wird heute fast inflationär für jede konfliktäre Handlung verwendet. Dies können wir so nicht stehen

lassen, denn nicht jeder Konflikt gehört in die Kategorie des Pöbelns. Der Begriff Mobbing rührt vom englischen „the mob" – der Pöbel – her. In unserem Sprachgebrauch hat das Pöbeln einen negativen Unterton und spricht nicht für Qualität im Umgang miteinander. Auch hier ist ein Blick in die freie Enzyklopädie spannend:
- Menschenmenge mit gewisser Aggressivität
- geringes Problembewusstsein
- geringes konstruktives Konfliktmanagement
- Gerüchte, Intrigen, Anpöbeln, Schikanen, Rufmord

Dies finden wir eine treffende Beschreibung. Insbesondere das geringe konstruktive Konfliktmanagement sei hier erwähnt. Mobbing, so viel ist klar, entwickelt sich immer aus einem Konflikt heraus.

ZWEI FRAGEN ZUR URSACHENFORSCHUNG
Aus welchen Gründen kann sich Mobbing aus einem Konflikt entwickeln?
 Wir streben Normalität an. Abnormalität führt zu einem Problem. Ungelöste Probleme führen zu Konflikten. Konflikte führen zu Krisen.
 Aus welchen Gründen kann sich eine Mobbingsituation festsetzen und immer schlimmere Formen annehmen?
 Bricht Mobbing aus und es kümmert sich niemand darum, dann greift das Feuer leicht um sich. Waldbrand! Hat ein Mobbingverlauf erst einmal Fuss gefasst, dann ist er nicht mehr leicht zu handhaben. Das Opfer wird nun stigmatisiert. Ist dem Opfer durch die Stigmatisierung seine Menschenwürde genommen worden, dann scheint jedes Mittel recht zu sein, sich des Opfers, aber nicht der Täter zu entledigen.

DER SCHRÄGE BLICK AM MORGEN

Man könnte meinen, dass heute fast alles Mobbing ist, was uns nicht passt. Die Gefahr besteht, dass ein Mann seine Sekretärin nicht mehr als drei Sekunden anschauen darf, ohne dass er zum vermeintlichen Mobbingtäter abgestempelt wird. Oder wäre dies auch unter der Rubrik sexuelle Belästigung am Arbeitsplatz zu behandeln? Muss sich der Mann, der von den Frauen wegen seiner weissen Socken in schwarzen Schuhen lächerlich gemacht wird, auf die Mobbingfalle gefasst machen? Die langweilige und nicht gerade griffige Antwortet lautet:

Es kommt drauf an. Das Problem ist die Subjektivität!

Lassen wir doch die Mobbingspezialisten zu Wort kommen und uns deren Definitionen durch den Kopf gehen.

Laut Heinz Leymann bedeutet Mobbing:
- negative kommunikative Handlungen (45 genau beschriebene Handlungen)
- gegen eine Person
- von einer oder mehreren anderen
- sehr oft (mindestens einmal pro Woche)
- über einen längeren Zeitraum (mindestens ein halbes Jahr)

Klaus Schiller-Stutz sieht folgende Faktoren:
- psychosozialer Prozess
- allgemein zunehmende Unzufriedenheit der Mitarbeitenden
- Angst (keine Thematisierung)
- Vermeidungs- und Bagatellisierungsverhalten
- destruktives Konfliktmanagement
- häufig, wiederholt, systematisch, längerer Zeitraum

- Sündenbock-Komplex
- Ungleichgewicht im Machtgefüge Täter–Opfer

Und Oswald Neuberger ergänzt: „Jemand spielt einem übel mit und man spielt wohl oder übel mit."

AKTENZEICHEN XY: WIR SUCHEN ...
Wir kennen alle die Problematik von Statistiken, insbesondere wenn wir über ein Thema sprechen, welches zum Teil tabuisiert wird. Nicht alle Fälle können so von der Statistik erfasst werden. Und doch ist es enorm spannend, sich diese vorhandenen Daten anzusehen. Wir können so zum Beispiel ein Täter- und auch ein Opferprofil erstellen. In über 50 Prozent der Fälle sind es die Vorgesetzten, die mobben. Sie tun es in Gruppen von zwei bis vier Menschen oder als Einzeltäter. Männer mobben vorzugsweise Männer und Frauen tun dies vorzugsweise gegen Frauen. Eduard Zimmermann hätte früher bei Aktenzeichen XY folgendes Täterprofil vorgetragen: „Wir suchen einen Vorgesetzten, männlich, zwischen 35 und 54 Jahren alt, und er ist ein langfristig Beschäftigter."

Weil es so schön ist, soll doch Herr Zimmermann auch gleich noch die Opfer beschreiben. „Wir suchen Mitarbeiter in Unternehmen, es können Vorgesetzte oder Arbeitskollegen sein, männlich oder weiblich, Alter, Zivilstand, äussere Erscheinung, Bildungshintergrund und berufliche Position unbestimmt. In ihren Betrieben ist Mobbing vermutlich kein Einzelfall."

Meine Damen und Herren: Es kann jede/n treffen (Heinz Leymann).

MOBBER HABEN FANTASIE

Der Fantasie sind in diesem Falle keine Grenzen gesetzt. Ein paar Muster:
- Jeden Morgen, wenn Sie ins Büro eintreten, lösen sich vor Ihnen Gesprächsrunden blitzartig auf. Sie wissen, es wird über Sie gesprochen.
- Seit Wochen werden Sie auf 9 Uhr zur Sitzung eingeladen. Wenn Sie den Sitzungsraum betreten, ist die Sitzung schon voll im Gange.
- Sie können die beste Arbeit abgeben, negative Kritik ist Ihnen trotzdem sicher.
- Sie erfahren in den Pausen immer wieder Neues über sich selbst. „Stimmt es, dass du dich scheiden lassen willst? Stimmt es, dass du kündigen willst? Stimmt es, dass Sie ein Alkoholproblem haben? Stimmt es, dass Sie zehn Kilo zugenommen haben? Stimmt es, dass Sie schwanger sind?"
- Nach dem Aufstarten des PCs fehlen Ihnen die erstellten Dateien der letzten Woche.
- Wenn es um die Aufgabenverteilung geht, können Sie sicher sein, dass Sie immer die berühmte „Arschkarte" ziehen.
- Im Militär: Immer Sie müssen auf Wochenendwache gehen.
- Sie werden immer mit obszönen Gesten bedacht, oder man wirft Ihnen die entsprechenden Wörter ins Gesicht.
- Ein Arbeitskollege macht sich vor anderen immer über Sie lustig, indem er Ihre Mimik oder Gestik nachahmt.
- Es wird plötzlich nicht mehr mit Ihnen gesprochen.
- Projektsitzungen finden nur noch ohne Sie statt.
- Sie müssen Aufgaben erledigen, mit denen Sie unter- oder überfordert sind oder die Ihr Selbstwertgefühl verletzen.

URSACHEN UNSERER ZEIT

Es mag zu Kopfschütteln führen, wenn Sie solche Muster lesen. Wir müssen Ihnen aber leider sagen, dass die Entwicklungen in der Arbeitswelt einen starken Einfluss auf das Verhalten der Mitarbeiter haben. In einer Arbeitswelt, in der fälschlicherweise der Human Touch durch Hightech ersetzt wird. In der die Beschleunigung dazu führt, dass die menschlichen Kompetenzen vom Aktivismus aufgefressen werden. Eine der Hauptursachen von Mobbing ist ein generell schlechtes Arbeitsklima, welches wissentlich stark von den Führungskräften beeinflusst wird. Man spricht in der Mobbing-Literatur von 65 Prozent aller Fälle, die dieser Ursache zugewiesen werden können. Bei so vielen Umstrukturierungen, Neuausrichtungen, Zu- und Verkäufen von Firmenteilen oder Geschäftsfeldern ist dies nicht unbedingt verwunderlich. Dies soll kein Plädoyer gegen diese unternehmerischen Aktionen sein, sondern für eine Sensibilisierung für den notwendigen Human Touch sorgen. Wenn man von einem Vorteil der militärischen Führung sprechen darf, dann ist dies das standardisierte und drillmässig eingeübte Führungsverhalten bei Veränderungen der Lage. Stellen sie sich vor, ein ganzes Bataillon läuft nach links, die Lage ändert sich und nun müssen Sie das ganze Bataillon (welches Sie vorher darauf eingeschworen haben, nach links zu laufen) nach rechts umschwenken lassen. Da können Sie nicht einfach vor die Mannen stehen und sagen: „April, April, links gehen war ein Scherz, nun laufen wir nach rechts." Wir wissen, dass dies allzu häufig so praktiziert wurde. Aber es sind gerade jene militärischen Führer, die den Führungsrhythmus eingehalten, die Entschlussfassung und die anschliessende Befehlsgebung sauber durchgezogen haben, denen in den misslichsten Lagen Respekt entgegengebracht wurde. Wie oft lachte man über die Wortkürzel, die man sich aneignen musste, um Tätigkeiten in

Stresssituationen ohne langes Nachgrübeln abzurufen. Wir sollten uns in der sich immer schneller drehenden Arbeitswelt öfter diese Praktiken zunutze machen. Übrigens, wissen Sie, was der erste Punkt der Befehlsgebung der militärischen Führung ist? „Ich orientiere..." und nicht „Du machst..." Quintessenz: Vergessen Sie bei allem Wandel nie, dass der wichtigste Faktor der Mensch ist.

Wen wundert es, dass bei 60 Prozent aller untersuchten Mobbingfälle eine mangelnde Gesprächsbereitschaft der Führungskräfte festgestellt wurde? Wer spricht schon gerne über die eigenen Unzulänglichkeiten, wenn der Druck durch Konkurrenzkampf, hohe Arbeitslosenzahlen und Sparmassnahmen enorm gross ist? Aber eben, Existenzangst führt zu Stress ...

AUSWIRKUNGEN FÜR INDIVIDUUM, BETRIEBE UND GESELLSCHAFT

Gib Mobbing keine Chance und tu was dagegen – Prävention! Noch einmal, die Auswirkungen sind nicht sehr lustbetont. Hier die Horrorlisten:

Individuum:
- Anspannung
- Gereiztheit
- Schlafstörungen
- Müdigkeit
- psychosomatische Beschwerden (z.B. Magenbeschwerden)
- Konzentrations- und Gedächtnisprobleme
- Depressivität
- geringes Selbstwertgefühl
- Angst
- Suizidgedanken

- generell Stress
- Probleme am Bewegungsapparat (speziell Rückenschmerzen und Verspannungen)
- Herz-Kreislauf-Probleme

Betriebe:
- Verschlechterung des Betriebsklimas
- Nachlassen der Kreativität und der Einsatzbereitschaft
- damit Produktivitätsverlust
- erhöhte Betriebskosten durch Fehlzeiten
- innere Kündigung
- Personalfluktuation
- Wettbewerbsnachteile
- Qualitätsminderung
- Kosten pro Fall bis zur Höhe eines Jahressalärs

Gesellschaft:
- erhöhte Ausgaben der Kranken-, Arbeitslosen- und Invalidenversicherung
- zunehmende Gleichgültigkeit und Verrohung im zwischenmenschlichen Umgang
- verlorenes Vertrauen in den Rechtsstaat
- erheblicher volkswirtschaftlicher Verlust aufgrund der Schäden in den Betrieben

IHR KONFLIKTMANAGEMENTMOBBING-WERKZEUGKASTEN (KMW)

Diese Horrorlisten sind schlicht ein Zeichen von Energiekillern, fernab von Kreativität – dem zukünftigen differenzierenden Wettbewerbsfaktor. Unser KMW soll Ihnen nicht nur helfen, einen Missstand zu flicken, sondern vor allem gar nicht erst in die Flickphase zu kommen. Etwas zu tun, bevor es wehtut.

Betriebsanleitung: die SpielKultur
Holen Sie noch einmal das Bild des Engadiner Skimarathons hervor. Stellen Sie sich das Bild vor, wenn niemand wüsste, wann der Start ist, es nicht klar wäre, dass es sich um einen Skimarathon handelt, die Streckenführung – die Leitplanken – nicht sichtbar wäre, nicht definiert wäre, was bei Nichtbefolgung der Regeln die Konsequenzen sind.

Chaos – Jekami (jeder kann mitmachen) – blutige Szenen – Verschleiss!

Mark Twain sagte einmal: „Wer nicht weiss, wohin er will, der muss sich nicht wundern, wenn er ganz woanders ankommt." Dieses Zitat umgekehrt gedacht: Wer weiss, wohin er will und wie er dorthin kommen will, hat keinen Grund mehr, dort nicht anzukommen. Das Wie entscheidet auch, ob er mit seinem ganzen Team ankommt und noch frisch ist, um neue Ziele anzupeilen, oder ob das ganze Team aufgrund von Konflikten so auf dem Zahnfleisch geht, dass am Ziel „Ende Feuer" ist.

In unseren Unternehmen bildet diesen Rahmen die SpielKultur. Sie ist sozusagen die Basis, sie beinhaltet die Spielregeln unseres Umgangs miteinander. Wir definieren schriftlich, was unsere UnternehmensPhilosophie ist, wie wir denken (in der DenkArt), die SpielRegeln (die Verhaltensnormen), unsere GrundSätze und lassen uns so intern und extern auf die Finger schauen. Wir setzen so ein Zeichen, wie wir sein wollen und wie wir Dinge tun. Wir wissen, wohin wir wollen – Zielkonflikte können wir so reduzieren.

Sie werden am Tun gemessen
Es gibt wohl kein besseres Beispiel als den Fussball, um zu zeigen, dass es gilt, Flagge zu zeigen – die Grenzen zu ziehen. Die Fussballer testen immer zu Beginn des Spiels, wo die Gren-

zen des Schiedsrichters sind. Pfeift er schon bei jeder Kleinigkeit, oder drückt er einmal ein Auge zu? Sie können sicher sein, wenn der Schiedsrichter das Ziehen am Trikot einmal durchgehen lässt, wird der Griff zum Trikot zum Standard des Spiels. Wenn der Schiri später auf eine harte Linie umschwenken will, um das Spiel wieder in den Griff zu bekommen, wird dies ein schier unmögliches Unterfangen. Denken Sie an das Orangen-Zitat von José Mourinho. Es gibt nur ein korrektes Vorgehen: anpacken, klare Linie, harte Linie, Nulltoleranz. Mobbing tolerieren bedeutet Mobbing fördern! Dann sind Sie verantwortlich für die Kiste mit faulen Orangen und nicht die Orangen selbst. Dies schadet nicht nur den Betroffenen, sondern auch Ihrem Image als Führungskraft, Sie verlieren die Glaubwürdigkeit.

Reglemente/Verträge: Ihre Unterschrift
Reglemente im Umgang mit Mobbing oder dem Spezialgebiet „Sexuelle Belästigung" sind enorm wirkungsvolle Werkzeuge. Machen Sie es klar und deutlich, dass diese Tätigkeiten in Ihrem Unternehmen, in Ihren Abteilungen nicht geduldet werden.

Einzahlungen aufs Beziehungskonto
Leben auf Pump mag auch eine Frage des Stils sein. Aber wer dies pflegt, kennt die Nähe zum Bankrott sehr gut. Ein Balanceakt auf dem dünnen Hochseil. Wie bei einem gesunden Bankkonto müssen Sie auch auf Ihr Beziehungskonto zuerst Einzahlungen tätigen, damit Sie in der Krisensituation nicht Bankrott machen, sondern eben Abhebungen vornehmen können. Dies gilt insbesondere in der Arbeitswelt. Sie müssen sich für Ihre Mitarbeiter und Ihre Kollegen interessieren. „Keine Zeit" gilt auch hier nicht. Interessieren Sie sich für die anderen

Menschen. Wer sich für sich selbst und für die anderen interessiert, macht einen Sensibilisierungsprozess durch, den man nicht mit Geld bezahlen kann. Wörter wie Respekt, Vertrauen, Ermutigung und Versöhnung werden wieder ins Vokabular des Miteinanders aufgenommen.

Gekonnter Umgang mit Menschen

Ein weiterer Zitatleckerbissen, den man sich durch den Kopf gehen lassen muss: „Es ist in der Tat ein Schlüssel fürs Leben, wenn Sie begreifen, dass sich Menschen hauptsächlich für sich selbst interessieren und nicht für Sie." (Les Giblin)

Diese Tatsache verstanden zu haben, heisst, dass man den Umgang mit Menschen in Angriff nehmen kann und einen Eckpfeiler zur Konfliktprophylaxe eingeschlagen hat.

Wir müssen aufhören, immer nur von uns zu sprechen: „Ich, mir, meins, mein" können Sie im Gespräch mit Menschen gerne durch „Sie" ersetzen. Sie geben Ihren Mitmenschen das Gefühl, wichtig zu sein, indem Sie in einer Auseinandersetzung auch einmal zu verstehen geben, dass der andere auch recht haben kann. Es ist doch schön, wenn sie sich auch einmal einig sind. Übereinstimmung. Weitere wichtige, simple Faktoren für den Umgang mit Menschen:

– Hören Sie gekonnt zu.
– Finden Sie heraus, was der andere will.
– Motivieren Sie Menschen, „Ja" zu sagen.
– Schenken Sie anderen Ihr herzlichstes Lächeln – „cheese!"
– Seien Sie grosszügig mit Ihrem Lob.
– Kritisieren Sie gekonnt.
– Bedanken Sie sich bei Menschen.
– Seien Sie stolz auf sich (aber nicht eingebildet).

Wir kommunizieren nicht mehr richtig

Sie halten uns wahrscheinlich für Spinner, wenn wir sagen: Kommunizieren Sie viel, viel mehr nach unten, oben und seitwärts. Was mir meinen, ist, dass Sie dies auch ohne Elektronik tun. Technology has no heart. Der Super-GAU: Uns ist zu Ohren gekommen, dass neuerdings schon Kündigungen per SMS ausgesprochen werden. Schwach!

Kommunizieren Sie auch ohne Erwartungen. Die klassischen Kaffeemaschinengespräche nicht zu dulden, ist höchst problematisch. Klar ist dies auch ein Steilpass für Klatsch und Tratsch, aber auch ein Beitrag zur Förderung eines positiven Arbeitsklimas. Gemeinsame Mittagessen oder andere Socializing-Events sind grosse Helfer, um zusammen ohne Engstirnigkeit zu kommunizieren.

HelpLine: die moderne Anlaufstelle

Wenn es nicht mehr weitergeht, wenn die Fronten verhärtet sind, wenn Gespräche mit der vorgesetzten Person keine Lösung gebracht haben, muss jeder Mitarbeiter wissen, an wen er sich wenden kann: eine fachkundige HelpLine. Im Idealfall stehen eine Frau und ein Mann als Ansprechpersonen zur Verfügung. Diese Gespräche müssen vertraulich geführt werden können. Somit ist es auch schon vorgegeben, dass diese Stellen meistens ausserhalb des Unternehmens geschaffen werden müssen. In grösseren Unternehmen stehen die internen Sozialdienste als erste Anlaufstellen zur Verfügung.

Weiterbildungsmassnahmen

Stellen Sie sicher, dass Führungskräfte durch Weiterbildungsmassnahmen für die Thematik des Konfliktmanagements und insbesondere des Mobbings sensibilisiert werden und sich entsprechende korrekte Vorgehensweisen aneignen. Sehr sinnvoll ist es, wenn bei der Übernahme einer Führungsposition schon im Einführungsplan die Schulung in Konfliktverhalten integriert ist.

Hardware- vs. Software-Evaluation
Denken Sie einmal über diese Aussage kurz nach: „Wenn viele Firmen im Hardwarebereich das Geld genauso schnell aus dem Fenster werfen würden, wie es häufig im ‚Softwarebereich Mensch' geschieht, wären alle längst pleite." (Klaus Kobjoll)

Der Anstellungsprozess von Mitarbeitern kann der erste Schritt in die Prophylaxe von Mobbing sein, wenn dieser Prozess nicht ein Schnellschuss à la John Wayne ist: Wir nehmen den erstbesten Bewerber. Ein Prozess besteht aus mehreren Stufen. Der Mitarbeiter muss sich zuerst bewerben, und Sie müssen sich auch professionell vorstellen, damit der Bewerber weiss, auf wen er sich einlässt (denn wir gehen ja davon aus, dass Sie eine eigene Kultur haben, die dem Bewerber nicht geläufig ist). Damit weiss der Bewerber schon, dass Sie beispielsweise Mobbing nicht dulden und dass Sie miteinander fair umgehen, dass Sie vielleicht sogar eine Fehlerkultur betreiben zur kontinuierlichen Verbesserung. Wenn der Bewerber immer noch bei Ihnen arbeiten will, führen Sie ein Gespräch mit ihm. Hören Sie immer auch in sich hinein. Das Bauchgefühl muss stimmen. In den letzten Jahren wurde auch eines der interessantesten Einstellungswerkzeuge vernachlässigt: die Arbeitsprobe oder das Schnuppern. Beschnuppern Sie sich gegenseitig.

Der Anstellungsprozess ist eine der spannendsten Mobbingprophylaxe-Massnahmen mit unglaublich vielen Nebeneffekten.

2.1 Interview mit Peter Gugger

Peter, sind wir glücklicher als vor 20 Jahren?
 Nein, aber anders glücklich. Wir sind nicht mehr oder weniger glücklich. Eine Wertung lässt sich nicht definitiv machen. Menschen sind heute wegen anderen Dingen glücklich als noch vor 20 Jahren.

Begriffe oder Diagnosen wie Burnout oder Mobbing weisen schon fast eine inflationäre Verwendungshäufigkeit auf. Ist die Lage wirklich so kritisch?
 Die Lage ist nicht das Kritische. Die inflationäre Anwendung der Diagnosen Burnout oder Mobbing ist es, die kritisch ist. Sehr kritisch. Meiner Meinung nach werden diese Diagnosen viel zu schnell verwendet. Da habe ich mit ein paar Berufskollegen schon ein wenig meine liebe Mühe. Wir sind alle täglich dem Burnout oder möglichem Mobbing ausgesetzt. Und dies waren wir vor 50 Jahren auch schon. Es hat sich aber tatsächlich etwas klar verändert – ins Negative: Die Frustrationstoleranz ist drastisch gesunken. Dies können wir sehr gut am Verhalten der Kinder heute beobachten. Diese rasten bei den kleinsten Dingen schon aus.
 Nun müssen wir etwas ganz Wichtiges verstehen: Diese Frustrationstoleranz ist trainierbar – wie ein Muskel. Die Häufigkeit dieser Diagnosen wird natürlich auch dadurch erhöht, dass die Menschen heute sehr schnell zum Psychologen springen, um die Diagnose Mobbing oder Burnout zu erhalten. Eine Änderung der Denkweise im Menschen täte gut. Das Modell der Salutogenese zeigt auf, wie es gehen könnte. Dieser Denkansatz würde Antworten auf Fragen geben wie beispielsweise, warum in einer Gruppe immer die gleichen Menschen krank werden und andere jeden Tag unglaublich frisch sind.

Exempelprozesse (und Verurteilungen!) in den USA lassen befürchten, dass, wenn wir Männer am Arbeitsplatz eine Mitarbeiterin länger als fünf Sekunden anschauen, sie sich schon sexuell belästigt fühlen darf. Wir diskutieren über sexistische Werbung, wenn für Unterwäsche geworben wird. Droht ein Rückfall ins Mittelalter oder die Zwangskastration nicht kurzsichtiger Männer?

Die USA sind schizophren. Da stecken sehr viele fundamentalistische Strömungen dahinter, welche schon fast rassistische Tendenzen aufweisen. Solche Exempelprozesse kann man gut verstehen, wenn man die Taktik dieser Menschen begreift. Es fällt natürlich stark auf, dass die Menschen einen merkwürdigen Zugang zum Genuss haben. Es fehlt ihnen der Zugang zum eigenen Körperschema mit der Konsequenz der Selbstabwehr. Die Folge sind unlustvolle Rituale in einer Welt mit Problemen der Sozialisierung der Individuen. Will man dies verhindern, muss das Bewusstsein jedes Einzelnen wieder geschult werden. Ein guter Zugang zum eigenen Körper wird ermöglicht durch: Sport, Pflege, Krafttraining, Kleidung, Frisur und vieles mehr. Dinge, die „graue Mäuse" eben nicht tun. Die grauen Mäuse isolieren sich immer stärker. Das viel zitierte „Cocooning" (sich zu Hause einnisten) führt dann eben zu unautonomen Menschen. Autonome Mitarbeiter im Unternehmen zu haben, die mit sich und anderen Menschen umgehen können, das ist das Ziel. Dabei ist das Konzept des „Socializing" das A und O.

Warum sind so viele Menschen „outburned"?

Weil sich viele Menschen von falschen (weil zu hohen) Lebenszielen verleiten lassen. Sie können sich nicht am Erreichen von kleinen Zielen oder Zwischenzielen erfreuen und sind beim Nichterreichen der zu hohen Ziele frustriert. Und dass die Frustrationsgrenze gesunken ist, habe ich ja schon erwähnt. Das sich immer rascher verändernde Umfeld trägt das Seine dazu bei. Das Problem der Beschleunigung ist natürlich allgegenwärtig. Die Gegenstrategie der Entschleunigung wurde ja lange Zeit belächelt. Ich habe diese Idee vor etwa zehn Jahren in einem Referat bei der IV-Stelle Basel verwendet und wurde belächelt. Vor Kurzem habe ich einen Brief eines Teilnehmers dieser Veranstaltung erhalten, der sich positiv überrascht zeigte, wie viele Bücher es heute über diese Thematik gibt, und dass er mir schon damals zum Gesagten zustimmte. Burnout ist längst zum Modebegriff geworden. Ein Begriff, hinter dem man sich gut verstecken kann, ohne die wirklichen Probleme ansprechen zu müssen. Mit der Diagnose Burnout scheint es, dass man nicht mehr ganz ehrlich sein muss und sich nicht eingestehen muss, dass es an Coping-Ressourcen fehlt.

Shareholders und die Börse fordern immer höhere Unternehmensgewinne, eine immer höhere Performance insbesondere in leitenden Funktionen wird zur Selbstverständlichkeit. Ist es dadurch nicht utopisch oder zynisch, überhaupt einen solchen Hype um die Work-Life-Balance loszutreten?

Die Arbeitspsychologie kann heute klar beweisen, dass das Konzept der Work-Life-Balance funktioniert. Die Performance ist klar steigerbar. Eine höhere Performance führt zu einem höheren Aktienwert (um bei der Börsensprache zu bleiben), und diese Erhöhung ist ein nicht zu unterschätzender positiver psychischer Faktor. Bevor man das Konzept der Work-Life-Balance kritisiert, sollte man das gesicherte Wissen anwenden und die Resultate geniessen. Nicht zu vergessen: High Performance leads to High Creativity!

Wie lange sollte ein wirklich erholsamer Urlaub mindestens dauern?
Dies ist sehr, sehr individuell. Viele sind nach drei Tagen erholter als andere nach einem Monat. Das Wie-lange ist nicht entscheidend, sondern das Wie! Und dieses Wie hat seine Wurzeln in der Frage: Gehe ich im Urlaub meinen Bedürfnissen nach? Deshalb und auch aus Gründen des besseren Gewissens (zum Beispiel Ökologie) könnten Balkonia-Ferien ein Revival erleben. Der Urlaub in der gewohnten Umgebung, fernab vom Reisestress, die Erledigung von lange gestapelten Aufgaben auf dem Schreibtisch, im eigenen Bett schlafen, Freunde einladen, ins Kino gehen, den Garten pflegen. Es sind kleine Dinge, die zur Erholung führen können. Kommt dazu, dass sich die Städte enorm entwickeln und viel Erholungspotenzial aufweisen. Auch zu bedenken: Nicht fitte Menschen haben fast keine Erholung im Urlaub. Packen, Reisen, Flughafen, Transfer mit dem überhitzten Reisebus, das Hotel nicht so antreffen, wie es im Katalog abgebildet war, 500 Meter zum Strand laufen müssen ... Stress pur, bei gleichzeitig tieferer Frustrationstoleranz! Der dicke Heinrich braucht mit Sicherheit länger für die Erholung. Für ihn ist Urlaub in der Ferne purer körperlicher und mentaler Stress.

Muss ich ein schlechtes Gewissen haben, wenn ich im Urlaub keine E-Mails abrufe?
Nein!

Wann soll jemand zum Psychiater, wann zu einem Coach? Was unterscheidet ihre Arbeit?
Man geht zum Psychiater, wenn man krank ist, und erhält eine kombinierte Behandlung (Gespräch, Medikamente, paramedizinische Begleitung). Der Psychiater arbeitet kurativ. Er ist

ein Arzt. Man geht zum Coach, wenn man gesund ist, aber die Lebensqualität erhöht werden soll. Der Coach arbeitet rehabilitativ.

Welches Buch liegt gerade auf deinem Nachttisch?
Es sind dies deren zwei: Frank Schätzing, „Der Schwarm", und Jürg Willi, „Wendepunkt im Lebenslauf". Dazu lese ich immer parallel Fachzeitschriften, da diese unheimlich spannend sind.

Was ist deine Lieblings-CD?
Die gibt es nicht.

Bei freier Wahl: Mit wem würdest du gerne mal zu Abend essen?
Unglaublich gerne mit Richard Sennett. Er ist ein ganz toller Soziologe, welcher ganz spannende Bücher zum Thema Arbeitswelt, Arbeitsalltag und die Identifikation mit dem Beruf schreibt. Ein Vorbild.

Peter Gugger, (dipl. Psychologe FH/HAP, dipl. Berufs- und Laufbahnberater BBT/SVB, Fachspsychologe in Laufbahn- und Rehabilitationspsychologie SBAP), ist Geschäftsleiter und Mitinhaber der apraxis GmbH. Er bewundert Menschen, die positiv auffallen und herausragen aus der Masse, die Neues mit grosser Energie ausprobieren, am Scheitern nicht zerbrechen und höchst kreative Dinge entwickeln können.

3.0 Homo sapiens (a)sexualis

Tiere in Gefangenschaft

Tiere in Gefangenschaft
Behalten zwar die wilde Eigenschaft
Doch zeugen nicht, trauern, gehen ein.

Alle Menschen sind in Gefangenschaft
im Banne langer Verfangenschaft
und die besten zeugen nicht, sehen's nicht ein.

Der grosse Käfig der häuslichen Haft
Tötet in einem die Lust, die Kraft
des Begehrens verbiegt und verkrümmt sich, knickt ein.

Getrieben von bitterer Trägheitskraft
Anstossend wider das, was das Leiden schafft,
rammeln die Jungen und finden's zum Speien.

Die Lust ist ein Gnadenstand.
Im Käfig ist sie unbekannt.
Zerbrich drum den Käfig und lass dich ein.

D. H. Lawrence

Liebe im Büro – die Story klingt reichlich unromantisch. Zwischen Faxgerät und PC, inmitten von Aktenbergen und unbearbeiteten Pendenzen soll der erotische Funke überspringen? Doch offenbar nicht immer macht die Umgebung den Sex.

KONTAKTBÖRSE ARBEITSPLATZ

„Unter meinen Freunden tummeln sich viele Paare, die sich am Arbeitsplatz kennen gelernt haben", sagt Meike Müller. Die Kommunikationstrainerin aus Berlin hat sich in ihrem Buch „Rendezvous am Arbeitsplatz" (Mosaik Verlag) mit dem Thema beschäftigt und ist zur Überzeugung gelangt, dass sich kaum irgendwo sonst so leicht zarte Bande knüpfen lassen. „Der Heiratsmarkt Arbeitsplatz wird sogar noch wichtiger werden." Denn durch die veränderten Arbeitsbedingungen seien Arbeitnehmer immer öfter auch abends oder am Wochenende im Büro. „Und wenn zwei viel und eng zusammenarbeiten, können enge Bindungen entstehen", meint Meike Müller.

Arbeitskollegen seien unter manchen Gesichtspunkten geradezu ideale Partner: „Wenn einer das Bedürfnis hat, sich auszuheulen, dann weiss er, dass der andere versteht, wovon die Rede ist." „Gemeinsame berufliche Interessen können durchaus positiv für die Beziehung sein, unterstreicht auch Michael Thiel, Paartherapeut aus Hamburg. Allerdings bergen solche Partnerschaften auch Risiken. „Auf Dauer kann die Spannung verloren gehen. Wer den ganzen Tag zusammen ist, hat keine Geheimnisse mehr. Es gibt auch nicht mehr die Freude, abends nach Hause zu kommen und den Partner zu treffen."

SEX AM ARBEITSPLATZ FÜR MEHR PRODUKTIVITÄT?

Teilnehmer eines Workshops eines amerikanischen Unternehmensberaters nahmen eine Unterscheidung zwischen Erotik und Sex am Arbeitsplatz vor. Viele Teilnehmer befürworteten das Ausleben von Erotik am Arbeitsplatz (Blickkontakte, Komplimente, sogar Berührungen), alles aber ohne Nacktheit oder tatsächlichen Vollzug des Geschlechtsaktes. Wenn es am Arbeitsplatz knistert, kann auch das Unternehmen davon profitieren. „Wer verliebt ist, strahlt auch etwas aus, ist motivierter und besser gelaunt. Gerade wer viel mit Kunden zu tun hat, wirkt dann auch angenehmer", so Meike Müller.

Die US-Sexualforscherin Shere Hite fordert sogar mehr Liebe im Büro, weil diese die Kreativität steigern soll. Viele Fachleute sind sich einig: Die erotische Komponente in menschlichen Begegnungen jeder Art ist nun mal ein wesentliches Element für die Freude an der Arbeit. Deshalb sind nach Ansicht vieler Psychologen gemischte Gruppen, Männer und Frauen, Jüngere und Ältere, oft besonders erfolgreiche Teams.

An einem Punkt ist allerdings Schluss: „Bei handfestem Sex heisst es Finger weg!"

TROTZDEM NICHT MEHR PLATZ EINS
Nichtsdestotrotz hat das Internet den Arbeitsplatz als Kennenlernplatz Nummer eins abgelöst. Was für das ernsthafte Kennenlernen immer mehr aus Rang und Traktanden fällt, ist die „Freizeitpirsch". Wer den Märchenprinzen oder die Traumfrau in alternativen Szenekneipen, hippen Diskotheken, unterkühlten Lounges und In-Bars sucht, wird heute kaum mehr fündig, es sei denn, er pflege die Kultur des One-Night-Stands. „Oversexed and underfucked", so beschreibt es Ariadne von Schirach in ihrem Buch „Tanz um die Lust" (Goldmann-Verlag). „Wir sollen also alle sexy werden und hot und geil, verdammt noch mal," schreibt von Schirach. Und über einen Barbesuch: „Da waren sie alle, die hotten Elsen, die geilen Schnecken, die schönen Jünglinge, die attraktiven Männer. Wir beobachten Letztere, an der Bar stehend, die Masse wogt hin und her, die erotische Spannung nähert sich dem Nullpunkt. Viele unter uns werden immer schöner, gestylter und cooler, verbreiten dabei die sexuelle Energie eines Eisblocks und gehen immer häufiger allein nach Hause ..."

Sie spricht auch von einer Überpornografierung der Gesellschaft. Bei so viel Pornografie könne kaum mehr Beziehung, geschweige denn Bindung entstehen. Von Schirach weiter: „Die Loser greifen zu Pornos, weil sie bei real existierenden Frauen keine Chance haben. Die metrosexuellen Narzissten greifen zu Pornos, weil keine Frau ihnen gut genug ist. Die Frauen verwandeln ihre Lippen in Schlauchboote und ihre Titten in Plastik, weil sie hoffen, die Kerle dort abzuholen, wo sie sie zuletzt gesehen haben: Vor einem Internet-Porno ..."

DEUTSCHE UNTERNEHMEN SIND HEISS
Obschon der Volksmund empfiehlt, „Never fuck your office!", wandeln sich insbesondere Männer offenbar zu Schreibtisch-Casanovas, sobald etwas Weibliches die Szenerie betritt. Ob elektronisch per E-Mail, telefonisch, per SMS oder auch via Körpersprache (Quasimodo goes Schwarzenegger!) werden „Visitenkartenbotschaften" abgeschickt. Es lebe dann das Balzverhalten der Urahnen aus der Steinzeit. Der Flirt ist die Keule, der Porsche (oder die Besenkammer ...) ist die Höhle, in die Mann die von seinem Charme überwältigte Frau an den Haaren schleift.

25 Prozent der Männer und 15 Prozent der Frauen in Deutschland finden Sex am Arbeitsplatz besonders reizvoll ...

Eine Umfrage einer Arbeitsvermittlungsorganisation zum Thema Sex am Arbeitsplatz in Deutschland ergab: In deutschen Unternehmen geht es heiss her: Rund zwei Drittel der Teilnehmer (579) hatten schon einmal Sex am Arbeitsplatz oder können sich vorstellen, dort welchen zu haben. Von den 36 Prozent, die effektiv schon mal Sex am Arbeitsplatz hatten, fanden 21,8 Prozent, dass es eine positive Erfahrung war. Bei knapp 10 Prozent ist daraus sogar mehr geworden. Lediglich 4,3 Prozent der Befragten bereuen den intimen Kontakt mit einem Kollegen oder einer Kollegin und sagen, sie würden es nicht wieder tun. Ein knappes Drittel schliesst Sex im beruflichen Umfeld für sich gänzlich aus.

SICH HOCHSCHLAFEN IN NEUE POSITIONEN
35 Prozent der unter 30-Jährigen haben keine Probleme mit Sex am Arbeitsplatz, wenn sich daraus berufliche Vorteile ergeben. Dies hat eine aktuelle Umfrage des Forsa-Instituts im Auftrag der Zeitschrift „Neon" ergeben. Und immerhin zusätzliche 27 Prozent würden zwar selbst keinen Sex als Karriereförderung einsetzen, aber eine solche Entscheidung auch nicht verurteilen. Betrachtet man die Zahlen jenseits des dreissigsten Geburtstages, wird die Sache noch deutlicher. Fast die Hälfte der Frauen (46 Prozent) und kaum weniger bei den Männern (43 Prozent) hatten schon mal eine Liebesbeziehung am Arbeitsplatz!

Bleibt nur die Frage, ob die Arbeitgeber die Begeisterung über diese ganz spezielle Form des Networkings ebenfalls teilen. Treiben Sie es deshalb nicht zu bunt, denn Sex am Arbeitsplatz kann sowohl strafrechtliche (sexuelle Belästigung!) als auch arbeitsrechtliche Konsequenzen haben. In Sachen sexuelle Belästigung am Arbeitsplatz gilt die „Null-Toleranz-Devise"!

> „Es gibt eine Zeit für die Arbeit
> und es gibt eine Zeit für die Liebe;
> mehr Zeit hat man nicht."
> Coco Chanel

Wenn wir nun einen Blick auf die Treue (oder vielleicht besser die Untreue!) werfen, werden wir mit beeindruckenden Zahlen konfrontiert. Julia Onken, die berühmte Schweizer Psychologin und Therapeutin, spricht vom Fremdgehen von zwei Dritteln der Menschen, die in einer festen Beziehung leben. Dabei würde „es" die Frau gleich häufig tun wie der Mann. Der „Stern" spricht von knapp fünfzig Prozent der verheirateten Frauen. Interessant, dass 79 Prozent den ausserehelichen Sex als prickelnder empfunden hätten.

LIEBESFALLE ARBEITSPLATZ
Auch wenn der Arbeitsplatz nicht mehr der Ort Nummer eins ist, wo sich Menschen für intime Beziehungen kennen lernen, so hat er als Stätte des Fremdgehens immer noch die Führungsposition inne. Andererseits sind unsere Medien voll davon, dass in unseren Schlafzimmern tote Hose herrschen würde. Was macht den Arbeitsplatz denn so attraktiv für die neue Pirsch? Wir haben bereits festgestellt, dass Menschen wieder mehr arbeiten, sich de facto also länger am Arbeitsplatz aufhalten. Dies kann aber bei weitem nicht den alleinigen Grund darstellen.

FAKTOREN ZEIT UND LEISTUNG
Der moderne Mensch und Arbeitnehmer erlebt eine Dualität. Einerseits steigen die Leistungsansprüche und damit auch die zeitlichen Anforderungen an ihn am Arbeitsplatz (wobei wir auch die Erziehungsarbeit explizit als Arbeitszeit verstanden wissen wollen), andererseits unterliegt er immer mehr einer Reizüberflutung. Diese Polarität zwischen „Leiste mehr!" und „Du kannst dir jederzeit alles holen!" macht das Leben für angestammte Beziehungen schwerer.

Übermüdung und damit die sich oft daraus ergebende Lustlosigkeit bedingen höhere Reizschwellen in der Stimulation. Höhere Reizschwellen bedeuten daher oft neue Reize, gepaart mit Bewunderung, wirtschaftlicher Potenz oder Jugendlichkeit. Dies alles verpackt in einem Outfit, welches anders daherkommt als die morgendliche Abgeschminktheit, unterstützt durch herumliegende Kinderspielsachen und garniert mit Fürzen als Beweis dafür, dass Liebe vielleicht durch den Magen, nicht aber durch den Enddarm geht.

RATGEBERFLUT
Wir leben in einer ergebnisorientierten Gesellschaft. Trainings zur Steigerung der persönlichen Durchsetzungskraft boomen. Eine stattliche Anzahl von Publikationen versucht dieses Gesellschaftsmodell auch auf die Erotik und die Liebe zu übertragen. So zum Beispiel „Seven weeks to better sex" (Domeena Renshaw) oder „Five minutes to orgasm every time you make love" (Claire Hutchins).

Diese „Ihr-Weg-zur-Liebesmaschine-Haltung" suggeriert uns allerdings, dass alles lediglich ein zweigleisiges Problem darstellt: einerseits Prioritätensetzung respektive Zeitmanagement, andererseits eine operativ-mechanische Problematik. Als Hilfe werden Medikamente und Bücher, Videos und Sexspielzeuge angepriesen. Sie versprechen tantrische Höhenflüge in das Reich der Ekstase. Laura Kipling in ihrem Buch „Liebe – eine Abrechnung" dazu: „Ein ganz neuer Sektor ist aufgeblüht, ergänzt durch eine Industrie von Zulieferern und umworbene Märkte sowie umfangreiche Investitionen der Gesellschaft in neue Technologien – von Viagra bis Paarpornos: ein spätkapitalistisches Lourdes für siechende Ehen. Wie eifrige Ärzte, die eigentlich nicht mehr unter uns Weilende mit spiegelblanken Herzlungenmaschinen am Leben erhalten, können nun auch Paare dank neumodischer Erfindungen das Verlöschen der Leidenschaft hinauszögern."

Dieser Ansatz, ohne Zweifel pragmatisch, zeigt, wie unsere zunehmend analytische Gesellschaft Probleme zu lösen versucht. Ein Problem wird in seine Einzelteile zerlegt und einzeln nach Plan gelöst. Überträgt man dieses Modell jedoch auf sexuelle Probleme, richtet sich der Fokus auf das reine Funktionieren. Die Reduktion der Sexualität auf die stahlharte Erektion überschattet einerseits alle anderen sexuellen Fähigkeiten und macht andererseits die ständige bereits erwähnte Reizerhöhung notwendig. „An die Stelle der subjektiven Erfahrung sexueller Wonnen treten objektive Kriterien, die schnell aufgelistet sind, aber nur zu einem jämmerlich kurzen Katalog ausreichen: Erektion, Koitus, Orgasmus", so Esther Perel in ihrem Buch „Wild Life".

DIE INEFFIZIENZ DER EROTIK
Unsere Business-Gesellschaft hält grosse Stücke auf die Effizienz. Darin hat die Erotik ein grosses Problem: Sie ist so schrecklich erfrischend ineffizient. Sie liebt es, mit Ressourcen und Zeit geradezu verschwenderisch umzugehen. Ein Akt, der sich jeglicher Kalkulation entzieht. Ein lasziver Time-out, welches ein Nirwana des Schwelgens schafft und sich allen Produktivitätsanforderungen des Alltags entzieht. „Ein luzides Intermezzo", so nochmals Esther Perel. Oktavio Paz sieht im Liebesspiel sogar die Zeit ausser Kraft gesetzt und eine Verbindung zum Jenseitigen hergestellt. Unsere Erziehung ging jedoch dahin, unsere sexuellen Gelüste und Impulse zu zügeln. Selbst der Masturbation wurde noch bis sehr tief ins zwanzigste Jahrhundert das Etikett des Krankmachens und der Sünde angehängt. Und nun sollen wir uns unproduktiv gehen lassen. Ja, durchaus, aber eben unverbindlich und ausserhalb festgefahrener Strukturen – zum Beispiel am und um den Arbeitsplatz.

LÄSST SICH EROTIK KONSERVIEREN?
Um erotisches Verlangen über längere Zeit aufrechtzuerhalten, gilt es, zwei gegensätzliche Kräfte miteinander zu versöhnen:

Verbindlichkeit und Freiheit. Das Problem fällt in die Kategorie der existenziellen Polaritäten, die so unlösbar wie unausweichlich sind. (Deshalb soll und kann dieses Kapitel auch nicht ein Sexratgeber sein, aber durchaus einige kritische Denkanstösse vermitteln.)

Ironischerweise muss auch die Welt des Business anerkennen, dass sie selbst bei all ihrem Pragmatismus nicht alle Probleme lösen kann. In jedem System sind Polaritäten nicht nur erkennbar, sondern Tatsache: Konstanz und Wandel, Gemein- und Eigensinn, Actio und Reactio, Ratio und Leidenschaft, Spannung und Entspannung, Flut und Ebbe. Sie entsprechen einer Dynamik, die zur Natur der Realität gehört. Polaritäten sind Gegensatzpaare, die zu ein und demselben Ganzen gehören – sich definitiv für das eine zu entscheiden, ist oft schlicht unmöglich. Nicht zuletzt bedarf das System zu seinem Fortbestand beider Teile.

KRISENSICHER

Man spricht beim horizontalen vom krisensicheren Gewerbe. Wie kommen Menschen, insbesondere gut verdienende Männer, dazu, teilweise horrende Summen für Liebesdienste zu bezahlen und erst noch Gefahr zu laufen, dabei entdeckt zu werden? Bestimmt hat auch dieses Phänomen einerseits mit der Erhöhung der Reizschwelle, andererseits aber auch mit falsch verstandener Scham und damit verbundener Nichtkommunikation zu tun. Sexuelle Wünsche lassen sich eben wesentlich besser in bezahlter Anonymität als von Angesicht zu Angesicht artikulieren. Büroseitensprünge sind nicht durch ausserordentliche sexuelle Praktiken gekennzeichnet, sondern wesentlich mehr durch den Reiz des Neuen oder der verbotenen Früchte gekennzeichnet. Was könnte zur Konservierung der Erotik beitragen? Um in der Business-Sprache zu bleiben: Wir stellen fest, dass nicht wenige Menschen wenig für ihren persönlichen Aktienkurs bei ihrem wichtigstem Investor, dem Partner, tun. Hat man den mal auf sicher (insbesondere nach Heirat!), lässt man sich nicht selten gehen. Vorbei das endlose Hirnen vor dem Kleiderschrank über die richtige Wahl der Kleider vor den ersten Rendezvous! Diesbezüglich verhalten sich Männer und Frauen gleich. Andererseits erleben wir diese Reizüberflutung mit knackigen Menschen in der Werbung, auf Plakaten, in den Bild- und Printmedien, die die inneren Werte des Partners aktiv konkurrenzieren. Fast noch schwieriger ist es für die Frau: Zieht sie sich etwas attraktiver an, kann sie bei Geschlechtsgenossinnen unter Druck kommen. Interessant, wie viele Frauen Schuhe mit Absätzen immer noch in Ausnahmefällen anziehen, obschon mindestens neun von zehn Männern dies attraktiv finden. Ohne diese Thematik ausreizen zu wollen, gilt Ähnliches im Bereich der Unterwäsche und der Strumpfwaren. Warum diese Zurückhaltung? Warum sich nicht richtig attraktiv machen für den Partner? Männer sind da keinesfalls besser, pflegen sich teilweise wie Neandertaler, insbesondere auch, was ihre Haut betrifft.

PHÄNOMEN FREMDGEHEN

Die definitiv genaue Zahl ist nicht eruierbar, auf jeden Fall nicht biblisch tief (im Sinne eines der Zehn Gebote).

Julia Onken unterscheidet zwei Typen fremdgehender Männer:
- Die Kick-Gruppe: Ihnen ist es in der Beziehung langweilig geworden, sie können sich aus eigener Scham und partnerschaftlicher Intoleranz nicht mehr sexuell artikulieren und grasen neue Reviere ab.
- Hormon-Gruppe: Sie brauchen stets und dauernd erotische Erlebnisfelder, um sich ausleben zu können. Sie artikulieren

oft den Satz: „Also, im Prinzip bin ich ja treu." Sie werten es nicht als Treuebruch, wenn sie mal ihrer Lust folgen.

Bei Frauen, so Onken, sei es oft eine unerfüllte Sehnsucht nach einer erfüllenden Liebesbeziehung. Vernachlässigung oder gar Nichtbeachtung seitens des Partners lassen Frauen viel gezielter nach jemandem für den Seitensprung suchen. Viele sagen den Satz: „Endlich fühle ich mich wieder attraktiv!" Und meinen damit: „Ich fühle mich bestätigt. Ich werde wieder beantwortet."

Allerdings: Das Fremdgehen als Reparaturwerkstätte für das angeschlagene Selbstwertgefühl gilt für beide Geschlechter.

Insbesondere Berufe mit hoher Verantwortung oder gar Machtanhäufung sind fürs Fremdgehen sehr gefährdet. Allein dadurch, dass sie dem realen Leben entfremdet sind, oder wie Julia Onken sagt: Wer nicht mehr barfuss über die Wiese laufen kann, braucht den Seitensprung, um Sinnlichkeit zu erfahren.

Gerade Männer wechseln nicht selten in solchen Situationen das Machtgefüge, indem sie die Hierarchien umkrempeln: Aus Befehlsgebern, eben Managern, werden Befehlsempfänger. Der sexuelle Begriff dafür ist Sklave.

MANGEL AN BEWUNDERUNG
Selbst grösste berufliche oder gesellschaftliche Erfolge ersetzen die wichtigste Bewunderung nicht: diejenige des angestammten Partners. Männer sehnen sich dabei weniger nach Bewunderung für ihr Aussehen als für ihr Tun. In der Tat fällt es der Partnerin schwer, die Bewunderung für die gewonnenen Tennisspiele, die coolen Aktiendeals oder den neu dazugekommen Aufsichtsratssitz über viele Jahre aufrechtzuerhalten. Und junge Frauen, den Wohlstand oft noch nicht so gewohnt,

bewundern die wirtschaftliche Potenz wesentlich mehr als die Partnerin, für die manchmal das grosse Landhaus oder die luxuriösen Reisen schon zur Rente mutiert sind.

Bei beruflich erfolgreichen Frauen denken Partner-Männer oft, dass das Bedürfnis nach Anerkennung und Bewunderung durch die beruflichen Erfolge bereits gesättigt sei. Ein grosser Trugschluss. Auch erfolgreiche Geschäftsleute wollen bewundert und in die Arme genommen werden – am liebsten von ihren Partnern. Richtig so. Und tut richtig gut.

3.1 Interview mit Eliane Schweitzer

Was denkst du: Wie viele Fragen erreichen dich von Menschen in Kaderpositionen?

Ich kann das zwar nicht sagen, weil ich die Leute selten nach ihrem Beruf frage. Aber gewiss sind Leute in Kaderpositionen eher selten meine „Klienten". An mich wenden sich eher Menschen aus der Mittelschicht, Handwerker mit eigenem kleinem oder auch grösserem Betrieb, Büroangestellte, einige Leute aus dem Bauernstand. Wenig Akademiker ... was ich an der gewählten Sprache merke und wo ich dann nachfrage.

Kommt dazu, dass die Bezeichnung „Kader" aus meiner Sicht längst entwertet ist. Jeder subalterne Bänkler nennt sich heute „Banker". Ich hörte auch schon, einer sei in einer Kaderposition, und es stellte sich heraus, dass er bei einem Grossverteiler Leute unter sich hat, die Gestelle auffüllen ...

Sex am Arbeitsplatz ist ein häufiges Phänomen: Liegt es daran, dass Menschen immer mehr arbeiten und dadurch am Arbeitsplatz mehr „Kontaktfläche" haben oder daran, dass sie zu Hause zu müde sind?

Es hat sicher vor allem damit zu tun, dass heute Frauen in allen möglichen Berufszweigen auftauchen. Und: Wo Frauen und Männer in Kontakt kommen, kann es natürlich funken. Kommt dazu, dass man viel Zeit miteinander verbringt, wenn man zusammen Alltagsnöte und -freuden teilt.

Welcher Mann ist prima vista attraktiver: fitter und schlanker Sixpacker oder flauschig-bauchiger Kuschelbär?

Auf den ersten Blick wirkt ein körperlich gut gebauter Mann mit Muskeln bestimmt attraktiver als ein Mann mit Bauch. Ob der Typ mit dem Sixpack auch hält, was er verspricht, ist eine andere Frage. So kann man durchaus den Standpunkt vertreten, dass Männer, die sehr viel Wert darauf legen, fit zu sein und attraktiv, selbstverliebte Narzissten sind oder sie das Geniessen verlernt haben und auch im Bett auf Leistung aus sind, während ein Kuschelbär, der vielleicht zu viel isst und schweren Rotwein dazu trinkt, auch im Bett lustvoller agiert, weil er nicht nur im Gourmettempel raffinierte Kost schätzt, sondern auch ein fantasievoller Liebhaber ist.

Warum lassen sich Menschen in festen Beziehungen oft auch äusserlich gehen?

Es gibt Leute, die lassen sich in jeder Beziehung gehen, sobald sie glauben, sie hätten den Liebespartner auf sicher. Ich sehe aber täglich sehr viele gut aussehende Männer und Frauen, die in festen Beziehungen leben. Ich denke, dass die Menschen heute viel bewusster gekleidet sind, viel mehr Wert auf körperliche Fitness legen als früher ... und doch nicht unbedingt glücklicher sind.

Alice Schwarzer hat sich despektierlich über die CSU-Landtagsabgeordnete Pauli wegen Selbstdarstellung mit provokant-attraktiven Bildern geäussert. Müssen erfolgreiche und intelligente Frauen zwangsläufig graumausig aussehen?

Nein, natürlich nicht. Aus meiner Sicht ist es schade, dass eine so kluge und seinerzeit auch progressive Frau wie Alice Schwarzer es nötig hat, attraktive und meinetwegen auch etwas selbstverliebte Frauen abzuwerten.

Mir tun aber weniger attraktive Frauen leid, auch wenn dies herablassend klingen mag: Es ist nicht einfach für ein Mädchen und später für eine junge Frau, unattraktiv zu sein. Unattraktive Männer und Frauen müssen sich selbst und noch mehr den andern immer beweisen, wie intelligent, wie reich oder wie mächtig sie sind. Ich sehe das oft als Kompensieren. Wobei ich allerdings differenzieren möchte zwischen Männern und Frauen, die nicht dem gängigen Schönheitsideal entsprechen, aber sehr wohl eine Ausstrahlung haben, die sie attraktiv macht – und den „grauen Mäusen".

Zudem gibt es das Phänomen, dass einst attraktive Männer und Frauen in den mittleren Jahren nur noch banal wirken, weil sie ausser dem einst hübschen Gesicht nichts aufzuweisen haben. Während Männer und Frauen, die in ihrer Jugend wenig Chancen beim andern Geschlecht hatten, in derselben Zeit dank einer Begabung, Intelligenz oder speziellen Fertigkeiten – es darf auch bloss ein glückliches Familienleben sein – an Selbstsicherheit und Ausstrahlung zulegten und mit 50 nicht nur geachtete Persönlichkeiten, sondern plötzlich auch sexuell attraktiv sind.

Warum ist die Scheidungsrate bei Akademikern, Selbständigen und Führungskräften am höchsten?
Mir ist das neu. Gerade Führungskräfte bewahren doch gern den Schein nach aussen, auch wenn die Ehe nicht mehr gut ist. Weil ein Topmanager auch ein perfektes Privatleben haben soll. Also ein richtiger „Topshot" kann kein Junggeselle sein, der mal diese, mal eine andere Freundin hat. Auch ist es noch immer üblich, dass bei einer Neueinstellung auf Direktionsebene der Favorit zusammen mit der Ehefrau zum Essen eingeladen wird. Um die Frau zu begutachten. Sie ist „die Visitenkarte".

Auch bei selbständig Erwerbenden wundert mich diese Statistik, weil ich oft höre, dass sich Eheleute, die ein Geschäft zusammen aufbauen, eine Scheidung gar nicht leisten können, weil sie ihnen die Existenzgrundlage entzöge.

Bei Akademikern kann ich es mir noch am ehesten vorstellen, weil die vielleicht das Selbstverständnis haben, sie könnten sich überall mehr leisten, auch auf der sexuellen und privaten Ebene, als ein „normaler Bürger"...

SM erlebt einen Boom. Warum lassen sich Manager nicht von der eigenen Frau auspeitschen oder putzen die Fussböden statt bei Dominas einfach zu Hause?

Wer sich solches fragt, weiss nichts über Rituale, die eine Sadomaso-Beziehung erst sexuell aufregend machen. So gibt es jede Menge Ehefrauen, die ihre Männer drangsalieren und demütigen, ohne dass einer von beiden einen sexuellen Vorteil davon hätte. Und ohne dass es ihnen auch nur in den Sinn käme, ihre Beziehung habe etwas mit Sadismus und Unterwerfung gemein.

Eine Domina, die etwas kann, bedient die Fantasien ihrer Kunden. Sie sexualisiert die Handlungen, er putzt ja nicht einfach das Klo ... er leckt es sauber. Nackt und angekettet oder was weiss ich. Und sie putzt in derselben Zeit nicht die Küche, sondern trägt etwas Aufregendes, zwickt ihn und achtet darauf, dass er erregt bleibt. Es ist eine Kunst, eine Abfolge von rituellen Handlungen. Die Meinung, es seien vor allem mächtige Männer, die sich das wünschen, ist aus meiner Sicht falsch. Mächtige Männer haben bloss stärker das Bewusstsein, und sie leisten es sich. Kommt dazu, dass der Sklave bestimmt, was die Domina macht. Nicht umgekehrt, wie viele glauben. Er bezahlt ja auch. Und zwar nicht wenig. Da wird vorher besprochen, was er will und wie er es will und was das Stoppzeichen sein soll, falls er will, dass sie ihm Schmerzen zufügt. Armen Burschen, unsicheren Männern in schlecht bezahlten Berufen beispielsweise fehlt die Selbstsicherheit – und natürlich das Geld, um sich zu holen, was sie gern hätten. Das Bedürfnis ist jedoch auch bei Hilfsarbeitern da. Die leben es allerdings so aus, wie die Frage suggeriert: Sie lassen sich von einer herrschsüchtigen „bösen" Frau fertigmachen und wissen nicht einmal, warum.

Ariadne von Schirach spricht von einer Überpornografierung unserer Gesellschaft („oversexed and underfucked"). Wir würden immer cooler, plastisch immer schöner gemacht und gehen immer öfter alleine nach Hause. Reicht uns steriler Bildschirm- und Cybersex wirklich?

Der in Mode gekommene Ausdruck trifft den Zustand unserer heutigen Gesellschaft sehr genau. Wir lesen und reden viel mehr über Sex, als das vor 50 Jahren der Fall war. Wir getrauen uns auch mehr und trauen uns mehr zu. Weil wir nicht mehr zufrieden sind mit Lust, Erregung, Geschlechtsverkehr und Höhepunkt, wird natürlich auch die Diskrepanz zwischen dem realen und dem gewünschten Sex grösser.

Je mehr wir wissen und auch einmal ausprobieren möchten, desto wahrscheinlicher wird die Enttäuschung.

Ich glaube nicht, dass heute mehr Leute allein nach Hause gehen. Sicher ist jedoch der Unterschied zwischen dem, wie Frauen und Männer sich darstellen, und dem, was sie sexuell bieten und erleben, sehr viel grösser als früher.

Wir leben in einer Welt der Reizüberflutung. Ist die Monogamie ein Hirngespinst?

Monogamie ... Sich mit einem einzigen Sexualobjekt ein Leben lang zufriedengeben, das war meiner Meinung nach immer mehr eine Frage der Möglichkeiten als der Moral. Monogamie gibt es in unserer westlichen Welt kaum noch. Was heute hingegen sehr en vogue ist: serielle Monogamie. Man verliebt sich, bleibt einige Jahre zusammen, trennt sich und verliebt sich neu.

Das Investment-Banking hat einen hohen Stellenwert in Deutschland und der Schweiz. Warum investieren wir nicht mehr in Beziehungen?

Mein Eindruck ist es nicht, dass wir nicht mehr in Beziehungen investieren. Im Gegenteil. Es gab doch noch nie so viele Bücher, die Tipps für ein gutes Liebesleben geben, darüber, wie man die Ehe, sprich die Liebesbeziehung, belebt. Dazu kommt fast jeden Abend im Fernsehen eine Sendung zum Thema, von Frauenzeitschriften nicht zu reden, die seit Jahrzehnten Tipps abgeben. Zudem nehmen heute immer mehr Menschen die Dienste eines Paartherapeuten in Anspruch. Überdies gibt es Internetforen zuhauf, in denen Leute einander beraten oder Tipps abgeben.

Was rätst du einer Frau, die in einer klassischen Rollenteilung lebt und Kinder grosszieht, um gegen die adretten und gestylten Arbeitskolleginnen ihres Mannes zu überleben?

Eine Hausfrau und Mutter hat es nicht nötig, mit einer gestylten Arbeitskollegin zu rivalisieren. Sie hat sehr viel mehr Macht, als ihr vielleicht bewusst ist, wenn sie das teure Outfit der vermeintlichen Rivalin begutachtet. Wenn der Mann mit der Kollegin fremdgeht, ist es meistens eine ihm später unangenehme Affäre. Männer sind ja nicht so blöd, nicht zu wissen, dass die Dame im Jil-Sander-Kostüm zu Hause den Braten mit Kartoffelstock kaum in High Heels zubereitet. Oder ihnen schwant, dass die potente Berufsfrau keine Ahnung vom Kochen hat und noch weniger vom Haushalten. Männer, deren Ehefrauen nicht berufstätig sind, wollen keine andere.

Es passiert natürlich schon auch, dass Männer sich verlieben und irgendwann mit der „adretten und gestylten" Arbeitskollegin zusammenziehen. Ich behaupte aber, dass dies Ausnahmen sind. Heimlich fürchten sich Männer vor allzu glanzvollen Frauen.

Welches ist deine Lieblings-CD?
Ich liebe Chet Baker.

Welches Buch liegt aktuell auf deinem Nachttisch?
Momentan leider kein Buch. Nur Zeitschriften.

Wenn du eine Nacht mit einem Mann (oder einer Frau) frei hättest: Wer wäre es?
Jonny Depp, Andy Garcia, Robert de Niro, wer von ihnen grad verfügbar wäre. Am allerliebsten: Marlon Brando, als er noch jung war. Oder doch Casanova?

Eliane Schweitzer interessierte sich in ihrer Teenagerzeit nur für Jungs, für gut aussehende Jungs – Schule und Job? Wie langweilig! Dieses Desinteresse hat sich ins Gegenteil verkehrt: Sie betreibt fortlaufende Weiterbildung in Psychoanalyse (Freud). Und sie fand ihre Berufung in ihrer Tätigkeit als Sexberaterin der Schweizer Tageszeitung „Blick".

4.0 Der Körper – die Kathedrale der Seele

PERSÖNLICHE FITNESS IM BERUFSALLTAG
„Alle in Funktion stehenden Körperteile, regelmässig gebraucht und geübt, bleiben gut entwickelt und altern nur langsam. Bleiben sie ungenutzt und sich selbst überlassen, werden sie anfällig gegen Krankheit und Missfunktion und altern rasch."
Hippokrates

In einem unbewegten Körper herrscht Ausnahmezustand. Alle wissen es, fast keiner bewegt sich. Alle hoffen, dass es sie nicht trifft. Auf der Wiese der Hoffnung stehen jedoch bekanntlich viele Narren.

DER KINETISCHE NULLPUNKT
Für 15 bis 20 Kilometer sind wir geschaffen. Pro Tag. Zu Fuss. In leichtem Trab. Effektiv sind es 700 Meter. Im Durchschnitt! Es werden immer weniger. Dabei missachten wir etwas Grundlegendes. Der menschliche Körper wurde als dynamisches Konzept konzipiert. Wir nutzen ihn fast nur noch statisch. Beim Sitzen vor dem Computer, im Auto, vor dem Fernseher. Hinzu kommt, dass wir pro Kopf verglichen mit vor 100 Jahren 700 Kalorien mehr essen. Pro Tag. Die Diagnose dieses Fehlverhaltens lautet:

Missbrauch!

Es geht nicht darum, diese angenehmen Dinge wieder abzuschaffen. Niemand will wahrscheinlich wieder zurück in die Höhlen oder auf die Bäume. Es geht lediglich darum, einen

Kompromiss als Ausgleich zu dieser Vielsitzerei zu finden. In einem unbewegten Körper herrscht in seinen Zellen Ausnahmezustand. Immerhin 70 Billionen an der Zahl ...

DIE LAGE IST KRITISCH
Aber nicht hoffnungslos! Die WHO hat das Übergewicht und die Fettsucht, eine direkte Folge der Vielsitzerei, als Epidemie des 21. Jahrhunderts erklärt. Vor Aids und Krebs. Übergewicht ist nicht nur unschön, sondern eine Quelle vieler Stoffwechselprobleme. Besonders die explosionsartige Entwicklung bei Kindern ist eine traurige Nebenwirkung einer gesellschaftlichen Aussitzkultur. Eine britische Untersuchung aus dem Jahre 2005 unterstreicht die Gefahr, dass „wir eine Generation aufziehen, die vor ihren eigenen Eltern sterben wird (Spiegel spezial 5/05). Dreissigjährige leiden heute an Erkrankungen, die Ärzte vor 20 Jahren bei vielleicht fünfzigjährigen Patienten diagnostiziert haben. Körperliche Degenerationserscheinungen setzen nicht nur früher ein. Sie nehmen auch dramatischere Ausmasse an und sind, oft gekoppelt mit seelischen Leiden wie Depressionen, in vielen Fällen Folgen eines falschen Lebensstils. So sind wir bereits inmitten einer bizarren Entwicklung: Längst sind es nicht mehr die Infektionskrankheiten, die generell die Gesundheit der Menschen in unseren Breitengraden bedrohen. Durch einen breiten Einsatz von Impfstoffen, Medikamenten und auch Hygienemassnahmen konnte die allgemeine Lebenserwartung in den letzten Jahrzehnten jeweils um etwa ein Jahr pro Jahrzehnt erhöht werden. Gleichzeitig nahm jedoch die Sterblichkeit aufgrund vermehrter Stoffwechsel-, chronischer und degenerativer Erkrankungen stark zu. Nur sind diesmal nicht die Krankheitserreger die Schuldigen, sondern der individuelle, selbst gewählte Lebensstil der meisten Menschen.

DER UMGANG MIT PROBLEMEN
Es ist nicht nur ein Aussitzen, sondern oft auch ein gesellschaftliches Augenverschliessen und Ausweichen vor Problemen. Trotz bekannter zunehmender Übergewichtsproblematik bei Jugendlichen streicht man vielerorts aus Budgetgründen eine (weitere) Turnstunde. Kinder lernen immer später oder gar nicht mehr schwimmen. Bei der militärischen Musterung Jugendlicher wird die Kletterstange abgeschafft. Angeblich aus Sicherheitsgründen. In Tat und Wahrheit aber, weil kaum noch einer hochkommt. Hoffentlich weiss dies auch der Feind und greift etwas rücksichtsvoll an ...

ANGST IST EIN SCHLECHTER BEGLEITER
Angst ist ein schlechtes Mittel, um Verhaltensänderungen zu bewirken (siehe Zigarettenschachteln!). Deshalb möchten wir positive Lösungsansätze vermitteln und stecken jetzt den Drohfinger sofort wieder weg.

NICHT MÜSSEN, DÜRFEN. SPÄTER: WOLLEN
Interessant, für uns sehr bewegte Menschen aber schon fast unverständlich: Spricht man körperlich inaktive Menschen auf Bewegung an, kommt immer eine Antwort in etwa folgender Form zurück: „Ich weiss, dass ich was in diese Richtung tun *müsste!*" Warum müssen? Wir dürfen. Wir sollten doch wollen. Und zwar sofort loslaufen. Ohne zuerst grosse Ausrüstungsgegenstände zu kaufen. Denn wir sind doch dynamisch-bewegte Konzepte. Laufen ist schlicht unsere Urbewegung. Was läuft hier falsch?

DIE ZEICHEN DER ZEIT
Oh nein. Die setzen nicht erst mit 60 ein. Spätestens im Moment der Einschulung beginnt der Abstieg, sofern nicht elter-

licherseits Gegensteuer gegeben wird! Dies beginnt mit dem Kauf der richtigen Spielsachen und vor allem dem Umgang damit. Es bringt nichts, den Fernseher zu verbannen, weil man Kinder hat. Auch Spielkonsolen sind nun mal was Geiles, an dem auch gestandene Männer Freude haben. Aber bitte nur bei schlechtem Wetter und auch nur vier Stunden pro Woche für die Kids. Und kein paralleles Nonsens-Fressen. Spiel ist Spiel, Essen ist Essen. Bei Räuber und Gendarm assen wir schliesslich auch nicht.

MISSION IMPOSSIBLE
Viele Fitness- oder Diätprogramme sind durch zwei falsche Merkmale gekennzeichnet:
- zu kurzfristig
- zu genussfeindlich

Wer ein Programm zeitlich limitiert, muss es erst gar nicht beginnen, denn er hat von Anfang an verloren.

Wer zu viel verbietet, viele Genussmittel schlicht streicht, wird auch nicht gewinnen. Weil wir so nicht funktionieren!

MISSION VERY POSSIBLE: DAS ÄQUILIBRIS-PRINZIP
Es beruht auf vier Säulen:
- Ausdauer
- Kraft
- Ernährung
- Zielsetzung und Motivation

Es gibt bei uns nur eine zeitliche Limitierung: Ihre Lebensspanne. Sie hören ja auch nicht mit der Pensionierung auf zu duschen. Sie machen auch kein Intensiv-Dentalhygiene-Programm im Sinne von „dämlich grinsend in den Frühling".

Betreffend Ihre physischen Daseinsbedingungen können Sie nicht von den Zinsen leben. Steter Tropfen höhlt den Stein. Hören Sie auf zu trainieren, schwinden die Errungenschaften wie Butter an der Sonne schmilzt. Atrophie nennen wir solche Phänomene. Wenn Sie uns nicht glauben, raten wir zu folgendem Experiment:

Lassen Sie sich katheterisieren, verlangen Sie einen Nachttopf, machen Sie ein Foto ihrer Beine, gehen Sie vier Wochen lang keinen einzigen Schritt, und machen Sie auch keine gymnastischen Übungen im Bett. Sie werden nach vier Wochen Ihre Beine nicht wiedererkennen. Atrophie durch chronischen Nichtgebrauch. Nach vier Wochen.

Wir Menschen funktionieren im Prinzip haargenau wie ein Bankkonto. Nur mit diesem können wir in der Regel besser umgehen: Es ist uns bewusst, dass wir regelmässige Einzahlungen tätigen sollten, um regelmässige oder unregelmässige Bezüge zu gewährleisten. Beim Körper scheint das Verständnis dafür nicht besonders ausgebildet zu sein. Viele Zeitgenossen leben auf massivem Pump und überziehen dauernd ihre Kredite. Der Krug geht zum Brunnen, bis er bricht. Der Körper auch. Manchmal sind die Bruchstellen zu flicken, manchmal nicht mehr.

WOLLEN. NICHT MÜSSEN – DIE ZWEITE
Die alles entscheidende Veränderung muss in Ihrem Kopf passieren. Eine Veränderung in eine positive Richtung, nicht in eine zwanghafte. Fassen Sie den Entschluss,
- leistungsfähig zu werden,
- Ihren Körper endlich wieder mal zu spüren,
- wieder Spass an ihm zu bekommen,
- sich richtig wohl zu fühlen.

Bekommen Sie wieder ein Körpergefühl! Viele Menschen, die zu uns kommen, haben es verloren. In der Schule, am Arbeitsplatz, in der Karriere- und Familienplanung. Sie wissen nicht mehr, dass es noch ein Leben südlich des Kehlkopfes gibt. Alles „dort unten" gilt dem Transport der Denkblase Kopf.

Körpergefühl wieder zu bekommen, ist möglich, sofern Sie sich am Anfang nicht überfordern. Machen Sie kleine Schritte, aber freuen Sie sich auf die Trainings. Sie dürfen trainieren. Haben Sie Geduld. Rom ist auch nicht in einem Tag erbaut worden. Und die Schweizer Strassen schon gar nicht. Nach einigen Wochen wollen Sie schon trainieren. Von müssen spricht dann noch höchstens Ihr träges Umfeld. Training ist keine spekulative, sondern eine langfristige Investition. Dafür sicher und grundehrlich. Der Return on Investment beginnt von der ersten Einheit an. Zu Beginn unbemerkt, durch seine additive Wirkung erreicht er dafür nach einigen Monaten eine outperformende Höhe.

GENUSS IST GEIL!
Wer richtig trainiert (wir kommen darauf zurück!), darf auch richtig geniessen. Nicht immer. Aber doch immer öfter. Es geht also nicht um Schwarz-Weiss-Denken im Sinne von „Training bedeutet Enthaltsamkeit", sondern darum, das eine zu tun und das andere nicht zu lassen.

Leider quälen sich viele Menschen, gerade Übergewichtige, lieber mit dem Zählrahmen für Kalorien und deren entsprechender Reduktion, mit des Menschen unwürdigen Produkten wie Viertelfettkäse (eine Mischung zwischen Bazooka-Kaugummi und Milchdrink!) und den täglichen Opfergängen zum Altar des 21. Jahrhunderts, genannt die Waage, als dass sie endlich ihren Allerwertesten in Bewegung setzen würden.

Wir sind auch Geniesser. In Südafrika blicken wir von unseren Arbeitsräumen direkt auf einen wunderschönen Rebberg. Aus dem entsteht Wein, guter roter südafrikanischer Merlot. Unsere Partner in Südafrika sind Winemakers (siehe Interview mit Luca und Ingrid Bein). Wir essen extrem gern gut (und viel), sind dabei schlank (ohne genetisch wirklich bevorzugt zu sein), bewegen uns täglich und können das Gejammer über Figurprobleme bald nicht mehr hören.

DER OLYMPISCHE GEDANKE HAT AUSGEDIENT
Der lautete „Dabei sein ist alles!". Was aufgrund extremer medialer und sponsorenmässiger Erwartungshaltung an die Athleten längst sozialromantische und Völker verbindende (?) Tempi passati sind, gilt noch viel mehr für Sie. Das Credo „Hauptsache, ich tu was!" führt mit ähnlich grosser Wahrscheinlichkeit zum Erfolg wie die Ausbildung von Skilehrern in der Kalahari.

Wir staunen immer wieder, mit welcher Penetranz es sich aber hält! Wenn Sie aber Ihr Training falsch durchführen, werden Sie mit je fünfzigprozentiger Wahrscheinlichkeit Folgendes erleben:
- Sie trainieren zu wenig intensiv (unterschwellig): Biologische Systeme brauchen eine gewisse Reizintensität, um zu wachsen oder sich zu entwickeln. Wird diese Intensität nicht erreicht, finden Anpassungsprozesse in Ihrem Organismus nicht statt. Ihr Erfolg bleibt aus. Ihre Motivation, weiterzutrainieren, auch.
- Sie trainieren zu intensiv: Ihr Training macht Ihnen keinen Spass, Ihre organischen Systeme adaptieren aufgrund chronischer Überforderung ungenügend, oder Sie erzeugen gar strukturelle Schäden, simpler Verletzungen genannt. Motivation: Siehe oben!

Wenn Sie sich ein Instrument kaufen, sind Sie bereit, Tonleitern zu üben und die Notenlehre anzunehmen. Wenn Sie selbständig ein Auto lenken wollen, brauchen Sie einen Führerschein. Dafür gehen Sie sogar zweimal an eine Prüfung: schriftlich und praktisch.

Beim eigenen Körper, etwas vom Allerwichtigsten auf diesem Planeten, darf man aber einfach mal draufloswursteln? Wir sagen Nein, denn das ist auch sonst nirgends möglich (ausser noch beim Kinderkriegen). Dieses Buch (sowie die bereits erschienen „Banalität der Kraft" und „Abenteuer Karriere", siehe Inspironomie-Bar) begleitet Sie auf dem Weg zum Führerschein für Ihren Körper.

Weil Sie es sich wert sind.

KEINE ZEIT?
Wahrscheinlich die häufigste Begründung für körperliches Nichtstun.

„Wer keine Zeit hat, seinen Körper und Geist zu üben,
muss früher oder später Zeit haben, krank zu sein."
J. P. Müller, Hygienische Winke, 1907

Kennen Sie Medienerhebungen über TV-Konsum?
Schweiz: 21 Stunden/Kopf/Woche
Deutschland: 28 Stunden/Kopf/Woche

Unser Konzept beinhaltet vier bis fünf Stunden Training – pro Woche. Noch Fragen? Wir denken nicht.

4.1 Säule 1: Die Flügel der Bewegung – Lebenselixier Ausdauer

Bevor man etwas anfängt, will man wissen, wozu es gut ist. Dies führt uns unmittelbar zu folgender Frage: Warum Ausdauer?

Im Zeitraffer zehn mehr als gute Gründe für Ausdauertraining:
- Laufen lässt Ihr Gehirn wieder atmen, denn es durchflutet dieses mit bis zu 100 Prozent mehr Sauerstoff als im Sitzen. Geniessen Sie Ihre tägliche Sauerstoffdusche, machen Sie wieder Licht in Ihrer Denkzentrale, und werden Sie wieder kreativ.
- Laufen lässt Sie vom 2- zum 12-Zylinder mutieren, von der Ente zum Ferrari. Der Grund: Ihre Zellkraftwerke in Ihren 70 Billionen Zellen vermehren sich aufgrund der (richtigen!) Trainingsreize. Das bedeutet: biologischer Rücken- statt Gegenwind!
- Laufen reinigt Ihr Gefässnetz und öffnet Ihre Blut- und Sauerstoff-Pipelines. Sie entwickeln wieder Lebenslust, auch im Schlafzimmer.
- Laufen lässt Sie wieder schlafen – richtig schlafen! Ein bewegter Körper schläft in der Nacht, ein müder Kopf am Tag.
- Laufen schafft den Turnaround in Ihrer Stoffwechselfabrik: Senken Sie schlechtes Cholesterin und Zucker durch den Edelrohstoff Bewegung.
- Laufen ist Ihre Stressabfuhr. Laufen Sie dem Stress wirklich davon.
- Laufen senkt Ihren Blutdruck und Ruhepuls. Geht mit immer weniger Medikamenten, mit der Zeit sogar ohne. Übelkeit und Impotenz sind dann Geschichte.

- Laufen stärkt Ihre Leibgarde: Laufen Sie Ihre Abwehrkräfte frei, und entschärfen Sie dabei bakterielle, virale und krebsige Zeitbomben: Grippe und Tumor sind nicht des Bürgers Pflichten!
- Laufen macht Sie zum Geparden, zur Gazelle, zum Gnu: Diese kennen keine Diäten, lesen keine Essbücher und besuchen keine Ernährungsberatung in der Serengeti – sie verbrennen Fett und laufen dem Jojo davon. Werden Sie bei vollem Genuss zur schlanken Fettverbrennungsmaschine!
- Laufen lässt Sie sich vor allem wieder spüren – auch den „Rest" südlich des Kehlkopfes. Haben viele vergessen.

WIE AUSDAUER?
Sie haben drei Möglichkeiten, Ihre Ausdauer zu trainieren:
- Laufen/Langlaufen
- Radfahren
- Schwimmen

Mit einer Wahrscheinlichkeit von 98 Prozent können Sie nicht so gut schwimmen, dass daraus ein Herz-Kreislauf-relevantes Training resultiert. Wahrscheinlich ist es eher ein beschleunigtes Baden. Radfahren ist sehr zeitintensiv, ausser Sie machen Ihr Programm auf dem Hometrainer. Auch nicht wirklich ein Lifetime-Konzept. Also laufen Sie. Die Gründe dafür kennen Sie schon.

WIE OFT?
Streng wissenschaftlich gesehen würde dreimal die Woche ausreichen, um alle oben stehenden Vorteile zu erhalten. Sofern die Intensität stimmt. Wir kommen darauf zurück.
Der Vorsatz dreimal die Woche birgt jedoch eine dramatische Gefahr: unseren Alltag! Dieser macht schneller, als uns

lieb ist, aus drei zwei, aus zwei eins und da sich dies ja eh kaum lohnt – null.

Um nicht nach einigen wenig lustbetonten Versuchen wieder alle guten Vorsätze zu vergessen, müssen wir einen Laufreflex bei uns installieren. Richtiggehend implantieren. Die nicht absolut wissenschaftliche, aber dafür funktionelle (kommt von funktionieren!) Antwort auf die Frage „Wie oft" lautet deshalb:

> täglich!

Aus der Verhaltensforschung ist bekannt, dass etwas zur Gewohnheit wird, wenn wir es 30 Tage lang immer wieder tun. Zu einem Automatismus, zu einem Reflex, zu einer Tätigkeit, zu der wir uns nicht mehr speziell motivieren müssen!

WANN LAUFEN?
Im Prinzip egal. Aber: Versuchen Sie am Morgen vor der Arbeit zu laufen. Nüchtern. Ohne Frühstück. Mit drei Dezilitern Wasser. Vor dem ersten Termin haben auch Sie keine Termine. Die Luft ist dann am reinsten, die Temperatur am angenehmsten, die Hundedichte am geringsten.

Nüchtern werden die Zellen durch die Sauerstoffdurchflutung am schnellsten vom ganzen Zellmüll gereinigt, und die Fettverbrennung ist im nüchternen Zustand am effektivsten, weil weniger des schnell verfügbaren Zuckers im Blut vorhanden ist.

Laufen Sie frühmorgens, sparen Sie Zeit: Mit einem morgendlichen Nüchternlauf kann man den Tag vorplanen, ihn strukturieren. Frühmorgens ist der Kopf noch leer vom Alltagsmüll und mit Unterstützung der Sauerstoffdusche weit offen für kreative Geistesblitze. So ist bei Arbeitsbeginn schon vieles klar.

WIE SCHNELL?
Beginnen Sie kurz und langsam. Für Untrainierte und/oder übergewichtige Menschen ist es am Anfang eher ein Walken oder Nordic Walken. Entscheidend für Ihren Trainingserfolg ist die Drehzahl, also die Pulsfrequenz. Hier passieren aber die meisten Fehler:

Neu motiviert durch irgendetwas kauft man sich eine Laufausrüstung und rennt wie vom Affen gebissen los.

„Der Mensch stammt nicht vom Affen ab, denn er ist nun mal ein Affe!"

André Langaney, Genetiker

Nach 200 Metern erste Zweifel, nach weiteren 100 Metern die Frage, wie lange dies wohl noch dauert. Der Blick auf die Uhr verrät einem, dass man doch schon zwei Minuten unterwegs ist ... Einen Busch weiter bereut man erstmals die ganze Investition und muss stehen bleiben. Nachdem man wieder zu Luft gekommen ist, rennt man natürlich im gleichen Höllentempo wieder los. Nach mehreren solchen abgekrampften Serien kommt man dann völlig kaputt nach Hause (sofern man noch weiss, wie man heisst und wo man wohnt). Von Spass keine Spur, den ganzen Tag hängt man wie der angeschlagene Boxer in den Seilen. Am nächsten Tag tut einem vom Rücken über die Hüften, Knie und Achillessehnen einfach alles weh.

Nichtsdestotrotz wiederholt man diese masochistische Prozedur nochmals, natürlich muss man, da man ja ehrgeizig ist, bereits etwas (noch) schneller laufen. Resultat: alles noch schlimmer. Geistesblitz:

Alle hatten sie recht (inkl. meines Hausarztes!), die schon im Vorfeld gesagt hatten, Laufen sei nichts für mich, bei meinen Gelenken. Ich sei zu bequem oder gar faul, kann mir jetzt auch niemand mehr vorwerfen, ich hab's ja versucht und mich sogar noch in Unkosten gestürzt. Werde in Zukunft einfach dadurch etwas für die Gesundheit tun, dass ich mich bewusst ernähre. Und übrigens: Mein Nachbar tut auch nichts, und der sieht noch besch... aus!

WIE IM BISHERIGEN LEBEN
Die meisten Menschen laufen so los, wie sie schon bisher durchs Leben gegangen sind:
- zu schnell
- zu angestrengt
- zu verbissen
- zzu leistungsorientiert

Läuft man aber zu schnell, passiert nicht nur das bereits Erwähnte, sondern auch das überschüssige Fett bleibt liegen, man verbrennt vorwiegend Zucker und bildet durch den zu starken Trainingsreiz keine Fett verbrennenden Enzyme aus. Vorbei der Traum von der Fettverbrennungsmaschine.

EIN GEHEIMNIS
Es heisst: 4L!
Leicht, locker, lächelnd Laufen!

Diese Wortspielerei haben nicht wir erfunden, sondern Dr. Ulrich Strunz. Der Laufpapst aus dem Frankenland. Von vielen belächelt, aber: Wetten, dass wir ein total anderes Gesundheitswesen hätten, wenn sich nur 30 Prozent der Bevölkerung an seine Tipps halten würden? Bei ihm hätte die Bildzeitung schreiben müssen: „Wir sind Papst!"

FAUSTREGELN

Faustregeln sind wie Fäuste: Manchmal treffen sie das Ziel, meist jedoch nicht! Deshalb erwähnen wir sie auch nicht mehr. Sie sind einfach zu unpräzis. Studien von uns haben gezeigt, dass weniger als 40 Prozent unter Befolgung der Faustregeln effizient und risikolos trainieren würden.

SO VIEL ZEIT MUSS SEIN

Machen Sie einen Laktat-Test. Dazu müssen Sie eine ganze Stunde und weniger als 150 Euro aufwerfen. Dann haben Sie es sogar schriftlich: die obere und untere Pulsgrenze! Den grünen Bereich. Den Gesundheitspuls. Die optimale Fettverbrennungszone. Den No-Risk- und Spassmachbereich.

Um den Test in Ihrem Training anzuwenden, brauchen Sie eine Pulsuhr. Mit deren Hilfe sehen Sie Ihre Herzfrequenz (Puls) am Handgelenk.

Der Test findet auf einem Laufband statt und ist absolut risikolos. Er dauert 25 Minuten. Dann duschen Sie und bekommen anschliessend in einem persönlichen Gespräch noch die Interpretation Ihrer Resultate, gespickt mit den wichtigsten Trainingstipps. Durchgeführt werden diese Tests von vielen Sportmedizinern, wie wir es sind (siehe Inspironomie-Bar im Anhang).

Kontrovers wird die Frage diskutiert, ob vor Beginn jeglicher körperlichen Aktivität eine grössere Untersuchung stattfinden sollte. Wir meinen nein, ausser Sie sind über 40, in wirklich sehr unfittem Zustand, häufig krank oder haben chronische Beschwerden und ernähren sich schludrig. Man muss nicht einfach alles messen, nur weil es messbar ist.

> Wer viel misst, misst auch viel Mist!

Eine Untersuchung ist ebenfalls zu empfehlen, wenn in Ihrer medizinischen Familiengeschichte erhebliche Krankheiten wie Erkrankungen des Herz-Kreislauf-Systems, des Bewegungsapparates (Rückenschmerzen, Osteoporose) oder Stoffwechselerkrankungen (Diabetes, Hypercholesterinämie) vorkommen. Wichtig ist ein persönliches Evaluationsgespräch vor der Untersuchung, um festzustellen, welche Tests sinnvoll sind.

Genauso ausführlich sollte dann die Besprechung der Resultate ausfallen.

EIN GEDANKE ZUM NORDIC WALKING
Nordic Walking ist Walking + Stöcke. Eine gute Einstiegsmethode, vor allem für Untrainierte und Übergewichtige. Das meinen wir wirklich so. Wir stellen aber zwei Entwicklungen fest: Die meisten
- bleiben beim Nordic Walking,
- hören wieder ganz damit auf.

Beides ist gleichermassen zu bedauern. Wenn Sie Nordic Walking korrekt in Ihrem Pulsbereich machen, dies möglichst täglich, wird etwas passieren, was Sie nicht verhindern können. Zum Glück: Sie werden bei gleicher Pulsfrequenz schneller unterwegs sein. Dies nennt man übrigens Trainingseffekt. Wenn Sie wirklich das Training richtig machen, werden Sie in einen leichten Trab fallen. Was, bitte, sollen dann noch die Stöcke? Sie wollen doch trainieren und nicht Perl- und andere Hühner, Igel, Eichhörnchen, andere Walker, Jogger oder Mountainbiker damit erlegen? Also weg damit und willkommen: Sie sind im Klub der richtigen Läufer angekommen!

Das war, wie es sein sollte. Da der Funktion des Nordic Walkings jegliche Eindeutigkeit fehlt, passiert meist Folgendes: Nordic Walker versammeln sich in der zweiten Phase ihrer

Metamorphose (die erste Phase ist die des Erkennens theoretisch effektiver Bewegungsansätze) in Gruppen in menschlichen Randgebieten wie Quartiertreffpunkten oder Waldrändern in der Nähe morscher Blockhütten zum bestockten Ausflug. Der Nordic Walker tritt in unseren Breitengraden meist in Rudeln ohne klare hierarchische Strukturen auf. Lediglich das Fehlen von Jung-Nordic-Walkern fällt auf, da bereits vor den elterlichen Stöcken geflüchtet. Mittlerweile sollen Nordic Walker sogar schon in Wettkampfgebieten mit richtigen Startnummern gesehen worden sein.

Obschon diese Ausflüge meist von kurzer Dauer sind, erweckt das Rudel den Eindruck, es stünde die Durchquerung von ganz Patagonien auf dem Programm. Bei misslichsten Bedingungen natürlich, denn um die meist nicht ganz schlanken Hüften werden richtige Survival-Gürtel folgenden Inhalts geschnallt: Handy, Kleinapotheke, Notfallnummern, Zwischenmahlzeit salzig, Zwischenmahlzeit süss, Zwischenmahlzeit süss light, Powergel, Powermüesli, Notkocher, Swiss Army Knife, isotonische Getränke, Ersatzwäsche, Sicherheitsnadeln, Pfefferspray, Leuchtspurmunition, Ozonmessgerät, Monatsbinden, Vogelgrippemaske, Organspenderausweis.

Durch diese aufs Minimum beschränkte Ausrüstung nicht mehr ganz agil, setzt sich das Rudel unter der Führung eines mittlerweile deutlich erkennbaren Alpha-Nordic-Walkers in Bewegung. Dabei wird territorial souverän jeweils die ganze Wegbreite ausgenutzt. Sich in den Weg stellende oder überholungswillige Biker oder Jogger werden (gilt auch für Wettkampfzonen!) wahlweise ignoriert, verbal fertiggemacht, abgedrängt oder abgestochen.

Der Nordic Walker gehört zur Spezies des Homo hypercommunicativus. Internationale Studien in den Wäldern von Kanada, Schweden, Deutschland und der Schweiz haben ergeben, dass eine Festplatte zur Aufnahme des Kommunikationsoutputs eines einstündigen Ausflugs bei einem 10er-Rudel in einem der momentan gängigen Laptops keinen Platz hätte. Nach mehreren solchen Ausflügen, die als Kurse bezeichnet werden, wird der überwiegende Teil der Nordic Walker, da immer noch gleich breit, von der sogenannten Stockdepression befallen, die insbesondere durch das Symptom der Sinnfrage „Wozu eigentlich?" gekennzeichnet ist, aber eine sehr gute Prognose aufweist durch Selbsttherapie: sofort aufhören und richtig trainieren!

WIE LANGE LAUFEN?
Führen Sie Ihren Körper ans Laufen heran. Auch mental. Wenn Sie Laufen langweilig finden und beim ersten Mal mit dem Vorsatz einer halben Stunde losgehen, wird diese kein Ende nehmen. Beginnen Sie mit ganz wenigen Minuten. Drei oder vier. Damit Sie sich fragen, warum Sie sich überhaupt umgezogen haben. Steigern Sie von Mal zu Mal um eine Minute. So schaukeln Sie sich und Ihren Körper hoch, Sie laufen ihn gewissermassen ein. Nach wenigen Wochen sind Sie bei einer halben Stunde. Das ergibt ungefähr fünf Kilometer. Dies ist allerdings nicht noch weiter zu rabattieren. Erinnern Sie sich an die 700 Meter pro Tag?

Geschafft. Super. Jetzt beibehalten! Sie werden sehen: Oft kommt der Appetit beim Essen! Bald werden Sie, vorwiegend natürlich am Wochenende, auch Lust auf längere Läufe bekommen: LSD pur. Long slow distance.

VERLETZUNG ODER KRANKHEIT
Obschon 4L-Läufer kaum mehr krank oder verletzt sind, gibt es keine Regel ohne Ausnahme: Mit Fieber (ab 37,5 °C) gehört man nicht in die Laufschuhe, sondern an die Wärme oder ins

Bett. Der Körper braucht dann alle Kraft, um sich mit dem Erreger auseinanderzusetzen. Wird er in diesem Zustand übermässig belastet, kann es sein, dass eine Lungenentzündung folgt oder sich der Erreger gar auf den Herzklappen einnistet oder den Herzmuskel angreift. Übelkeit, Schwindel, grosse Müdigkeit, schlechtes Erholen während des Laufens und danach sind ernst zu nehmende Warnzeichen. Eine fieberfreie Erkältung oder Husten sind keine Gründe, nicht zu laufen.

Bei ernsthafter Verletzung ist eine Auszeit angebracht. Besser noch der Wechsel auf eine alternative Ausdauersportart wie Wetwest (Wasserlaufen mit Weste), Rad oder eben doch Schwimmen (kann man übrigens richtig lernen). Dass es etwas Zwicken und Zwacken kann, wenn Sie sich in Bewegung setzen, ist weiter nicht schlimm und sogar logisch. Es ist wie das Entfernen von Flugrost. Ruhig bleiben, vielleicht mal nicht steigern. Geht vorbei. Sollte der Schmerz zunehmen, stechend werden oder wenn Sie gar Schwellungen sehen, sollten Sie einen erfahrenen Arzt aufsuchen. Möglichst einen, der selber läuft. Die sind gar nicht mehr so selten. Die anderen werden Ihnen sofort die Absolution zum definitiven Nüchtern-Nichtlauf geben (nicht zuletzt, um selbst einen aktiven Spiegel weniger vor sich in der Sprechstunde zu haben ...).

WETTER UND AUSRÜSTUNG

Es gibt kein schlechtes Wetter – nur falsche Kleidung. Stimmt. Das Schlimmste am Regen ist nicht, dass wir ihn spüren. Sondern dass wir ihn hören. Bevor wir rausgehen. Das eröffnet in uns die Vorstellung, dass da etwas ganz Schreckliches beim Verlassen auf uns niederprasseln wird. Dabei ist es Wasser pur. Wasser ist Leben, ist Energie und Trinkwasser ein immer härter umkämpfter Rohstoff. Übrigens: Wir sind 100 Prozent wasserdicht. Es hat noch keinem reingeregnet!

Sie werden für viele Jahre laufen. Bis ans Lebensende. Leisten Sie sich eine gute Laufausrüstung. Die beginnt bei den Laufschuhen. Hört aber keinesfalls dort auf. Es sei denn, Sie wollen nackt laufen. Sehr funktionell und gut, gesetzlich aber nicht ganz unproblematisch.

Sonst brauchen Sie funktionelle Kleidung. Damit Ihre Haut atmen kann. Damit Sie trocken bleiben. Damit Sie sich nicht erkälten. Damit Sie gut aussehen. Jawohl. Viele gehen, gerade zu Beginn, in den Speicher hoch, holen dort den ältesten Baumwolltrainer hervor, Wollsocken und bleiben verheerenderweise vor der Haustüre nochmals stehen. Dort steht bei fast allen Wohnungen the last checkpoint: der Spiegel. Was sie dann sehen, frisch vom Speicher, wird sie auch nicht leichtfüssiger machen ... Beim Laufen haben Sie eine erhöhte Herzfrequenz. Sie haben mehr Sauerstoff im Gehirn. Ihre Wahrnehmung ist geschärft, auch über sich selbst. Also sollen Sie sich gut fühlen in Ihrer zweiten Haut. Vorbei die Zeit der grauen Mäuse, auch beim Training! Freuen Sie sich aufs Kapitel Egomarketing. Spätestens dort werden Sie es definitiv begreifen!

DEHNEN
Dehnen Sie nach dem Laufen. Nicht vorher, im kalten Zustand. Beachten Sie folgende Grundregeln:
- nicht wippen
- maximale Dehnposition jedes Mal neu definieren
- nicht ruckartig
- nicht in den Schmerz dehnen
- zu dehnenden Muskel für 20 bis 30 Sekunden dehnen
- ein bis zwei Durchgänge

EINE IDEALE ERGÄNZUNG: MFT
Koordinative Fähigkeiten verlieren wir mit zunehmendem Alter und akkumulierter Sitzdauer. Versuchen Sie mal auf einem Bein zu stehen. Und? Geht noch knapp. Und jetzt machen Sie den gleichen Versuch mit geschlossenen Augen. Schon fast nicht lösbar, oder? Versuchen Sie es mal mit MFT. Das sind diese heissen runden Bretter, die nicht nur Ihre Fussgelenke und -muskeln stärken, sondern auch wieder Gleichgewichts- und Koordinationsgefühl zurückgeben. Können Sie unter dem Schreibtisch versorgen und bei Telefonaten mal draufstehen. Oder zu Hause beim Glotzeschauen oder Zähneputzen. Koordinative Fähigkeiten lassen sich mittels der S3-Diagnostik messen:
- misst Ihre allfälligen Einseitigkeiten (**S**ymmetrie)
- misst Ihre Körperfestigkeit (**S**tabilität)
- misst Ihre Geschicklichkeit (**S**ensomotorik)

4.1.1 Interview mit Viktor Röthlin

Viktor, um welche Zeit beginnt dein Arbeitstag?

Dies ist sehr unterschiedlich und abhängig davon, wo ich trainiere: In Kenia beginnt mein Arbeitstag um 5.15 Uhr. In der Schweiz um 7 Uhr. Das erste Training findet jeweils vor dem Frühstück statt. Das zweite Training endet um ca. 18.30 Uhr. Über Mittag gibt es meist regenerative Massnahmen.

Wie viele Stunden pro Woche arbeitest du?

Ich trainiere physiologisch (Lauf- und Krafttraining) 25 Stunden pro Woche und regeneriere zusätzlich für etwa fünf Stunden (Massage, Whirlpool ...). Hinzu kommen Pressetermine, Sponsorenverpflichtungen sowie Referate. Die gutbürgerliche Woche von 42 Stunden übertreffe ich also locker, meine 50 Stunden verteilen sich einfach auf sieben Tage. Freitage gibt's in der Regel nur unmittelbar vor Marathons und danach.

Laufen, Bewegung ist gewissermassen dein Kerngeschäft: Könntest du dir vorstellen, acht oder neun Stunden hinter einem PC zu sitzen?

Nein, das könnte ich mir nie vorstellen. Schon bei einem Essen, welches länger dauert, muss ich, meist einen Toilettengang simulierend, zwischendurch aufstehen, um mich etwas zu bewegen. Viele Menschen erschreckt es, dass man 42 Kilometer in zwei Stunden und acht Minuten laufen kann. Mich erschreckt vielmehr die Vorstellung, bis zu zehn Stunden an einem Schreibtisch zu sitzen – täglich ...

Bis Ende 2005 hast du noch als Physiotherapeut gearbeitet. Fehlen dir die „klassische" Arbeitswelt, die Mitarbeiter- und Patientenkontakte nicht?

Ja und ein: Einerseits natürlich schon, weil einer meiner beiden Traumberufe (Physiotherapeut) wegfällt. Andererseits habe ich den Wechsel in den reinen Profisport sorgfältig vorbereitet, um optimale Trainingsbedingungen zu bekommen. Ich schätze meine momentane Situation also enorm, vermisse meinen angestammten Beruf phasenweise aber schon sehr.

Wie viel Prozent deines Trainings machst du alleine?
In der Regel trainiere ich etwa 75 Prozent der Zeit alleine; in Trainingslagern ist es allerdings gerade umgekehrt. Aber auch dort brauche ich zwischendurch ruhige Läufe für mich alleine.

Auch du arbeitest trotzdem in/mit einem Team für die Marathonprojekte Viktor Röthlin: Was ist der Unterschied zwischen dir und einem CEO im engeren Sinn?
Einen Unterschied machen sicher die Budgets aus ... Bei meinem Team muss eine starke Homogenität vorhanden sein, ein schmaler, aber totaler Fokus auf das Projekt nächster Marathon. Viele CEOs haben in der Kommunikation Mühe, zu formulieren, wohin ihr „Firmenlauf" gehen soll. Mitsprache wird in meinem Team grossgeschrieben. In der Projektendphase darf es aber keine Zweifler mehr geben, da diese mir die Konzentration rauben und dadurch das Projekt gefährden.

Nach guten Platzierungen musst du als Profi Urin abgeben. Manager können sich aufputschen, beruhigen, verladen und unter solchen Einflüssen Entscheidungen treffen, die Hunderte von Arbeitsplätzen betreffen können. Warum setzt die Gesellschaft verschiedene Massstäbe an?
Dopingkontrollen und -verordnungen sollen ja in erster Linie die Sportler selbst schützen. Allerdings sollten sich manchmal auch die Manager schützen (insbesondere ihre

Gesundheit und ihre Mitarbeiter vor fragwürdigen Entscheidungen!). Doping im Spitzen- und Amateursport und Medikamentenmissbrauch auf Businessebene sind keine spezifischen, sondern gesellschaftliche Phänomene, weil Menschen so etwas wie einen angeborenen Drang zum Betrügen haben. Theoretisch plädiere ich natürlich auch für „Dopingkontrollen" bei Entscheidungsträgern in der Wirtschaft – die praktische Umsetzung dürfte allerdings illusorisch sein.

Als Marathonläufer hast du pro Jahr zwei, maximal drei Chancen wirklich erfolgreich zu sein. Kann man den Druck in den letzten Tagen vor einem Marathon überhaupt noch aushalten?
Es ist für mich ein positiver Druck, der sich aufbaut. Ein Druck, den ich mir aufbaue, um am Wettkampf an die Grenzen gehen zu können. Der Wettkampf ist für mich die Belohnung für die harte Trainingsarbeit und auch die vielen Entbehrungen. In den letzten Tagen vor einem Marathon bin ich sehr fokussiert und vom Gelingen des Projektes sehr überzeugt. Wenn Zweifel auftreten, dann eher aus dem Umfeld. Dies muss dann sofort angesprochen werden.

Die Menschen werden immer dicker und bewegen sich immer weniger. Eltern und Schule sollen bei Kindern die Verantwortung übernehmen. Wie siehst du die Rolle von Arbeitgebern, CEOs und Personalverantwortlichen in Betrieben? Alles Sache der Arbeitnehmer – oder ist Gesundheit auch Chefsache?
Personalkosten sind belastend. Die Ansprüche des Marktes steigen. Daher muss der Fitness-Stand des Personals ein Thema sein. Chefs sollten ein grosses Interesse an gesunden und leistungsfähigen Mitarbeitern haben, sollten sich aber ihrer Leaderrolle bewusst sein. Jedoch sollen auch die Mitarbeiter zur Verantwortung gezogen werden mit einer gewissen Pflicht zur

Fitness, wie dies beispielsweise bei Piloten schon heute gefordert ist. Bei Leistungsabfall sollten auch Untersuchungen über einen vertrauensärztlichen Dienst angeordnet werden können.

Die Rolle der leistungsfähigen Mitarbeiter zeigt sich auch in der Geschichte der Sporthochschule Magglingen, die zwischen den Weltkriegen ins Leben gerufen wurde, weil die Armee merkte, dass sie fitte und sportliche Soldaten braucht.

Was wirst du nach deiner jetzt schon beeindruckenden Laufkarriere tun?

Ich würde gerne Manager werden. Entweder von einem Kleinstunternehmen wie der Familie oder von einem grösseren gesundheitlich orientierten Betrieb wie ÄQUILIBRIS TRAINING.

Welches Buch liegt zurzeit auf deinem Nachttisch?

Meteor von Dan Brown.

Deine Lieblings-CD?

Die Musik von Queen hat mich irgendwie nie mehr losgelassen: Best of Queen.

Bei freier Wahl: Mit wem würdest du gerne mal zu Abend essen?

Julia Roberts.

Marathonläufer **Viktor Röthlin** ist geboren in Kerns im Kanton Obwalden, einem der urschweizerischsten Kantone überhaupt. Er ist dipl. Physiotherapeut, aber seit 2006 Profiläufer. Er gewann 2006 Marathon-Silber an der Leichtathletik-EM in Göteborg, im April in der europäischen Klassezeit von 2:08:20 den Zürich-Marathon und an der Leichtathletik-WM in Osaka im August 2007 die Bronzemedaille im Marathonlauf und war damit mit grossem Abstand der schnellste Europäer. Mit www.vicsystem.com hat er zudem ein sehr erfolgreiches Trainingssystem entwickelt.

4.2 Säule 2: Die Inspiration der Kraft – für Ihren starken Auftritt

Wir tauchen nun ein in eine Welt voller Vorurteile und Missverständnisse. Deren Beseitigung soll das Ziel dieses Kapitels sein. Wir sprechen von zweckmässigem und gesundheitsorientiertem Krafttraining. Dieses hat nichts mit Bodybuilding zu tun. Je mehr Muskeln, desto weniger im Kopf: Diese Vorstellung hat tiefmittelalterliche Züge, die nichts mehr mit einer modernen Vorstellung von Prävention und Rehabilitation zu tun haben. Mittelalterlich sind allerdings die Krafttrainingseinrichtungen vieler Kliniken, die sich dafür schamlos Reha-Kliniken nennen.

KEIN LUXUSGUT

Kraft wird dauernd gebraucht. Um zu liegen, zu sitzen, zu stehen, zu gehen, zu heben, zu atmen. Krafttraining ist:
- Prävention
- Rehabilitation
- Leistungsverbesserung
- Wohlbefinden

Und ein äusserst effizientes und ungefährliches Mittel, um das Kraft-Last-Verhältnis zugunsten der Kraft zu steigern (meist geschieht ja im Laufe des Lebens extrem das Umgekehrte). Dies ist eine der entscheidendsten Veränderungen im Körper für ein langes Leben in Selbständigkeit.

AB 30 GEHT'S ABWÄRTS

Ab 30 verlieren wir pro Jahr bis zu 500 Gramm Muskulatur. Wenn wir nichts dagegen tun. Macht satte

5 Kilo in 10 Jahren!

Ab 60 beschleunigt sich dieser Prozess sogar noch! Das ist, wie wenn wir Ihrem Auto jedes Jahr 50 PS aus dem Motor reissen würden. Irgendwann geht's nicht mehr um spritziges Überholen am Berg, sondern ums Vorwärtskommen generell! Die frohe Botschaft ist aber:

Wir können diesen Prozess aufhalten. Untertrieben. Wir können ihn sogar umkehren. Ob Jung oder Alt. Ob Mann oder Frau. Mit Krafttraining. Im Zeitraffer zehn gute Gründe für Krafttraining:

- Krafttraining macht lebens- und leistungsfähig: Sie tragen weniger an sich, heben leichter in Alltag und Sport und haben noch Lust auf Freizeittaten nach der Arbeit ...
- Krafttraining hält jung: Nach 30 verlieren Sie pro Jahr 500 Gramm Ihrer Muskulatur – ohne Krafttraining ungebremst. Die gute Botschaft: Muskulatur ist immer aufbaubar: Man kann 40 Jahre lang 30 bleiben. Anti-Aging pur.
- Krafttraining stärkt den Rücken: 80 Prozent der Rückenpatienten haben eine zu schwache Rückenmuskulatur und sind Sklaven ihrer Wirbelsäule. Eine Stunde Training pro Woche und Sie geniessen eine (schmerzlose) Freiheit!
- Krafttraining stabilisiert die Gelenke und schont sie vor Abnützung, denn was rastet (oder falsch belastet!), das rostet. Geben Sie Arthrose keine Chance!
- Krafttraining verbessert Ihre Haltung und Stimmung: Gehen Sie würdevoll und aufrecht durchs Leben statt gebeugt und geduckt. Haltung hat mit Würde zu tun.
- Krafttraining erhöht die Menge der Muskulatur und damit Ihrer Fettverbrennungsöfen – das Gegenteil von Diäten: trainieren und geniessen statt hungern und jammern!
- Krafttraining beugt Diabetes vor: Dies weiss man schon seit 1930 ... neue Studien haben den definitiven Beweis erbracht.

- Krafttraining macht Ihre Knochen stark: Jede dritte Frau und jeder fünfte Mann in der Schweiz entwickeln Knochenschwund (Osteoporose), ohne es zu merken, bis es kracht. Sie nicht, oder?
- Krafttraining beschleunigt die Rehabilitation: Sie sind nach Krankheiten und Unfällen schneller wieder fit. Verzichten Sie nur darauf, wenn Sie nicht mehr arbeiten oder sich kaum mehr bewegen wollen ...
- Krafttraining lässt Sie besser aussehen: Ihren Gang, Ihre Haltung, Ihre straffere Haut, Ihren Körper, Ihren Auftritt. Die Tage des zu heissen Duschens, um den Spiegel beschlagen zu lassen zwecks Vermeidung des eigenen Anblicks, sind gezählt! Alternative: Schönheitschirurgie.

Drei dieser Punkte möchten wir etwas näher anschauen (obschon alle gleich wichtig sind!):

1. KRAFTTRAINING STÄRKT DEN RÜCKEN UND BEUGT OSTEOPOROSE VOR

Viele Rückenschmerzen haben ihren Ursprung in einer instabilen Wirbelsäule, ob im Nacken- oder Kreuzbereich (siehe auch Kapitel „Die Umgebung der Arbeit"). Dies rührt von unserem Evolutionsexperiment her: Wir haben uns aufgerichtet. Dadurch haben wir aus einer Wirbelbrücke von den hinteren zu den vorderen Extremitäten eine Wirbelsäule gemacht. An sich schon ein gewagtes Experiment. Verschärft wird es noch durch die Tatsache, dass wir keine einzige zusätzliche Stützvorrichtung eingebaut haben: kein Band, keinen Knochen, keinen Wirbel, keinen Muskel – nichts. Im Gegenteil: Viele Zeitgenossen bauen vorne ein. In Ihrer Wampe (Schweiz: Ranzen). Vorne immer mehr Last, hinten immer weniger Kraft, dies muss zu dieser Epidemie von Rückenschmerzen führen.

Verbessert man bei Rückenpatienten die physischen Daseinsbedingungen, indem man die Rückenmuskulatur stärkt, berichten 79 Prozent über einen Schmerzrückgang und eine wesentlich verbesserte Belastbarkeit des Rückens. Vor allem bei Alltagsaktivitäten wie Sitzen, Stehen, Autofahren, Haushalt- und Gartenarbeit und sportlichen Hobbys.

NICHT NUR DER MUSKEL
Auch die Knochen werden beim Krafttraining mittrainiert. Der Knochen ist nicht etwa totes Gewebe. Er hat Zellen. Aufbauende (Osteoblasten) und abbauende (Osteoklasten). Gegen die 50 beginnen die abbauenden Oberhand zu gewinnen. Das Endprodukt nennt man Osteoporose. Die Folgen davon: Die Knochen brechen. Zum Beispiel der Schenkelhals. Eine solche Fraktur kostet in der Schweiz über 50 000 Franken. Krafttraining wirkt Osteoporose entgegen oder unterstützt erheblich medikamentöse Behandlungen bei schon vorhandener Osteoporose. Auch Knochendichte kann man messen. Organisieren wir für Sie und besprechen die Resultate mit Ihnen.

Aber die Muskulatur ist nicht nur ein Stützorgan:

**2. KRAFTTRAINING ERHÖHT DIE MENGE
IHRER FETTVERBRENNUNGSÖFEN**
Logisch. Denn Krafttraining, effizient und sicher durchgeführt, erhöht die Menge Ihrer Magermasse. Die Menge Ihrer Muskulatur, einfacher ausgedrückt. Und Fett verbrennt nur im

> Muskel!

Die Muskeln sind Ihre Fettverbrennungsöfen. Werden mit Krafttraining aufgebaut. Mit bittersüssem Nichtstun und Diäten abgebaut. Sie haben die Wahl.

3. KRAFTTRAINING LÄSST SIE BESSER AUSSEHEN

Oder haben Sie vor dem Herrn einen Vertrag unterschrieben, in welchem ein Passus aufgeführt ist: Ab 45 muss alles hängen, schlaff und fettlich sein? 581 Millionen Schweizer Franken (365 Millionen Euro) gibt die kleine Schweiz jährlich für Schönheitschirurgie aus. Häufigste Eingriffe:
- Fett absaugen
- Brüste vergrössern
- Straffen
- Lippen unterspritzen

Da darf man wohl erwähnen, dass Krafttraining straffer, sexier macht. Und, liebe Damen: keine Angst vor grossen Muskeln. Sie haben ganz wenig vom männlichen Sexualhormon Testosteron, welches für wirklich erheblich sichtbaren Muskelzuwachs zuständig ist, ausser Sie spritzen es sich, wie die Ladys in den einschlägigen Bodybuilding-Magazinen.

RISIKOLOS

Korrekt durchgeführtes Krafttraining an technisch guten Geräten ist eine der ungefährlichsten körperlichen Aktivitäten. Es ist hilfreich, wenn man Krafttraining mit einem Medikament gleichsetzt. Da stellt man sich ja auch folgende Fragen:
- Welches Medikament?
- Wie häufig einnehmen?
- In welcher Dosierung?
- Wann?
- Wie lange?
- Nebenwirkungen?

Präzise die gleichen Fragen können wir beim Krafttraining stellen. Welche Art von Krafttraining und womit? Wie häufig trai-

nieren? Wie intensiv? Wann trainieren? Wie lange? Nebenwirkungen? Das folgende Schema beantwortet die wichtigsten Fragen:
- 4–2–4
- 1 Satz
- 8 bis 12 Wiederholungen
- 2 Mal pro Woche
- vor dem Laufen
- keine

TRAININGSTEMPO

Trainieren Sie langsam. Je langsamer Sie trainieren, umso sicherer und effizienter trainieren Sie. Es sind nicht die Gewichte, die Gefahr bedeuten, sondern Beschleunigungs- und Bremskräfte unter fremdem Gewicht. Je langsamer das Tempo, umso geringer sind diese. Zudem „klauen" Sie dem Muskel Schwungenergie, wenn Sie langsam trainieren. Er muss mehr arbeiten. Dies bedeutet mehr Effizienz und damit bessere Trainingsresultate!

4–2–4 bedeutet: Heben Sie das Gewicht in mindestens 4 Sekunden, halten Sie es auf dem Umkehrpunkt 2 Sekunden lang, und senken Sie es wiederum in 4 Sekunden, ohne es ganz abzustellen. Einen solchen Bewegungszyklus nennt man eine Wiederholung.

EIN SATZ REICHT FÜR GESUNDHEITSORIENTIERTES KRAFTTRAINING

Ein Satz ist eine Aneinanderreihung von soeben erwähnten Wiederholungen. Gängige Theorien sprechen immer noch von 3-Satz-Trainings mit minutenlangen Satzpausen. Brauchen Sie aber nicht, und Sie haben auch gar nicht die Zeit dazu! Ein Satz reicht, um Kraft aufzubauen und zu erhalten.

WIE VIELE WIEDERHOLUNGEN?
Sie sollten ein Gewicht wählen, das Ihnen die Durchführung von acht bis zwölf Wiederholungen erlaubt. Führen Sie die Wiederholungen durch, bis Sie ohne zu mogeln (reissen, beschleunigen, sonstige wilde Verrenkungen) das Gewicht nicht mehr hochbekommen. Erst an diesem Punkt hat der Muskel den optimalen Trainingsreiz für seine Entwicklung bekommen.

Wie finden Sie das ideale Gewicht? Dieses finden der Instruktor oder der Therapeut für Sie heraus. Sie werden Ihnen am Anfang ein deutlich zu leichtes Gewicht geben, damit Sie den Bewegungsablauf kennenlernen. Hören Sie bei 13 Wiederholungen auf. Das nächste Mal nehmen Sie drei bis fünf Prozent mehr Widerstand. Nach wenigen Einheiten werden Sie ein Gewicht herausgefunden haben, das Ihnen einen Bereich von ebendiesen acht bis zwölf Wiederholungen erlaubt. Wenn Sie wieder 13 Wiederholungen erreichen, steigern Sie das Gewicht erneut um wenige Prozent. Und so fort. Dies garantiert ein effektives und sicheres progressives Widerstandstraining ohne Gefahr der Unter- oder Überforderung.

HÄUFIGKEIT UND DAUER
Um wieder eine Schlaufe zum Medikament zu ziehen:
– einmal pro Woche: Erhaltungsdosis
– zweimal pro Woche: Fortschrittsdosis

Wie lange sie dies tun sollen? Lebenslang. Eine körperhygienische Massnahme, Sommer und Winter. Die Muskulatur kann nämlich Sommer und Winter nicht unterscheiden. Es gibt Schlaumeier, die fragen, ob wir Halbjahresabos führen, weil Sie im Sommer lieber draussen was tun. Auf die Frage, ob sie von April bis Oktober auch ihren Fernseher abmelden, weil sie lieber draussen was tun, schauen sie dann ganz verdutzt ...

NEBENWIRKUNGEN

Unerwünschte: ausser Muskelkater keine. Kleine, anfängliche Reaktionen klammern wir mal aus. Logisch, dass Sie eine Struktur, die Sie schon seit zwei Eiszeiten nicht mehr richtig benutzt haben, am Anfang spüren. Wenn Sie wie oben beschrieben richtig trainieren, machen Sie nichts kaputt. Also weitertrainieren. Oder legen Sie gleich bei jedem Wehwehchen Ihre Arbeit nieder?

Erwünschte: viele. Siehe oben. Da stehen zehn gute Gründe für Krafttraining! Es gibt noch viele mehr!

TIPP

Wenn Sie noch mehr über Krafttraining wissen wollen: „Die Banalität der Kraft – schonen wir uns zu Tode?" (Marco Caimi, Verlag A&O des Wissens).

4.2.1 Interview mit Stefan Heiniger

Wir werden immer fetter und träger, alles spricht von Bewegung. Schlaraffenlandbedingungen für eine Vertriebsgesellschaft für Sportartikel?

Tatsächlich ist Übergewicht und der Mangel an Bewegung ein verbreitetes gesellschaftliches Problem. Ein Thema, das vor allem auch immer mehr Kinder betrifft. Häufig leiden übergewichtige Personen zudem an hohem Blutdruck, Zuckerkrankheit und einer Blutfett-Stoffwechselstörung. Meist haben solche Personen sehr empfindliche Füsse, was dazu führt, dass sie sich in herkömmlichen Schuhen nicht richtig wohl fühlen und sich daher wenig bewegen.

Sind Sportartikelhändler und -verkäufer besonders aktive Menschen?

Ja. Sie haben eine positive Grundeinstellung. Ich bin selbst gelernter Sportartikelverkäufer und habe schnell gemerkt, dass man als guter Verkäufer ein sehr breites und fundiertes Wissen haben muss, um seine Kunden optimal zu beraten. Man muss sich ständig weiterbilden und sich geistig wie körperlich fit halten.

Und die Mitarbeiter von Montana Sport? Ich nehme an, ihr beginnt den Tag immer mit einer Laufmeditation in ASICS-Schuhen und -Kleidern ...

Nein, das nicht. Aber wir leben die Philosophie von ASICS – **A**nima **s**ana **i**n **c**orpore **s**ano (Ein gesunder Geist in einem gesunden Körper). Viele Mitarbeiter treiben über den Mittag Sport, um einen Ausgleich zur doch oftmals kopflastigen Arbeit zu haben. Sie gehen gemeinsam laufen oder trainieren im firmeneigenen Fitnessraum.

Du hast für einen Mitbewerber in Deutschland gearbeitet, eure umsatzstärkste Marke kommt aus Japan. Was sind die drei grössten Unterschiede betreffend Arbeitskultur in den drei Ländern Schweiz, Deutschland und Japan?

Grundsätzlich haben alle drei Länder den Ruf fleissig, pünktlich und zuverlässig zu sein. Es gibt aber dennoch diverse Unterschiede.

In Deutschland ist der Teamgeist sehr ausgeprägt. Man arbeitet gemeinsam für ein Ziel. Dieser Fighting Spirit ist eine grosse Stärke.

Japan ist mit Abstand das Land mit dem grössten Detailhandelswettbewerb. Durch die harte Konkurrenz ist professionelle Bedienung und Beratung des Kunden umso wichtiger. Japanische Verkäufer sind nicht nur perfekt gekleidet, sie verfügen auch über ein sehr fundiertes Wissen und sind äusserst zuvorkommend.

In der Schweiz ist der Markt überschaubar und alles sehr nahe zusammen. In der Branche kennt jeder jeden, und Geschäftsbeziehungen sind oft viel persönlicher als in anderen Ländern.

Was sind aus deiner Sicht die grössten Fehler des Detailhandels?

Dies sind aus meiner Sicht fehlende Investitionen in den Ladenbau und in gutes, kompetentes Verkaufspersonal. Zudem mangelnde Wachsamkeit und Bereitschaft, mit unkonventionellen Ideen andere, neue Wege zu gehen.

Du bist ein hart arbeitender Geschäftsführer: Welche Bedeutung sollte der Gesundheitssport in der Businesswelt haben?

Sport ist ein wichtiger Ausgleich zur Arbeit. Optimal ist es natürlich, wenn man die Bewegung in den Alltag integrieren kann. Das MFT-moving@work-Konzept, das Montana Sport gerade aufbaut, zielt genau darauf ab. Die Idee ist es, die Mitarbeiter zu motivieren, sich während der Arbeit zu bewegen und sich während des Telefonierens oder sonst zwischendurch fünf Minuten auf ein MFT-Brett zu stellen und seine Koordination zu trainieren. Das entlastet nicht nur den Körper, sondern hilft auch, sich wieder besser konzentrieren zu können.

Welches ist deine Lieblings-CD?
Johnny Cash, Udo Jürgens, Mani Matter.

Bei freier Wahl: Mit wem würdest du gerne mal zu Abend essen?
Mit der neuen Miss Japan oder dem Welthandballer des Jahres 2012.

Stefan Heiniger, selbst ehemaliger Nationalliga-Handballer, ist CEO von Montana Sport in Neuendorf. Montana Sport distribuiert im Segment Sport und Lifestyle Marken wie asics, MFT, Keene, Onitsuka Tiger, Ben Sherman, Micasa. Stefan Heiniger ist verheiratet und Vater zweier Kinder, Skifahrer und Läufer.

4.3 Säule 3: Inspiration Ernährung – die Lust am lustvollen Essen

Unser Körper hat eine ganz eigene Sprache. Leider haben wir mit der Zeit verlernt, diese Sprache zu verstehen. Unser Körper weiss selber ganz genau, was ihm gut tut und was nicht. Sofern er sich regelmässig bewegt. Unsere Aufgabe besteht lediglich darin, diese Sprache wieder zu erlernen, die Signale unseres Körpers zu beachten. Dann können Sie auch wieder ohne Reue geniessen.

HÖREN SIE WIEDER AUF IHREN KÖRPER
Bewegte Körper ernähren sich automatisch richtig. Zum Entsetzen aller Ernährungsberaterinnen. Denn die drücken Ihnen Tafeln mit Ernährungspyramiden in die Hände, als seien wir alles Ägypter. Gehen Sie mal mit solchen Broschüren einkaufen. Sie werden so viel fragen müssen, dass Sie in Kürze ein Geschäftsverbot vom entnervten Filialleiter bekommen werden. Wenn Sie sich bewegen, kehrt etwas zurück:

SOMATISCHE INTELLIGENZ
Somatisch steht für alles, was sich auf den Körper bezieht. Intelligenz heisst Einsicht und Erkenntnisvermögen.
 Über somatische Intelligenz verfügen bewegte und körperlich aktive Menschen. Kinder vor der Einschulung, sofern sie denn im Freien spielen dürfen. Ebenso Tiere in freier Wildbahn. Wir sind viel in Südafrika unterwegs. Auch in Tierparks. Ein fettes Tier haben wir noch nie gesehen. Gibt es auch nicht. Obschon die viel fressen. Auch Fettiges.

ERNÄHRUNG?
Es ist schon beinahe unglaublich, welche Gelegenheiten für besseres Wohlbefinden durch eine katastrophale persönliche Ernährung und Lebensweise vergeben werden. Generell kann man heute sagen, dass ein Grossteil der Bevölkerung sich selbst mehr vergiftet als ernährt. In der Tat hat eine ausgewogene und trotzdem lustbetonte Ernährung einerseits mit verbesserter persönlicher Leistung (körperlich und mental), andererseits aber auch mit Intelligenz zu tun.

„Eine Gesellschaft ist dann definitiv als zivilisiert zu bezeichnen, wenn mehr Menschen an Übergewicht sterben als an Hunger."
Marco Caimi

DER AKTIONSRADIUS
Immer mehr reden vom Essen. Wer immer mehr übergewichtige Kinder sieht, wer weiss, dass deutsche Männer, also unsere Nachbarn in Europa, den Body-Mass-Index anführen, wer liest, dass selbst im gelobten Italien die Menschen verfetten, muss den Diskurs über das Essen unterstützen.

Bei allen Essempfehlungen wird leider übersehen, dass nur die Veränderung von Input und Output mittel- und langfristig zum Erfolg führt. Womit wir bei der schweisstreibenden Bewegung angekommen wären, für die wir ja keine Zeit haben und sowieso nicht motiviert sind. Da wird gerne jedem neuen Ernährungsguru mit der garantiert funktionierenden Diät im Gepäck wie dem Messias auf der Flucht aus Burgerland Asyl gewährt. Nur ist bei den Blinden bekanntlich der Einäugige König. Deshalb wiederholen wir es noch mal:

Der Mensch und sein Organismus, beinhaltend Stoffwechsel- und Bewegungsapparat, ist geschaffen für 15 bis 20 Kilometer pro Tag – zu Fuss.

In Tat und Wahrheit sind es knapp 800 Meter durchschnittlich. Für das würde ein normales Frühstück reichen. Das Schöne wäre doch, dass wir mit fünf bis sechs Kilometern täglich aufgrund der Stoffwechselaktivierung schon ganz schön futtern könnten, ohne zuzulegen. Aber wie viel bequemer ist es, aus der persönlichen Komfortzone den Schwarzen Peter den Fast-Food-Konzernen zuzuspielen (ausser dann, wenn die Kinder dort gerade einen Ferienjob haben).

DIE FOLGEN
Leider haben es viele noch nicht gemerkt: Es geht hier nicht um ein Schlankheitsideal, welches auf bestem Weg ist, pervertiert zu werden, und jedem fettleibigen Stammtischkleber immer und jederzeit Stoff zur Diskussion liefert, was nun schöner sei. Es geht auch nicht um Models mit Konfektionsgrösse 32, bei denen man das Gefühl hat, sie hätten eine vierjährige Ausbildung in der Sahelzone hinter sich. Es geht um medizinische und sozioökonomische Folgen.

DIE MEDIZINISCHEN FOLGEN
Bis zur Jahrtausendwende kannte noch kaum jemand den Begriff des metabolischen Syndroms. Seit wenigen Jahren schreitet hingegen die Marktpenetration dieses einst den Stoffwechselspezialisten vorbehaltenen Symptomkomplexes (die angelsächsische Literatur spricht vom „Deadly Quartet") zügigst voran. Er besteht aus:
- Übergewicht und Fettsucht
- Bluthochdruck
- Erhöhung des (schlechten) Cholesterins
- Zucker

Erkrankungen, die in drei Vierteln aller Fälle mit persönlichem Lifestyle direkt korreliert sind.

Erkrankungen, die uns Lebensqualität und nicht selten auch -jahre kosten. (Entwickeln sich diese Symptome und Erkrankungen bereits in jungen Jahren, ist die Lebensprognose oft schlecht.)

Erkrankungen, deren Behandlungen teuer, da langfristig sind und die jemand bezahlen muss: die Solidargemeinschaft der Krankenversicherten – also wir!

DER AUSBLICK
Wir wagen zu behaupten, dass sich neunzig (90) Prozent unserer Mitbürger nicht in einem präventiv korrekten Rahmen bewegen. Wieso sollten sie auch? Mit Empfehlungen wie eine Haltestelle früher auszusteigen, ab und zu die Treppe statt des Lifts zu benutzen und beim Zähneputzen herumzugehen, statt am Waschbecken stehen zu bleiben, kann man viele Gewissen beruhigen, aber keine Präventivkonzepte schaffen. Es ist, als würde man einem Dürstenden in der Wüste begegnen und sagen: „Nein, Wasser habe ich dir keines, aber dafür ein schönes und teures Glas." Als höflich erzogene Menschen ersparen wir uns weitere Kommentare über kommunikativen ärztlichen Wahn- und Schwachsinn.

DIE FETTHYSTERIE
Die gesamte Ernährungskommunikation suggeriert uns, dass wir viele Kohlenhydrate essen sollen. Vor allem aber, dass wir Fett wir der Teufel das Weihwasser meiden sollen. Auch hier liegt ein Irrtum zugrunde:

Aufgenommene Kohlenhydrate verstoffwechseln wir zur Aufrechterhaltung vitaler Prozesse wie Atmung, Herz-Kreislauf-Funktionen und Ausscheidung nur zu 25 Prozent. Bleiben wir inaktiv sitzen, werden sie umgewandelt – in Fett. Dafür haben wir also auf viele Dinge verzichtet ...

Wir bekommen von gescheiten Menschen in Beratungen oder medial empfohlen, maximal 25 bis 30 Prozent unserer festen Nahrung in Form von Fett aufzunehmen. 55 bis 60 Prozent sollen Kohlenhydrate ausmachen, der Rest Eiweiss.

Schauen wir uns aber mal das Eichhörnchen als unser Lieblings-, um nicht zu sagen Wappentier an. Haben Sie davon schon mal ein fettes Exemplar mit Wampe gesehen, das nicht mehr den Baum hochkommt? Wohl kaum. Und was fressen Eichhörnchen? Verrückterweise noch den ganzen Tag? Jawohl. Nüsse. Die bestehen aus etwa 75 Prozent reinem Fett. Diese Eichhörnchen sitzen zwischendurch auf den Bäumen, selbstverständlich Nüsse fressend, agil, schlank und schnell und lachen sich den Buckel voll, wie wir da unten mit 25 Prozent immer fetter werden. Diese Eichhörnchen sind eben richtige Fettverbrennungsmaschinen. Die nutzen Fett als Energieträger. Nicht wie wir. Wir nutzen es als Notvorrat. Für die nächste Hungersnot. Und als Speicher für toxische Substanzen aus unserer Umwelt. Der Fettsack ist also auch ein Giftsack.

Indem wir richtig laufen und unsere Muskeln erhalten oder besser wieder aufbauen, können wir auch wieder zu solchen Fettverbrennungsmaschinen werden, die sich ohne kalorischen Rechenschieber an den Tisch setzen können und pyramidenfrei einkaufen dürfen.

DIE FALSCHEN FETTE

Wir essen nicht zu viel Fett, sondern die falschen Fette. Zu viel gesättigte Fette, wie sie in der Wurst, im Fleischkäse oder in der Sahne vorkommen. Zu wenig einfach und mehrfach ungesättigte Fette.

Olivenöl als Vertreter der einfachen ungesättigten Fette schützt genau durch diese Eigenschaft Ihre Gefässe vor Verkalkung, senkt Ihr schlechtes Cholesterin und bewahrt Ihr Herz vor dem Infarkt.

Zu gebrauchende gute Öle:
- Olivenöl
- Rapsöl
- Fischöl (von fetten Fischen)

Zu reduzieren:
- Sonnenblumenöl
- Distelöl
- gesättigte Fette
- Transfette (in Frittiertem vor allem!)

Dadurch verbessern Sie Ihr Verhältnis von Omega-6 zu Omega-3-Fetten zugunsten von Omega-3. Ihre Gefässe, Ihr Blutdruck sowie Ihre entzündlichen Stellen werden es Ihnen zu danken wissen.

> Machen Sie Ihren persönlichen Ölwechsel!

EIN WORT ZUM CHOLESTERIN
Wir kennen drei Arten von Cholesterin:
- Gesamt-Cholesterin
- HDL-Cholesterin
- LDL-Cholesterin

Auch Cholesterin ist nicht einfach des Teufels, wie man uns in den Achtziger- und zu Beginn der Neunzigerjahre weismachen

wollte. Cholesterin brauchen wir auch nicht einfach, um die Ärzte und die Pharmaindustrie glücklich zu machen. Cholesterin brauchen wir als Ausgangssubstanz für
- die Bildung von Gallensäuren (sonst keine Fettverdauung/ -aufnahme),
- die Bildung von Provitamin D3 (für die Knochen, sonst Osteoporosegefahr),
- die Bildung von männlichen und weiblichen Sexualhormonen.

Das HDL ist das „gute" Cholesterin. Es transportiert das Cholesterin aus den Gefässen zur Leber, wo es für soeben genannte Syntheseaufgaben benötigt wird.

Das LDL ist das „schlechte" Cholesterin. Es pflastert die Gefässe voll und dient erst noch gewissermassen als Tapetenleim für anderen Schrott wie Nikotin oder schlechte gesättigte Fette, so dass unsere Gefässe langsam zumüllen. Adieu Inspironomie, adieu Kreativität, willkommen im Klub der verstopften Gefässe!

Den Cholesterinspiegel können Sie nur zu gut 20 Prozent über die Ernährung mitbestimmen. Der Rest ist Genetik und Laufen im richtigen Ausdauerbereich: 4L!

Die vernachlässigte Spezies: Eiweiss

Eiweissempfehlungen werden nur zögerlich ausgesprochen, insbesondere nach BSE und Rinderwahn. Wir haben manchmal den Eindruck, sie dienen dazu, nach der Addition der Kohlenhydrat- und der Fettmenge den Gesamtanteil der festen Nahrungsmenge auf 100 Prozent aufzustocken. Dabei sind Eiweisse eine sehr wichtige Substanz. Ihre wichtigsten Funktionen:

- aufbauende Substanz (anabol)
- Stützsubstanz (Knochen, Muskeln)
- Fortbewegungssubstanz (Muskeln, Sehnen, Knochen)
- Immunsystem (Bildung von Antikörpern)
- Bildung von Hormonen

Im Gegensatz zu Fett und Kohlenhydraten lassen sich Eiweisse nicht sinnvoll speichern. Der Abbau von Eiweiss aus der Muskulatur ist sogar kontraproduktiv, denn sie ist ja das einzige Organ, das Fett verbrennt und uns zudem noch stützt und fortbewegt.

Eiweissmangel zeigt sich oft in Müdigkeit, Leistungsabfall, Muskelschwäche oder erhöhter Infektanfälligkeit.

WIE VIEL EIWEISS?
Je mehr Sie leisten müssen, umso mehr Eiweiss brauchen Sie, um die eben erwähnten Mangelsymptome zu vermeiden. Die Empfehlung lautet demnach: zwischen ein und zwei Gramm Eiweiss pro Kilogramm Körpergewicht und Tag. Man kann also von etwa 100 Gramm Eiweiss pro Tag ausgehen.

WO EIWEISS?
Eiweiss kommt natürlich im Fleisch vor. Nebst Eiweiss enthält Fleisch auch das für den Menschen wichtige Eisen. Ein Zuviel an Fleisch fördert die Harnsäureproduktion und deren Abbauprodukte. Diese sind entzündungsfördernd, insbesondere bei schon bestehenden Sehnen- oder Gelenkproblemen. Die Spitze des Eisberges ist dabei der schmerzhafte Gichtanfall. Essen Sie durchaus Fleisch, auch mehrmals pro Woche, aber nicht unbedingt gleich jeden Tag.

Weniger bekannt ist, dass Eiweisse auch in pflanzlichen Produkten reichhaltig vorhanden sind. Paradebeispiel dafür ist die

Linse: Sie besteht zu 23 Prozent aus Eiweiss und zu weniger als einem Prozent aus Fett. Weitere eiweissreiche Nahrungsmittel sind:
- Sojaprodukte
- andere Hülsenfrüchte
- Getreideprodukte
- Reis
- Käse
- Joghurt
- Milch
- Fische

BIOLOGISCHE WERTIGKEIT VON EIWEISS

Die Eiweissqualität wird durch die biologische Wertigkeit angegeben: Wie viel Gramm körpereigenes Eiweiss kann man aus 100 Gramm Lebensmitteleiweiss aufbauen? Durch die Kombination von pflanzlichem mit etwas tierischem Eiweiss kann man höchste biologische Wertigkeit erreichen, wie wir es bei unserem Eiweisspräparat auf Sojabasis tun. Vollei-Eiweiss entspricht laut Definition einer biologischen Wertigkeit (BW) von 100.
- Hühnerei   100
- Schweinefleisch   85
- Rindfleisch   80
- Geflügel   80
- Milch   72
- Sojaprotein   81
- Kartoffeln   76
- Bohnen   72
- Mais   72
- Reis   66
- unser Eiweisspräparat 132

KEIN FLEISCH UND KEINE MILCHPRODUKTE?
Sollten Sie keine Fleisch- und Milchprodukte essen oder mögen, was heute aus verschiedenen Gründen keine Seltenheit mehr darstellt, könnten Sie mit Ihrem Eiweissbestand ein Problem bekommen.

In solchen Situationen oder bei nicht immer möglicher ausgewogener Ernährung empfehlen wir, zwei Eiweissdrinks pro Tag einzunehmen. Dann haben Sie schon mal 50 Gramm Eiweiss auf sicher. Wir tun das auch. Um leistungsfähig zu bleiben. Weil wir viel Sport machen. Weil wir viel arbeiten. Und weil wir nicht immer zum ausgewogensten Essen kommen.

EIWEISS ALS HORMONALE AUSGANGSBASIS
Hormone (Botenstoffe im Körper) setzen sich grösstenteils aus Aminosäuren, der kleinsten Einheit des Eiweisses, zusammen. Es sind somit praktisch reine Eiweisse. Es würde den Rahmen sprengen, auf alle Hormone einzugehen. Wir pflücken daher nur ein wichtiges heraus.

WACHSTUMSHORMON MACHT SPASS
Warum? Das Wachstumshormon besteht aus 191 Aminosäuren. Ein reines Eiweiss und die am stärksten regenerative, muskelaufbauende und fettverbrennende Substanz. Genau das, was der Sportler brauchen kann. Genau das, was auch Sie brauchen können. Kriegen Sie auch. Ohne Doping. Von Ihrem Körper. Wenn Sie keine elementaren Fehler machen wie:
– Süssigkeiten vor dem zu Bett gehen
– nie zwischen 23 und 4 Uhr im Bett zu sein

In dieser Zeit schüttet der Körper das körpereigene Hormon aus. Sofern er richtig schläft ... und nicht mit hohen Insulindosen belästigt wird, wie sie nach dem Genuss von Süssigkeiten auftreten, um den Blutzucker wieder zu senken. Geniessen Sie Süsses am Mittag oder Nachmittag (daher die im Volksbrauchtum richtig angesetzte Sitte von „Kaffee und Kuchen") und nicht zu später Stunde. Ein Eiweissdrink ist hingegen dann perfekt! Sie wissen jetzt, warum!

Übrigens: Das Wachstumshormon macht auch die Haut straff und glatt. Schon mal was vom Schönheitsschlaf gehört ...?

EIN GEDANKE ZU KÜNSTLICHEN SÜSSZUCKERN
Vermeiden Sie sie! Sie suggerieren dem Körper, es würde ihm richtiger Zucker zugeführt, und er schüttet Insulin aus. Dieses trifft aber auf einen keineswegs erhöhten Blutzuckerspiegel, senkt dafür den normal vorhandenen. Das weckt das ganze Spektrum von Lust auf Süsses bis Hunger, was förmlich nach kalorischer Zufuhr schreit. Diese wollten Sie aber doch genau mit diesem künstlichen Zucker minimieren ... Kein Wunder, werden solche Produkte in der Tiermast eingesetzt.

DER DIÄTETISCHE UNSINN
Gewisse Diäten, die nicht aus Gründen des Übergewichts angeordnet werden, sind sicherlich einzuhalten. Bei Übergewicht gilt aber:

> Treiben Sie den Teufel nicht
> mit dem Beelzebub aus!

Die meisten Diäten basieren auf einer Reduktion der täglich aufgenommenen Kalorienmenge. Unser Körper ist aber, zumindest wenn er noch nicht vollständig verfettet oder sonst kaputt geschont ist, ein schlauer Fuchs mit genetisch bedingtem Langzeitgedächtnis. In den Hungersnöten der Evolutionsgeschichte konnten nur die Spezies überleben, die gute Rationierer und Energiesparer waren. Mit anderen Worten:

Der Körper fährt seinen Stoffwechsel bei einer Reduktionsdiät in den Hungerstoffwechsel, einen Sparzustand. Dabei sind der 24-Stunden-Kalorienverbrauch reduziert und auch die Fettverbrennung gegenüber dem Normalzustand noch mehr eingeschränkt. Wie freut sich aber der Körper auf die erste Praline nach erfolgreich durchgestandener, x-wöchiger, meist nicht ganz billiger Diät-Selbstkasteiung! Nur: Wohin bloss mit diesen überzähligen Kalorien? Der Körper hat keine Verwendung mehr dafür, denn er ist ja karge Zeiten gewohnt. Leider scheidet er diesen überflüssigen Brennstoff aber nicht aus, sondern speichert ihn ab für die nächste Tour mit wenig Beissfestem! Mit jeder solchen Diät, die scheitert (und es scheitert jede, ausser man zieht sie bis ans Lebensende durch – en Guete und Mahlzeit!) schaukelt man sein Gewicht weiter hoch. Jo-Jo-Effekt pur.

DER DIÄTETISCHE WAHNSINN
Ein noch gigantischerer Irrtum ist die Nulldiät. In den ersten fünf bis sieben Tagen einer Nulldiät verliert man vor allem Wasser, Magermasse (muskuläres Eiweiss) und Kohlenhydrate. Die Fettdepots aber bleiben bis zum Tag sieben praktisch unangetastet. Zu einem Zeitpunkt, bei welchem die Nulldiät fliessend in einen Hungerstreik übergeht. Dann beginnen Sie auch Fett zu verlieren, zusammen mit dem Verlust Ihrer Freunde und Bezugspersonen, denn Sie werden immer unausstehlicher. Das Allerschlimmste: Sie verlieren Muskulatur! Das Organ, in welchem das Fett, das Sie loswerden wollen, verbrennt. No comment!

FAST VERGESSEN: TRINKEN SIE!
Im Büroalltag vergisst man es oft beinahe. Stellen Sie deshalb wie wir die Mineralwasserflasche gleich am Morgen bei Arbeitsbeginn auf den Schreibtisch vor Ihre Nase! Trinken Sie regelmässig, auch in der Freizeit. Sie duschen ja auch, wenn es Ihnen nicht mehr wohl in Ihrer Haut ist. Sie waschen sich auch die Hände, wenn Sie das Gefühl haben, dass sie klebrig sind. In unserem organischen Innenleben ist es auch manchmal ganz schön klebrig. Also trinken Sie genügend!

VITAMINE UND CO.
Ein heiss umstrittenes Thema.
- Unbestritten ist, dass viele Vitamine eine antioxidative Funktion haben. Einfach übersetzt heisst das, sie sind so etwas wie ein Rostschutz für unsere 70 Billionen Zellen.
- Unbestritten ist auch, dass unsere überstrapazierten Böden immer weniger hergeben.
- Unbestritten ist, dass die Lebensmittelindustrie deshalb immer mehr Produkte zusätzlich mit Vitaminen und anderen Mikronährstoffen versieht. Beispiel: Brot mit Folsäure.
- Unbestritten ist, dass wir von freien Radikalen (= Gegenspieler der Antioxidantien) umzingelt sind, die verursacht werden durch Umweltbelastungen, Nikotin, UV-Strahlung, ionisierende Strahlung, Medikamente, Genussmittel, Disstress, chronische Krankheiten, hohe Leistungsanforderungen im Leben generell.
- Unbestritten ist, dass eine zusätzliche Einnahme in gemässigter Form nicht schaden kann.
- Unbestritten ist, dass nicht alle Menschen zusätzliche Mikronährstoffe (Vitamine, Spurenelemente, Mineralstoffe) brauchen.

- Unbestritten ist, dass man mehr Nährstoffe braucht, je mehr Leistung man bringen muss.

UND SIE?

Wenn Sie wissen möchten, ob Sie zusätzliche Vitamine benötigen, lassen Sie Ihren antioxidativen Status bestimmen. Möglich mit einer einzigen Blutentnahme!

4.3.1 Interview mit Andi Gonseth

Ist „Fit for Life" eine Aufgabe der Betriebe oder eine persönliche, eigenverantwortliche Aufgabe?
In erster Linie ist das eine eigenverantwortliche Geschichte. Allerdings sollten Betriebe ihre Mitarbeiter zu einem gesundheitlichen Denken bezüglich Bewegung und Ernährung zumindest animieren und Mitarbeiter, die sich sehr gesundheitsbewusst verhalten, auch belohnen. Beispielsweise mit der Möglichkeit, über Mittag Sport zu treiben, mit einem Angebot an Garderoben und Duschen oder vielleicht sogar mit einer „handfesten" Belohnung (Teilanrechnung an Arbeitszeit?) für Mitarbeiter, die sich regelmässig sportlich betätigen oder den Weg zur Arbeit aus eigener Muskelkraft bewältigen.

Sind deine Mitarbeiter fit for Life?
Fit im Sinne von körperlicher Leistungsfähigkeit ja, auf jeden Fall. Fit for Life beinhaltet aber nicht nur den Körper, sondern auch den Geist, und da ist jeder Mensch auf seinem Lebensweg stetig gefordert, damit er den alltäglichen Herausforderungen gewachsen bleibt.

Wann finden Themen der betrieblichen Gesundheitsförderung regelmässig im „Fit for Life" Platz?
Konkret als eigenständige Themen eher selten, weil unsere Leserschaft schon aus sehr aktiven Menschen besteht und eine gewisse Grundmotivation vorhanden ist. Artikel, die zeigen, wie man die Motivation umsetzen kann und wie man Bewegung immer wieder und überall in den Alltag einbauen kann, sind regelmässig im „Fit for Life" zu finden.

Du konntest kürzlich das zehnjährige Jubiläum von „Fit for Life" feiern. Du brachtest einen Ausblick auf das Jahr 2017. Wie siehst du den Stellenwert von Betriebssport und bewegten Arbeitsplätzen in zehn Jahren?

Ich hoffe, dass sich bis in zehn Jahren die Erkenntnis noch viel stärker durchgesetzt hat, dass Bewegung und ausgewogenes Essen vor allem dann am sinnvollsten und gesundheitlich am wirksamsten sind, wenn beide Komponenten fix und selbstverständlich im Alltag integriert sind und die Menschen sich dies gar nicht mehr überlegen müssen. Und da ein berufstätiger Mensch einen grossen Teil seiner Zeit im Betrieb verbringt, sollte der Sport am Arbeitsplatz ebenfalls als selbstverständliches Thema betrachtet werden. Häufig ist es so, dass aktive Menschen auch mehr Dynamik am Arbeitsplatz entwickeln, und das müsste doch eigentlich im Interesse jeder Firma sein.

Fast alle lesen und wissen, dass sie was tun sollten im Bereich der körperlichen Aktivität. Warum tun nur so wenige etwas?

Die Verlockungen der modernen Konsumgesellschaft sind eben zahlreich und im Gegenzug der Wille vieler Menschen erstaunlich schwach. Ich selbst möchte mir auch nicht bei jedem Leckerbissen überlegen müssen, ob ich das essen darf oder nicht. Deshalb lebe ich nach der Devise, alles was ich gegessen habe durch Sport wieder zu verbrennen. Ein Grund für die Diskrepanz zwischen Wissen und Handeln ist zudem, dass man wie beim Rauchen die Konsequenzen einer ungesunden Lebensweise nicht unmittelbar spürt, sondern als Folge. Und meist ist es dann schon so fortgeschritten, dass ein Umdenken schwierig wird.

Stell dir vor, du müsstest dich für eine einzige Sportart bis ans Lebensende entscheiden: Welche wäre dies?
   Rad fahren.

Welches ist deine Lieblings-CD?
   „Tormato" von Yes.

Welches Buch liegt zurzeit auf deinem Nachttisch?
   Ich besitze keinen Nachttisch, weil ich nie im Bett lese. Im Moment lese ich ein Buch über Sportverletzungen.

Bei freier Wahl: Mit wem würdest du gerne mal zu Abend essen?
   Mit dem Schweizer Aids-Arzt Ruedi Lüthy.

Andreas Gonseth, Chefredakteur „Fit for Life", ist verheiratet und hat zwei Kinder. Er mag die Baumgrenze beim Biken, einen Latte macchiato zum Start in den Tag und Brot „in fester und flüssiger Form". Ihn ärgern die lange Wartezeit für ein Rauchverbot in öffentlichen Räumen, Ignoranz und Statussymbole. Er hat diverse Marathons und Ironmans absolviert, bezeichnet sich jedoch als leidenschaftlichen, aber ambitionslosen Sportler.

4.4 Säule 4: Motivation und Ziele – es ist machbar!

*„Wer den Hafen nicht kennt, in den er segeln will,
dem weht nie ein guter Wind!"*   Seneca

Unternehmen haben Vorgaben, Budgets. Sie setzen sich Ziele. Banken verlangen vor Kreditgesprächen Businesspläne. Nichts anderes als Ziele. Warum Sie persönlich eigentlich nicht? Warum die meisten von uns nicht?

ÜBER DIE HÖLLE

Bekanntlich ist der Weg zur Hölle mit guten Vorsätzen gepflastert. Bloss: Wo geht dieser Weg entlang? Durch welche Gebiete führt er? Wo liegt die Hölle? Sie wissen es nicht? Gerade darin liegt aber der Hase im Pfeffer. Allerdings: Mit dieser Unwissenheit sind Sie nicht alleine! Niemand weiss, wo die Hölle liegt. Wäre ihr Standort bekannt, wüsste man bestimmt auch mehr über sie! Vielleicht wäre sie für den einen oder anderen ein Ziel für ein Leben nach dem Tod. (Es wird ja viel darüber geschrieben, geredet, spekuliert. Leider viel zu wenig darüber, ob es ein Leben vor dem Tode gibt.) Nicht alle mögen nach schweren Entbehrungen im diesseitigen Leben im jenseitigen Engel treffen. Ob gefallene oder nicht. Wie der fleissige und rechtschaffene Banker, nennen wir ihn Jakob, der nach seinem unerwartet frühen und plötzlichen Ableben als Dankeschön für viele vorhergehende Nichtbeförderungen ein First-Class-Ticket zum Himmel bekam.

Dort angekommen, traf er auf einen seriös dreinblickenden, aber total abgekämpft wirkenden, sehr alten Mann. Seinesgleichen erkennt man bekanntlich sofort. Jakob stufte ihn als sehr fleissig, loyal und arbeitswillig ein.

„Geht das hier im gleichen Stil weiter?", dachte er mit Grauen.

„Wer bist du, woher kommst du?", fragte ihn der alte Mann.

„Ich bin Jakob, komme von einer Schweizer Grossbank, die ich nicht überlebt habe, und besitze ein Ticket zum Himmel – First Class. Bin ich hier richtig?"

„Goldrichtig", erwiderte der alte Mann, „tritt ein, lieber Jakob, und versuch dich bei uns im Himmel wohlzufühlen."

„Aber wer bist du?", fragte Jakob, dem bereits die ersten Engel um den Kopf flogen, „du siehst ja schrecklich müde aus!"

„Ich bin Petrus. Kein Wunder, sehe ich müde aus nach über zweitausend Jahren Dienst am Stück!", entgegnete der alte Mann mit einem Seufzer.

„Zweitausend Jahre Dienst am Stück?" Jakob schaute ihn ungläubig an. „Wo sind denn hier die Gewerkschaften?"

„Die wollen wir hier nicht und schicken sie zur Hölle", erklärte Petrus bestimmt.

Mittlerweile waren die beiden auf ihrem Spaziergang schon tiefer in den Himmel vorgedrungen. Was Jakob sah, machte ihn nicht wirklich froh: Scharenweise flogen Engel mit Briefen herum.

„Was machen die?", fragte er Petrus.

„Unser schnelles Kommunikationssystem, die Engel-Mail. Seit einigen Jahren kürzen wir den Begriff allerdings mit E-Mail ab."

Dann sah Jakob riesige Gruppen klagender Frauen in züchtigen, hochgeschlossenen Gewändern mit behaarten Beinen in Gesundheitsschuhen.

„Was sind das für Frauen?", wollte Jakob wissen.

„Das sind unsere himmlischen Selbsthilfegruppen enttäuschter Frauen, die nie mehr was von Männern wissen wollen."

Jakob überlegte kurz, ob er dem ihm zwar immer unheimlicher werdenden, aber durchaus freundlichen Mann eine delikate Frage stellen durfte. Er beschloss, zu dürfen: „Habt ihr auch andere Frauen hier im ... Himmel, Petrus?"

„Wo denkst du hin, Jakob! Nein, andere Frauen sind in der Hölle!" Wieder flogen Engel, schwer mit Informationen beladen, an ihnen vorbei.

„Und Männer?"

„Haben wir auch, aber sie wohnen streng geschlechtsgetrennt. Die meisten in Einzelzimmern, und sie kommunizieren über Engel-Mail miteinander. Auch sie haben mit dem anderen Geschlecht abgeschlossen. Sie schlafen, essen oder sitzen hinter den Himmelsterminals und aktualisieren die Sündenregister und die Dopingarchive der Irdischen."

Jakob schauderte es. Es fiel ihm auch auf, dass es extrem ruhig war. Man hörte nur den Flügelschlag der Engel, das Klagen der Frauen und das Geräusch, das entsteht, wenn die Tastatur von Computern bedient wird.

„Gibt es hier im Himmel denn keine Musik, keine Kinos?" erdreistete sich Jakob weiterzufragen.

„Psst", machte Petrus rasch, hob zuerst den Zeigefinger vor seine Lippen und deutete auf eine Ecke, in der Männer mit Turbanen und grossen, langen Bärten auf Teppichen sassen. Sie zogen mit dem Mund an Schläuchen, die Wasser zum Sprudeln brachten, um danach Rauch auszublasen. Sie hörten einem murmelnden Ihresgleichen mit noch grösserem Turban und Bart zu, der sich zu seinem Gemurmel rhythmisch immer in die gleiche Richtung verneigte. Sie blickten finster, sehr finster. Jakob schauderte es nochmals.

„Unsere afghanischen Brüder von der Diözese Taliban. Die wollen keine Musik und kein Kino." Petrus sprach weiter: „Sie haben gerade Gruppenpsychotherapie."

Jakob staunte: „Warum denn das, um Himmels Willen?"

„Eben nicht um Himmels Willen", flüsterte Petrus. „Sie sind alle frustriert, denn man hatte ihnen allen viele willige Jungfrauen versprochen. Die sind aber in der Hölle, und ihr Oberhirte Mohammed verweigert ihnen ein Ticket dorthin. Obschon", fuhr Petrus mit einem Zwinkern fort, „er mir bei Wein, Datteln und Weihrauch schon anvertraut hat, dass er sich selbst ab und zu einen solchen Ausflug genehmige."

Jakob hatte genug gesehen und gehört. „Petrus", sagte er bestimmt, „danke für die Führung, du bist ein netter Kerl, aber das ist nichts für mich."

„Tut mir leid", sagte Petrus, „weisst du denn, was und wohin du willst, Jakob?"

„Jetzt weiss ich es: Ich will zur Hölle!"

„Tja", meinte Petrus, „verstehe ich irgendwie. Aber dafür musst du gleich draussen vor dem Himmel ein Höllenticket am Transferdesk lösen."

Von nun an ging alles zügig im zweiten Leben von Jakob auf seinem Pilgerweg. Ohne Probleme bekam er ein First-Class-Höllenticket, erneut gesponsert von seiner Bank. Es folgte eine bequeme und kulinarisch fantastische Reise. Am Höllentor wurde er von einem sympathischen Mann mit Hörnern begrüsst, der einen perfekt sitzenden Anzug von Hugo Boss trug, aus dem ein langer Schwanz lugte.

„Willkommen in der Hölle, Bruder. Du bist am Ziel nach langen Jahren der Mühsal und der Entbehrungen."

„Aber du bist doch ... der Teufel!", stammelte Jakob, einerseits erschreckt, andererseits erstaunt über die grosse Herzlichkeit.

„Ich bin der diensthabende Teufel, der CESDO, was für chief executive substitute devil officer steht, und diese Woche für dein Wohl verantwortlich. Und relax, Bruder: Nicht jeder

Teufel ist ein schlechter Mensch!"

Er legte den Arm um Jakob. „Komm, wir machen einen Rundgang, bevor du dein Penthouse beziehst. Hier ist dein All-inclusive-VIP-Pass."

Jakob traute seinen Augen und Ohren nicht. Jetzt wusste er, warum er so hart gearbeitet hatte. Warum er bis zum letzten Tag immer alles gab. Sich selbst extrem motivierte. So ein Ziel hatte er immer vor Augen gehabt, aber sich nicht getraut, es zu Lebzeiten zu definieren.

Auf dem Rundgang reihten sich kalte, warme, süsse Büffets mit den exquisitesten Speisen aneinander. Wunderbaren Restaurants folgten exquisite Boutiquen, Juweliere mit glitzerndem Schmuck und den schönsten Uhren aus Schaffhausen, Design-Möbelgeschäfte, Wellnesstempel mit allen denkbaren Anwendungen. Elegante Strassencafés, hippe Lounges und In-Bars mit coolsten Beats. Und überall schöne Menschen. Männer und Frauen. Gepflegt, elegant und sexy gekleidet.

„Wow", entfuhr es Jakob, „einfach unglaublich!"

„Es freut mich", erwiderte der CESDO vor Jakobs Penthouse angekommen, „dass es dir so gut gefällt! Ich lasse dich nun erst mal alleine, damit du dich frisch machen kannst. Der VIP-Pass ist auch dein Schlüssel. Ich hole dich in zwei Stunden mit meinem Devil 4WD zum Welcome-Dinner mit mir ab. Okay?"

Die Türen des Liftes öffneten sich genauso geräuschlos, wie der Lift die oberste Etage zu seinem Penthouse erreicht hatte. Er konnte weder die Grösse des Penthouse, in dem bereits ein Kaminfeuer brannte, noch den Ausblick fassen! Auf der Terrasse machte er einen Rundgang. Wie weit sein Auge auch reichte – überall herrliche Gärten, Menschen, Angebote.

Am Ende des Rundgangs blieb er allerdings wie angewurzelt stehen. Er blickte auf ein grosses Gebäude, das ihm aufgefallen war, weil es als einziges ziemlich heruntergekommen wirkte. Es hatte keine Gardinen, so dass Jakob das Innenleben vollständig überblicken konnte.

Er sah gefesselte nackte Menschen, Frauen und Männer, zum Teil an Pfosten gebunden, zum Teil an Wagenräder gekettet. Andere waren in Käfige gesperrt. Gewisse trugen Dornenkränze in den Haaren. Dazwischen tummelten sich Gestalten in langen Gewändern mit Peitschen, die auf die um Gnade flehenden Kreaturen eindroschen. Blut spritzte, Tränen flossen. Trotz geschlossener Fenster und Türen konnte Jakob die Schreie der Verdammten hören.

Besonders hart schien einer in einem dieser langen Gewänder zu schlagen, der eine längliche, hohe Mütze, wie sie sonst Bischöfe tragen, auf hasenähnlichen Ohren aufgesetzt hatte.

Jakob fragte sich, ob dies wohl dekadente Auswüchse des unbeschränkt vorhandenen Wohlstandes seien. Er hatte auch so einen Chef gehabt, der mit anderen Chefs von Zeit zu Zeit solche Etablissements aufsuchte. Sie bezeichneten diese Meetings dort als EE, emotional empowerment.

Am Welcome-Dinner erzählte er dem diensthabenden Teufel, mittlerweile im Smoking mit schwarzer Fliege und Lackschuhen, von seiner Beobachtung und fragte ihn, ob dies ein teurer Extrem-Sadomaso-Klub sei. Der CESDO lachte schallend: „Nein, Jakob. Das ist das Haus der Katholiken. Die wollen das so, damit sie nie ans Ziel kommen."

Er hob das Glas mit dem 98er-Merlot und prostete Jakob zu.

MAGNET ZIEL

Ziele sind wie Magneten: Sie ziehen einen förmlich an. Es ist keine von einem Guru aufgesetzte extrinsische Motivation, sondern verinnerlichte, intrinsische. Je mehr Sie sich mit der

Zielerreichung auseinandersetzen, umso stärker wird diese Motivation. Dies hilft Ihnen auch, Zweifel zu überwinden, denn die kommen immer wieder: Wir sind Menschen, keine Maschinen. Begeisterung entsteht sehr oft erst mit der vertieften Beschäftigung mit einer Materie, einem Ziel.

> „Sobald der Geist auf ein Ziel gerichtet ist, kommt ihm vieles entgegen."
> Goethe

ERFOLGSRASTER
Nur: Definieren müssen Sie Ihr Ziel schon selbst! Mit einem einfachen Raster zeigen wir Ihnen, wie das Ziel erreicht werden könnte. Am besten, Sie gehen Schritt für Schritt vor:
- Zieldefinition
- www&w-Prinzip
- Zwischenziele
- Zielkontrolle
- Belohnung
- WYSIWYG

ZIELDEFINITION
Versuchen Sie, ein persönliches Ziel zu definieren. Das Ziel sollte real sein und Ihren Umständen angepasst. Versuchen Sie nicht, sich innerhalb von drei Monaten für Ihren ersten Marathon fit zu machen, wenn Sie bisher noch nie gelaufen sind (zumindest nicht regelmässig). Tun Sie dies auch nicht, wenn Sie gerade eine neue Stelle oder sonstige Herausforderung angenommen haben. Denken Sie auch nicht, dass Sie in sechs Monaten 30 Kilo abnehmen und das Gewicht dann auch halten können. Versuchen Sie sich auch klar zu werden, welche

zeitlichen Valenzen Sie haben oder schaffen können neben Business und Familie respektive Sozialleben. Und denken Sie daran: Etwas Spielraum für Unvorhergesehenes muss immer sein!

Besprechen Sie Ziele auch mit Ihrem Lebenspartner. Vielleicht gibt es solche, die man gemeinsam erreichen könnte oder möchte.

Beziehen Sie Ihre Umwelt auch mit ein. Wenn Sie aufhören zu rauchen und nicht zunehmen wollen – verkünden Sie dies im Büro, bei Freunden, im Tennisklub. Sie setzen sich dadurch unter einen positiven Druck!

Notieren Sie das Ziel ein erstes Mal schriftlich.

WWW&W
Nein, das bedeutet nicht, dass Sie im Internet nach Zielen suchen müssen. Die sollen Sie bei sich selbst finden. www&w bedeutet wirklich wissen, warum und wie! Hinterfragen Sie Ihre Zieldefinition noch einmal, am besten gleich am nächsten Tag, aber nicht um fünf Uhr morgens. Da herrscht in der Regel nicht die grosse Zuversicht. Aber doch in durchaus nüchternem Zustand. Wenn Sie Ihre Zieldefinition ein zweites Mal bejahen können – dann los mit dem „und wie"!

Machen Sie sich kundig, was Sie für die Zielerreichung brauchen:
– Ausrüstung
– Literatur/Zeitschriften
– evtl. Prüfungen
– Kurse/Seminare
– Lehrer/Instruktoren
– Arzt oder therapeutische Person
– Verein/Community/Selbsthilfegruppe
– Bewilligungen

Das mag nach vielem aussehen. Sie brauchen für die wenigsten Ziele so viel. Und denken Sie daran: Je mehr Auseinandersetzung mit dem Ziel – umso mehr Verinnerlichung desselben!

Notieren Sie das Ziel ein zweites Mal schriftlich, ebenso die Mittel zur Erreichung. Positionieren Sie das Ziel gut sichtbar in Ihrem Alltag: Schreibtisch, Badezimmer, Küche, damit Sie es immer wieder lesen. Werbung arbeitet mit Wiederholung, damit Brands sich bei Endkunden verinnerlichen. Versuchen Sie die Ziele auch etwas zu illustrieren: wenn Sie abnehmen wollen – ein Bild eines Menschen, den Sie attraktiv finden (muss ja nicht gleich ein Model aus der Sahelzone sein ...). Wenn Sie den New York Marathon finishen wollen, ein Bild von der Veranzano Bridge und vom Central Park.

ACHTUNG: „FREUNDE"
Meiden Sie Zweifler, die finden, dass Sie sich überfordern werden. Dass Sie zu alt sind. Dass Sie es sonst schon zu streng haben. Dass Sie sich kaputt machen werden. Dass sie auch jemanden kennen, der das versucht hat und dem es jetzt ganz schlecht geht. Einige meinen es aufrichtig gut mit Ihnen aus Liebe und Freundschaft, andere sind schon voll des Neides, bevor Sie überhaupt angefangen haben. Nur aus Angst, dass Sie etwas schaffen könnten, was ihnen nicht gelungen ist. Vergleichen Sie sich in Ihren Bemühungen auch nicht mit viel „Besseren", denen es ganz leichtgefallen ist. Sie sind Sie und wissen, was Sie wollen und wie es funktioniert. Die anderen lassen wir mal die anderen sein ...

ETAPPEN UND ENDZIEL
Ob gedopt oder nicht: Niemand fährt die Tour de France in einem Tag. Es gibt etwa 22 Etappen. Definieren Sie das Endziel und Zwischenziele. Definieren Sie das Endziel positiv in der

Realform und auf keinen Fall im Konjunktiv, denn der Konjunktiv ist, wie dies schon Martin Heidegger festgestellt hat, die Sprache der Ohnmächtigen. Es soll auch eine präzise zeitliche Formulierung enthalten sein:

„Bis zum 30. September 20XY werde ich ..." und nicht „ich versuche mal einfach ..." Gescheitert, bevor begonnen. Noch schlimmer: „Man sollte ..." Ich. Nicht man. Ich. Ganz einfach, aber verantwortungsvoll.

KONTROLLE UND ...

„Vertrauen ist gut, Kontrolle ist besser." Gilt auch für Sie. In allererster Linie! Überprüfen Sie regelmässig, ob Sie auf Kurs sind. Wenn nicht, geben Sie Gegensteuer. Nicht gleich das Ziel gegen unten anpassen. Wenn Sie dies tun, werden Sie in kürzester Zeit Ihr Ziel aufheben, weil Sie ein schlechtes Gewissen und das Gefühl haben, sowieso versagt zu haben.

Aber: Wenn Sie jeweils ein Zwischenziel erreicht haben, belohnen Sie sich! Das macht Freude und Lust auf mehr! Beziehen Sie Ihren Lebenspartner in diese Belohnungen mit ein, vor allem, wenn er Ihrem Unterfangen eher skeptisch gegenüberstand: Nach einer Einladung zu einem Wellness-Wochenende freut sich vielleicht auch Ihr Partner auf die Erreichung Ihres nächsten Zwischenziels und unterstützt Sie von nun an aktiv in Ihrem Vorhaben!

WYSIWYG

Keine neue Programmiersprache, sondern: **W**hat **y**ou **s**ee **is w**hat **y**ou **g**et! Frei übersetzt bedeutet dies: Visualisieren Sie! Deshalb auch die Empfehlung, die Ziele mit Bildern auszuschmücken! Tun Sie so, als wären Sie schon mal am Ziel gewesen. Erleben Sie sich geistig beim Neuerwerben Ihrer Garderobe zwei Konfektionsnummern kleiner und beim Entsorgen der alten (sorry, bezahlen Sie selbst, nicht Ihre Krankenkasse). Stellen Sie sich vor, wie das ist, wenn Sie den Zielbogen des New York Marathons sehen und Ihnen auf der Zielgeraden alleine 20 000 Menschen zujubeln. Ich laufe am Vorabend immer die letzten drei, vier Kilometer ab und stelle mir vor, wie es sein wird, am nächsten Tag erschöpft, aber glücklich anzukommen. Wie viele Menschen dort sein und wo die Verpflegungsstände, vor allem das Bier, stehen werden. Visualisierung kann man üben, an Seminaren oder mit speziellen CDs.

48 STUNDEN ZEIT
Wir alle stecken in Komfortzonen. Nicht wirklich zufrieden, aber etwas zu verändern, ist so furchtbar anstrengend. Wir leiden alle an einer Krankheit:

> Aufschieberitis!

Viele von uns sind zudem diplomierte Warter: Bevor sie etwas verändern, müssen sie immer etwas abwarten, wie die Beförderung, den Auszug der Kinder oder die Pensionierung.

Warten Sie nicht, handeln Sie!

5.0 Egomarketing

„Ein Mann kann sich so gut anziehen wie er will, stets wird er nur ein Accessoire der Frau bleiben."

Coco Chanel

DAS ENDE DER GRAUEN MÄUSE
„Auf die inneren Werte kommt es an!"
„Aussen fix, innen nix!"
„Alles nur Fassade!"

Die Liste volksmundiger Weisheiten liesse sich beliebig erweitern. Alle sind sie richtig und treffen sicherlich auch in vielen Fällen zu. Aber der Volksmund sagt auch:

„Ehrlich währt am Längsten!"

Und wenn wir ehrlich mit uns sind, müssen wir zugeben, dass wir sehr oft auch von einem äusseren Eindruck relativ lange geprägt sind, insbesondere wenn wir erstmals mit jemandem in Kontakt treten.

„You never get a second chance to make a good first impression."

Stimmt auch – und wie. Begegnet uns jemand erstmals (wir sprechen dabei von einem Termin, nicht von einer zufälligen Begegnung), an dessen Outfit etwas nicht stimmt, neigen wir sogar dazu, bereits eine erste „Analyse" durchzuführen. Im Extremfall sogar, dies persönlich zu nehmen:
Ist ihm dieser Termin so unwichtig? Ist er in allem etwas oberflächlich oder gar schludrig? Ist er zuverlässig?

Bei Kunden: Wie ist wohl seine Zahlungsmoral?
Bei Lieferanten: Kann er Termine halten?
Bei Patienten: Wie wird seine Compliance (= Bereitschaft zur therapeutischen Mitarbeit) sein?

UNSERE KOMMUNIKATION
Wir kommunizieren bei weitem nicht nur mit unserer Sprache. Das erste Kommunikationsmittel ist im Gegenteil unser Äusseres:
- Haut und Haare
- Kleidung („die zweite Haut")
- Bewegung und Körperhaltung, zusammengefasst als Körpersprache bezeichnet

Zu Beginn gab es primitive Organismen. Diese waren mit zwei Daten programmiert. Auf diese Daten reagieren sie ausschliesslich mit einer Ja/Nein-Reaktion. Solche Organismen sind nicht in der Lage, Umweltveränderungen wahrzunehmen. Milieuveränderungen führen zum schnellen Aussterben solcher Wesen. Zum Überleben musste ihr System erweitert werden – wir sprechen von Evolution.

Der Organismus wurde mit einer grösseren Informationskapazität versehen. Es entwickelte sich ein Informationssystem innerhalb des Organismus zur Koordination der Information. Damit ging eine Spezialisierung der Organe einher, die wiederum untereinander vernetzt werden mussten. (Sie kennen das von vernetzten EDV-Systemen, die einem in den Wahnsinn treiben, Lebensjahre und viel Geld kosten können. EDV bedeutet nicht zuletzt deshalb **E**nde **d**er **V**ernunft.)

Es existiert eine Skala des Wahrnehmbaren. Was über diese Skala hinausgeht (oder unterhalb bleibt), entzieht sich unserer Wahrnehmung. Farben nehmen wir innerhalb eines bestimmten Spektrums der Wellenlängen wahr, Töne nur innerhalb bestimmter Frequenzen. Was darüber oder darunter liegt, hören wir nicht.

Nun gibt es immer mehr Sinneseindrücke, als wir durch unsere Sinne bewusst wahrnehmen. Betreten wir einen Raum, der frei von Gegenständen ist, lautet die erste Feststellung: Der Raum ist leer. Was natürlich in keiner Weise zutrifft, denn in dem Raum gibt es Sauerstoff, Stickstoff und Kohlenmonoxid. Vielleicht hängen sogar Bilder an den Wänden, und der Raum muss mit einem Minimum an Licht durchflutet sein – sonst hätten wir gar nicht feststellen können, dass der Raum vollgestellt mit nichts ist.

Obschon der Raum vordergründig leer ist, hinterlässt er einen Eindruck auf uns. Wir fühlen uns wohl oder abgestossen, könnten uns vorstellen, diese oder jene Tätigkeit darin auszuüben, unter Umständen sogar darin zu wohnen.

Ersetzen Sie nun den Raum durch sich selbst. Ähnliches geschieht, wenn Sie von einem Menschen erstmals begangen werden (oder Sie ihn erstmals begehen). Möchten Sie diese Begegnung und die damit verbundenen direkten und indirekten Eindrücke dem Zufall überlassen?

Schreck, Schock und Verkrampftheit verunmöglichen präzise Wahrnehmung und Informationsaufnahme. Ein Experiment: Streichen Sie mit lockerer und entspannter Hand über ein Tuch, einen Stoff oder die Haut Ihres Partners. Wie viele Informationen empfängt diese Hand über Struktur, Weichheit und Härte, Trockenheit, Wärme und Kälte! Dasselbe Experiment mit verkrampfter, angespannter Hand durchgeführt, bringt so gut wie keine Informationen, ausser vielleicht, wo der Stoff oder die Haut anfängt und aufhört.

DIE KONSEQUENZ
Versuchen Sie daher, sich wohlzufühlen in Ihrer Haut. In der ersten, eng anliegenden *und* in der zweiten, genannt Kleidung! Je wohler Sie sich fühlen, umso entspannter können Sie sich geben, kommunizieren, wahrnehmen, wirken, Leute (und Verhandlungen!) für sich gewinnen – ein gelungener Auftritt. Was Sie aber dringend tun sollten, wenn Sie bisher diesbezüglich eher, sagen wir mal, nonchalant waren:

Reaktivieren Sie ein Instrument, das wahrscheinlich in Ihrem Haushalt bereits mehrfach vorkommt, oft aber ein verkümmertes und jämmerliches Dasein fristet:

> den Spiegel!

Am besten einen, auf dem Sie sich in voller Grösse sehen können. Schauen Sie sich wieder mal längere Zeit an. Und aus verschiedenen Distanzen. (Es empfiehlt sich aus Selbstschutzgründen, dies nicht gleich nach dem Aufstehen zu tun.)

Vielleicht nach dem Duschen – nackt. Dann in der Kleidung, in welcher Sie zur Arbeit gehen, in welcher Sie einen mehr oder weniger wichtigen Termin wahrnehmen, in welcher Sie in wenigen Stunden eine wichtige Präsentation halten müssen.

Was sehen Sie?

Würden Sie mit sich ins Bett gehen? Und auch noch mit sich schlafen? Nein, wir meinen jetzt nichts Autoerotisches, sondern wirklich richtigen partnerschaftlichen Sex, z. B. mit Ihrem Klon? Zu theoretisch, sagen Sie und weichen einmal mehr aus. Denken Sie die gestellte Aufgabe zu Ende – es gibt keine bessere für den Check der Selbstwahrnehmung.

Kleidungsinspektion? Aha, es herrscht das Motto „Primär gegen die Nacktheit und für ein Wärmegefühl"?

Zwei Bemerkungen dazu:
1. Damit sind Sie nicht alleine – ganz im Gegenteil. Wenn es nicht so wäre, wären Sie die Ausnahme, zumindest im deutschsprachigen Raum. Die wollen Sie aber hoffentlich werden. Wenn nicht und Sie im grossen Rudel der grauen Mäuse verharren möchten – legen Sie das Buch weg. Wir stehlen nur Ihre mehr oder weniger kostbare Zeit.
2. Sollten Sie sich jetzt zum Weiterlesen entschlossen haben – bleiben Sie bei den folgenden Zeilen aufmerksam, egal ob Sie männlichen oder weiblichen Geschlechts sind.

DAS ENDE DES MITTELMASSES
Starten Sie jetzt Ihre Wirkoffensive – Sie müssen sich dazu längst nicht immer ein maskenartiges Gesicht verpassen lassen (genannt Lifting). Auch schlauchbootartige Lippen wirken nur dann sinnlich, wenn sie perfekt sind (ansonsten stellen sie eher eine Mischung zwischen Schmollen und einer akuten Lippenlähmung beim Spielen eines Basler Fasnachtsmarsches dar). Ebenso wenig müssen Sie eine Speditionsfirma für überregionale Silikontransporte im Front-Back-Packersystem eröffnen, und, liebe Geschlechtskollegen: vergessen Sie für immer und ewig peinlich-schlecht gemachte Haarimplantate oder gar Toupets!

„Kleider machen Leute!"

Gottfried Keller

Seine gleichnamige Novelle ist aktueller denn je! Das „anything goes", welches die letzten Jahrzehnte dominierte, weicht allmählich einem neuen Interesse für eine Kultur der Bekleidung, vielleicht etwas zu simpel als Mode bezeichnet.

MODE ALS WELTUMSPANNENDES NONVERBALES KOMMUNIKATIONSMITTEL

Dies bezieht sich durchaus nicht nur auf den Business-Look, sondern auch auf die Casual-Mode, also die legere und freizeitorientierte Bekleidung. Zum Glück, kann man(n) da nur sagen, denn was einem vor allem die Herren der Schöpfung, erst einmal aus ihrem nicht selten den schlechten Geschmack kaschierenden Anzug geschlüpft, in der kargen Freizeit an ästhetischen und optischen Umweltverschmutzungen vorsetzten, war in der Tat phasenweise kaum mehr erträglich.

Sensibilisieren des femininen und vor allem auch maskulinen Spürsinns für zeitgemässe Dresscodes und attraktives Casual Wear ist unser Ziel. Für Sie. Persönlich. Denken und machen Sie damit, was Sie wollen. Aber denken Sie auch an Ihre Umwelt. Die schaut Sie wahrscheinlich länger an als Sie sich im Spiegel. Oder vielleicht zweimal: das erste und das letzte Mal.

Übrigens: Mode macht Spass. Aber Begeisterung entsteht immer erst in der Beschäftigung und Auseinandersetzung mit einer Materie. Kreieren Sie Ihren Stil. Nebenbei: Wirklich Stil hat, wer ihn dann auch mal ganz lässig bricht! Lernen Sie auch einzukaufen. Vor allem wenn Sie dies bisher verabscheuten. Wir gehen unsere Business-Einkäufe oft bei Roberts Männermode in der Nähe unseres Firmensitzes in Basel tätigen. Meist mit dem Vorsatz *einen* Anzug oder *ein* Hemd zu kaufen. Raus kommen wir mit vollen Händen. Der Grund heisst Frau Zulauf, die mit ihrem treffsicheren Geschmack, ihrem professionellem Auge und ihrer endlosen Begeisterung für Fashion Einkaufen zum Event macht. Alle sind glücklich – nur das Portemonnaie leidet. Noch schöner ist es, für den Partner oder die Partnerin einzukaufen.

Aber: Kleidung ersetzt nicht Kompetenz. Je kompetenter und besser Sie sind und je sicherer Sie sich fühlen, umso mehr können Sie sich auch erlauben. Hans-Jakob Rüdisühli in Anzug und Turnschuhen: schwierig. David Beckham im Anzug: machte Sneakers dazu erst salonfähig!

Ein kurzer Rock, Pumps, die Unterlagen vergessen, die Deadlines verpasst und keine kreativen Ideen: schwierig. Ein kurzer Rock, alles dabei, Deadlines eingehalten und ein Sprudeln von kreativen Einfällen: no comment ...!

HERRENABTEILUNG
In den Fünfzigerjahren war sich fein anziehen noch „in", aber streng codiert, denn Männermode als eigentliches Genre gab es damals noch gar nicht. Seitdem hat sie sich rasant entwickelt und praktisch mit der der Damen gleichgezogen. Der Mann ist zum modischen Individualisten mutiert und verfügt über Möglichkeiten, wie er sie bisher nie gehabt hat: Mannzipation-Konventionen sind interpretierbar geworden. Dies ermöglicht neue Freiheiten, für den Nichtswissenden aber auch riesige Stolperfallen und Fettnäpfchen!

EIN MISSVERSTÄNDNIS
Die Generation der mitteleuropäischen und amerikanischen Studentenrevolten hat ein grosses Missverständnis kreiert: Die Kombination aus Anzug, Hemd und Krawatte sei eine Uniform zur Nivellierung oder gar Gleichschaltung der männlichen Individualität.

Real trifft das pure Gegenteil zu: Nichts kleidet einen Grossteil besser und vorteilhafter als die klassische Kombination – vorausgesetzt sie sitzt, ist geschickt ausgewählt und mit den richtigen Accessoires kombiniert!

Eleganz und wirklicher Geschmack sind selten eine Mitgift beim Eintritt ins Abenteuer Leben. Aber wie jede Fähigkeit, das Sprechen einer Sprache, das Spielen eines Instrumentes, die Beherrschung einer Zirkusübung oder der Erfolg im Sport, hat es mit Üben zu tun. Um in der Kunst der Bekleidung Souveränität zu erlangen, muss man nicht nur üben, sondern sich für etwas, was einem sehr nahesteht, interessieren. Mode-Fashionistas (was für ein Pleonasmus!) überlassen nichts dem Zufall, beachten aber gleichzeitig, dass ihre Bestrebungen nicht als solche erkennbar sind. Sie tun dies auch nicht verkrampft oder mit kleinbourgeoiser Pingeligkeit.

Lässigkeit war und ist immer ein teilweise sogar dominierendes Credo grosser Stil-Ikonen. Sie interpretieren und interpretierten Dresscodes auf eigene Weise, egal ob Mick Jagger, der Duke of Windsor, Gianni Agnelli, Roger Aeschbacher oder schon zitierter David Beckham. Auch Lichtgestalten des Stiles wie Designer Tom Ford, Afghanistans Präsident Hamid Karzai, Berlins Bürgermeister Klaus Wowereit, Südafrikas Staatspräsident Thabo Mbeki oder der Basler Stararchitekt Jacques Herzog pflegen einen engen Umgang mit dem Anzug.

Was folgt daraus? Männer sehen in einem Anzug, sitzend, mit „sitzenden" Zutaten, grossartig aus! Nichts da mit Uniform und Uniformität. Wobei Uniformität eine Faszination ausüben kann, sofern das Motiv dahinter funktionell und nicht etwas Zerstörerisch-Kriegerisches ist.

BUSINESS UND ANDERE DAYS
Genau deshalb ist der Anzug das zentrale Element der westlichen männlichen Garderobe. Weil er den Mann kleidet, weil sich dieser mit wenigen Ausnahmen nicht kleiden kann. Vielleicht erinnern Sie sich noch an den Casual Friday in den Achtziger- und Neunzigerjahren. Im Sog eines der Schöngeisterei fernen Freigeistes und im Windschatten einer sich verselbstständigenden Modeindustrie begannen Firmen, den Dresscode ihrer Mitarbeiter zu lockern. Die naheliegendste Mass-

nahme war die Lockerung der Kleidervorschriften am Freitag. Er sollte gewissermassen der Lohn für die Mühseligkeiten der Woche sein sowie eine gewisse Einstimmung aufs Wochenende herbeiführen. Das Resultat dieser Abmoderation der Working Week war jedoch desaströs:

Stellte der Anzug für viele bis dahin noch eine geschützte Werkstatt dar, wirkten viele am Casual Friday wie eine Rotte verirrter, desorientier All-inclusive-Touristen auf Sightseeing in den eigenen Firmenräumlichkeiten. Es entstand eine Welt der Paradoxien und Lächerlichkeiten. Der Wohlfühleffekt blieb aus, insbesondere wenn die Kunden besser angezogen waren als die Mitarbeiter. Leider wurde der Gedanke des entspannten Umgangs im Sinne von „classic meets casual" mit entsprechend kreativen Kombinationen abgesehen von wenigen Ausnahmen nie umgesetzt. Schade. Es gäbe durchaus eine stylische Grauzone zwischen Business-Dress und Hawaii-Hemd!

DRESS-AWARD
Im neuen Jahrhundert findet nun wieder eine Trendumkehr statt. Firmen sollen den Dresscode attraktiv gestalten, ihn im Rahmen modischer Entwicklungen anpassen, aber ihn nicht blind wie das gescheiterte Freitagsexperiment einem populistischen altrevolutionären Common Sense unterordnen. Ein lebendiger Dresscode, begleitet von einem professionellen Trendscouting und einem Minimum an Mitarbeiterschulung, ist keine Schikane für die Mitarbeiter, sondern eine Inspiration. Wir plädieren für die Einführung des Dress-for-Success-Awards, des

> Goldenen Löwen

für die bestangezogene Firma!

MÄNNLICHE DREIFALTIGKEIT ALS PROJEKTION VON STIL

Der englische Modemacher Paul Smith erklärt das Funktionsprinzip der Männermode wie folgt:

„Komponieren Sie eine Garderobe, wie wenn Sie ein Maler wären, der vor einer leeren Leinwand steht!"

Aussen herum ist der Rahmen, normalerweise eher in neutralen Farben gehalten, die das Bild selbst nicht dominieren sollen. Beim Mann ist dieser Rahmen die äusserste Hülle, der Anzug und der Mantel.

Der Rahmen hält die Leinwand. Für Paul Smith das Hemd, der Pullover oder Äquivalentes.

Auf der Leinwand finden sich die Motive: Accessoires wie Krawatte, Manschettenknöpfe, Einstecktuch oder Schal.

DER DREI-K-WEG ZUM EIGENEN STIL

Viele Wege führen bekanntlich zum Ziel. In der Kunst der Bekleidung gibt es einen einfachen, aber leider selten begangenen. Er führt über drei Schritte:
- Kontemplation
- Konzentration
- Komposition

KONTEMPLATION

Ein Moment des In-sich-Gehens muss es schon sein. Ein Nachdenken über Lebenssituation, Werte, berufliche Situation, Zukunft. Kleider sind immer auch Signale persönlicher Wertvorstellungen und Haltungen. Alter und Schönheit sind hier bestenfalls drittrangig. Ihre Lebenshaltung, Ihre Auftritte, egal wo, und Ihr Kleidungsstil sollten aus einem Guss sein. Ihr Kleiderschrank als Partner und Freund, nicht als zu bekämpfender Feind.

Dazu gibt es sieben einfache, aber sehr hilfreiche Fragen:
1. Wer bin ich?
2. Wer möchte ich sein?
3. Stimmt das bereits überein?
4. Was sind meine Ideale und Ziele?
5. Welcher Stil passt dazu?
6. Was war das Resultat meiner Spiegelübungen?
7. Wer kann mir helfen, diesen Stil zu perfektionieren?

Empfehlung: Gehen Sie bei diesen Gedankengängen out in the blue, um Ihre Grenzen auszuloten.

KONZENTRATION

Konzentration bedeutet Weglassen, Ausblenden von Unbedeutendem, Aufräumen. Misten Sie zuerst aus. Erst wer diese Phase hinter sich gebracht hat, kann den Weg zum eigenen Stil beginnen. Starten Sie beim Kleiderschrank. Geben Sie ihm eine neue Chance, zu Ihrem Freund, der immer für sie da ist, zu werden. Einen guten Freund pflegt man: Tun Sie ihm den Gefallen, und befreien Sie ihn am besten zweimal pro Jahr von textilen Altlasten, im Minimum aber einmal. Was Sie länger als ein Jahr nicht mehr angezogen haben, gehört aus dem Schrank in die Altkleidersammlung!

KOMPOSITION

Der dritte Schritt zum eigenen Stil ist ein noch praktischerer als der zweite: das Anlegen einer stil- und identitätsidentischen Garderobe als Basis. Sie kann, gut gewählt und qualitativ höheren Ansprüchen genügend, durchaus einige Jahre viel getragen überdauern. Mit modischen Accessoires, als saisonale Akzente gesetzt, können Sie trotzdem immer wieder für neue Überraschungen in Ihrem Umfeld sorgen.

Werner Baldessarini, Exvorstandsvorsitzender von Hugo Boss und heute Besitzer eines Luxusmännermodelabels in München, hat in „Men's Health" seine sieben Gebote des Stils definiert:
1. Erkenne dich selbst: Wer man ist und warum man das ist.
2. Sei glaubwürdig: Stil braucht Beständigkeit
3. Kaufe nur Spitzenqualität: Überlegt und wertig einkaufen
4. Sortiere regelmässig aus: Den Kleiderschrank in Schuss halten
5. Komplettiere mit Accessoires
6. Bewege dich lässig: Sich gut kleiden und sich gut bewegen.
7. Sei sexy: Körperliche Vorteile zeigen, Begehrlichkeit wecken.

DIE FARBEN
Farben für den Anzug können sein: Mittelgrau bis Anthrazit, Dunkelblau und Marine, Brauntöne. Im Sommer auch Sand und Beige. Schwarz ist fast nie falsch, kann aber auch zu förmlich oder elegant wirken und ist besser für die Abendanzüge geeignet. Hellgrau ist auch nicht falsch, kann aber den Träger etwas blass machen.

Farben fürs Hemd sind Weiss und Hellblau, ebenso wie Blassgelb oder feines Rosa. Auch ein Violett darf's mal sein. Aber: Nicht jede Farbe passt zu jedem Hauttyp. Deshalb Spiegelübungen und professionelle Beratung!

DIE KLEIDUNGSTEILE
- Schuhe
- Mantel
- Anzug
- Hose
- Hemd
- Krawatte

- Socken
- Accessoires

DIE SCHUHE
Schuhe sind das Fundament der Eleganz und damit eine wichtige Visitenkarte des Mannes. Deshalb:
Nicht an den Füssen sparen – aus optischen und gesundheitlichen Gründen!
Schuhe müssen viel leisten. Sie wehren Feuchtigkeit ab, schützen den Fuss vor allen Unwegsamkeiten des Alltags und müssen Schweiss absorbieren und abtransportieren. Viel Schweiss, denn Sie erinnern sich:
Kein Körperteil schwitzt so viel wie der Fuss – bis zu vierzigmal mehr als alle anderen.
Deshalb sind gute Schuhe aus Leder gefertigt. Gegerbte Tierhaut ist
- elastisch
- atmungsaktiv
- regenerativ
- altert gut

Textilien und Kunststoffe entbehren vieler dieser Eigenschaften. Deshalb sollte für Büroschuhe (business indoor shoes) auch die Sohle aus Leder sein.

FARBEN DER SCHUHE
Männerschuhe dürfen folgende Farben aufweisen:
- Schwarz
- Dunkelbraun
- Cognac
- Camel

Ende der Durchsage. Für den Abend gelten schwarze Schuhe als goldener Standard. No browns after six!

Ein weisser Schuh gehört zum Kapitän eines Ozeandampfers, aber nicht zu einem Anzug oder zu Jeans – es sei denn, Sie wollen eine ganz spezielle Botschaft vermitteln ...

DER MANTEL

Über einen Anzug wirft man nicht einfach eine funktionelle Sportjacke. Die Schmerzgrenze diesbezüglich liegt bei einem gewachsten oder beschichteten Mantel. Nicht der eleganteste, aber sicher gut gegen heftigen Wind und Wetter!

Der Mantel ist mehr als ein Überwurf. Er ist wie der sich darunter befindende Anzug ein Zeichen von Persönlichkeit und Selbstverständnis.

Die Zeit der bodenlangen Mäntel, ausladend, ist vorbei. Mann trägt wieder kurz, leicht tailliert, figurbetont. Ob Chesterfield, City-Mantel („Stutzer") oder Trenchcoats: Ein Mantel ohne Schal ist wie ein Käse und Wein ohne Brot, auch nicht schlecht, aber schlicht unfertig. Kombinieren Sie zum Mantel einen weichen Schal aus Kaschmir oder Wolle. Der Schal darf dem neutralen, ruhigen Outfit ruhig etwas Rasse und Pep geben!

DER ANZUG

Jetzt geht's an das Eingemachte. Es gibt schlicht kein Kleidungsstück, das einen Mann einfacher, schneller und vorteilhafter kleidet als ein Anzug. Mit Vorteil gut geschnitten und dunkel. Der Anzug, zwei- oder dreiteilig, ist das Center-Piece männlicher Garderobe. Er ist auch die bedeutendste Investition – aus Sicht des Stils, aber auch der Kosten. Andererseits sollte ein guter Anzug auch bei häufigem Tragen problemlos mindestens fünf Jahre halten. Der fertig konfektionierte Anzug ist heute sicher der Meistgekaufte, nicht mehr die Massanfertigung. Nehmen Sie sich aber wenigstens die Zeit und Mühe für die Anpassung der Länge und Weite. Der grösste Fehler liegt darin, dass die Mehrheit der Männer ihre Kleidung sicher eine Konfektionsgrösse zu gross trägt. Eine (un)bewusste Reserve für fettere Tage?

Der zweiteilige Anzug besteht aus einem Veston und einer Hose ohne Bundfalten, der Flatfront-Hose. Für alle Jahreszeiten und (fast) alle Gelegenheiten eine sichere und gute Wahl!

Drei Kriterien sind massgebend für Aussehen und Wirkung eines guten Anzugvestons:
- Schultern
- Vestonlänge
- Taillenknopf

Kopf und Gesicht bekommen durch die Schultern den richtigen Rahmen. Zu breite Schultern lassen den Kopf zu klein erscheinen, der Anzug wirkt zu gross. Andererseits beengen zu eng geschnittene Schultern den Träger zu sehr, sein Kopf wirkt unnatürlich gross.

Der Saum des Vestons sollte, gemessen von der Hemdkragenkante bis zum Hosensaum, die Figur in zwei gleiche Hälften teilen. Der Veston sollte in jedem Fall aber das Gesäss des Trägers bedecken.

Der Taillenknopf des Vestons ist jener Knopf, mit dem dieser hauptsächlich geschlossen wird. Bei zwei Knöpfen ist dies immer der obere, bei dreien der mittlere. Seine Höhe liegt wenige Zentimeter über der natürlichen Taille oder der schmalsten Stelle des Körpers. Ein in idealer Höhe gelegener Taillenknopf lässt sowohl Oberkörper als auch Beine in maximaler Länge erscheinen.

Der dreiteilige Anzug mit Weste (Gilet) ist selten geworden. Sein Vorteil liegt darin, dass der Träger beim Ausziehen des Vestons einen angezogeneren Eindruck vermittelt als mit blossem Hemd – und dass es im Winter wärmer bleibt.

Eine Möglichkeit, seinen Auftritt aufzupeppen, ist, eine andersfarbige Weste zu einem einfarbigen Anzug zu kombinieren.

Bei einer korrekt geschnittenen Weste scheint der oberste Knopf zwischen dem Revers des geschlossenen Vestons heraus, und ihr unteres Ende bedeckt Gürtel und Hosenbund. Ihre Rückseite ist aus dem gleichen Soff gefertigt wie das Innenfutter des Vestons. Sie verfügt über zwei Taschen, und die Taillenweite ist im Rücken justierbar.

DIE HOSE

Hosen als ein Zeichen von Macht? Die Redewendung „Wer hat die Hosen an?" könnte dies suggerieren ... Die Verschmelzung der Geschlechter erfolgt am Beispiel der Hose ausgesprochen einseitig: Mit grosser Selbstverständlichkeit tragen Frauen heute Hosen. Der Mann dürfte erst nach dem Waldsterben wieder Röcke tragen – also nie!

Die Mode gibt zurzeit eine ziemlich körperbetonte und tendenziell (!) schlanke Silhouette vor. Dies ist der Grund, warum Bundfaltenhosen ins Hintertreffen geraten sind. Es dominiert die bereits erwähnte Flatfront-Hose!

Die korrekte Hose sitzt am Oberschenkel, am Gesäss, am Bund und im Schritt perfekt. Hochwertige Hosen haben deshalb einen im Rücken geteilten Bund, der Anpassungen an die Leibweite ermöglicht. Der Saum endet knapp über der Absatzkante. Um den Stoffknick auf dem Fussrist zu minimieren, kann man den Saum vorne leicht höher legen lassen. Die Bügelfalte verläuft ohne Spannen oder Ziehen in Richtung des Knies und fällt von dort auf die Mitte des Schuhs.

Vergessen Sie die kurze Hose. Ausser für bodenständige Gartenpartys, unromantische Strandspaziergänge oder Sport wirken Sie damit einfach deplaziert, vor allem wenn Sie noch kurze Socken dazu tragen!

Jede Hose sollte von einem Gürtel (oder Hosenträgern!) gehalten werden. Alles andere wirkt unfertig! Männer mit erheblichem Wachstum in der Bauchgegend klemmen und würgen die Hose nicht unter den Bauch, sondern tragen sie auf natürlicher Höhe, wenn nötig mit Hosenträgern.

EIN GEDANKE ZU JEANS
Das Wort Jeans stammt von der französischen Ursprungsbezeichnung „de Gênes" ab, weist also auf das italienische Genua hin.

Der verwendete Stoff kam in der Regel aus Nîmes. So wurde aus „de Nîmes" Denim, als die Amerikaner im 19. Jahrhundert begannen, die Jeans zu verfeinern. Der wichtigste Jeanspionier ist der in Deutschland (Buttenheim) geborene Levi Strauss, der ab der zweiten Hälfte des 19. Jahrhunderts in San Francisco robuste Goldgräberkleidung fertigte. Seit 1920 spricht man von „Blue Jeans". Lange wehrten sich etablierte Kreise gegen die Hosen mit Nieten. Heute gehören Jeans zu den beliebtesten und universellsten Kleidungsstücken. Längst haben viele Firmen im Sinne des Zeitgeistes das Jeansverbot gelockert – zu Recht. Eine Jeans, schön kombiniert im Sinne von „classic meets casual", kann kleidsamer sein als ein langweiliger Stangenanzug.

DAS HEMD
„Um Haut und Haaren zu schmeicheln,
hält der Gentleman Hemd und Kragen in hellen Farben."
Sir Hardy Amies

Das Hemd ist nicht einfach das Unterhemd zum Anzug. Wie bereits erwähnt, ist es die Leinwand, auf der die Persönlichkeit inszeniert wird. Es rahmt das Gesicht und verleiht ihm, mit Hilfe der Kragenform, mehr Profil. Analog zur Form der Anzüge ist auch das Hemd körperbewusster und taillierter geworden.

Kragenformen:
Die zwei häufigsten und modischsten Kragenformen sind der flach vom Hals weg geschnittene Haifischkragen und der spitzer zur Brust hin verlaufende Kentkragen. Der Haifischkragen sollte fast zwingend mit einem voluminösen Krawattenknopf ausgefüllt werden.

Bekannt und weit verbreitet ist auch der Button-down-Kragen, ursprünglich ein Import aus den USA. Dabei sind die Kragenspitzen mit je einem Knopf am Vorderteil des Hemdes festgemacht. Button-down-Hemden eignen sich für legere Freizeitbekleidung. Button-down-Businesshemden, kombiniert mit Krawatte, sind eine Missinterpretation und spiessig.

Die Ärmellänge ist auch eine Quelle von Kleidungsfehlern. Meist ist sie zu kurz. Die Hemdmanschette sollte auch bei angewinkeltem Arm auf der Daumenwurzel aufliegen und nicht so weit sein, dass man sie geschlossen über die Hand ziehen kann.

Die Hemdmanschette schaut (auch bei angewinkeltem Arm) 1,5 bis 2 Zentimeter unter dem Vestonärmel hervor. Der Kragen eines gut geschnittenen Hemdes sitzt so locker, dass man noch einen Finger zwischen Steg und Hals stecken kann.

Hemden easy going:
Kurzarmhemden sollten Sie ungefähr so häufig einsetzen wie kurze Hosen – praktisch nie. Lieber bei entsprechenden thermischen Verhältnissen die Ärmel hochkrempeln. Auf keinen

Fall Kurzarmhemden zu einem Anzug tragen. Dieser erscheint nur vollendet, wenn man die Hemdmanschetten sieht.

Zu einem Anzug gehört das Hemd, mit oder ohne Krawatte, in die Hose. Ein Businesshemd ist immer dort versorgt, auch wenn der Veston zur Hose fehlt. Freizeithemden werden mit Vorteil über der Hose getragen.

DIE KRAWATTE

Krawatten sind nicht einfach Kulturstreifen, Business-Bändel oder gar Penisverlängerungen nach Norden. Sie sind vielmehr das persönliche und kreative Element der männlichen Garderobe. Womit wir schon bei einem weiteren Problem wären: Vermeiden Sie möglichst „witzige" Motive aus Flora, Fauna und Sauna, ausser Sie wollen damit eine ganz bestimmte Aussage machen. An einer Party. Nicht an einem Business-Meeting.

Gerade bei Krawatten lohnt sich bei Unsicherheit professionelle Beratung, denn mit falscher Krawattenwahl können Sie die Wirkung eines perfekt sitzenden und teuren Anzugs vermasseln. Und in Anbetracht der zahlreichen Farben von Hemden oder Streifen und Muster von Anzügen gibt es der Fettnäpfchen viele! Eine korrekt geknüpfte Krawatte endet mit der Spitze auf der Gürtelschliesse. Zu kurz geknüpfte Krawatten wirken genauso peinlich wie die auf dem Hosenladen endenden.

Eine Krawattennadel ist schmückend. Sie sollte im unteren Drittel der Krawatte angebracht sein, unter dem geschlossenen Veston verschwinden und muss nicht peinlich waagrecht sitzen.

DIE SOCKEN

Der wahre Könner zeigt sich im Detail und trägt bis unters Knie reichende Socken. Insbesondere zu knappe, knöchelhohe Socken sind ein schwerer Fauxpas, denn ein Mann zeigt kein nacktes, behaartes Bein, auch wenn er sich setzt und die Beine übereinanderschlägt.

Die Farbe der Socke dient immer der optischen Fortsetzung des Hosenbeines und richtet sich konsequenterweise nach der Kolorierung des Hosenstoffes und nicht des Schuhs. Oder die Socke schlägt eine Brücke zwischen Hosenbein und Schuh!

Der Teufel steckt in der Socke: Erinnern Sie sich an ein Bild von Anfang 2007, das um die Welt ging: Paul Wolfowitz, der damalige Präsident der Weltbank, besuchte die Türkei und zog – ordnungsgemäss – vor dem Betreten einer Moschee die Schuhe aus. Wolfowitz trug Socken spezieller Art: total abgewetzt und löchrig – an beiden Füssen! Der höchste Banker ohne Geld für Socken? Sortieren Sie fast durchsichtig gewordene oder defekte Socken emotionslos aus!

DIE WICHTIGSTEN ACCESSOIRES
- Gürtel
- Ring
- Armband
- Uhr

Wie bei der Hose erwähnt, sollten diese nie nature getragen werden. Der Gürtel gibt der Hose einen dezenten Abschluss nach oben und sollte möglichst auf die Schuhe abgestimmt sein.

Gerade im Business-Bereich sollte der Mann sich auf maximal einen Ring (exkl. Ehering) beschränken (ausser er arbeitet in der Kunst- oder einer sonstigen extravertierten Kreativwelt).

Armbänder gehören in den Freizeitbereich und nicht zum Business-Anzug! Ein schönes Extra ist sicher auch eine hochwertige Uhr am Armgelenk – für den Business-Look eher ein sportiver Chronograf als eine brillantbesetzte Rolex.

DAMENABTEILUNG
„Die meisten Frauen haben zu viel im Schrank und zu wenig anzuziehen."

Anonymus

Auch die Frau in der Arbeitswelt sieht sich betreffend Kleidung erheblichen Herausforderungen ausgesetzt. Sie befindet sich in einem dauernden Spagat: Entweder wird mit Drang zu einem „neutralen" Auftritt die Weiblichkeit unterbetont, um in der nach wie vor sehr männerdominierten Arbeitswelt ja nicht aufzufallen, oder das Auftreten gerät zu lasziv, was zu männlichen (und weiblichen) Missinterpretationen Hand bieten könnte ...

Allerdings und nochmals zum Mitschreiben: Je kompetenter Sie sind, umso mehr können Sie sich erlauben. Und rufen wir uns auch nochmals das 7. Gebot von Werner Baldessarini in Erinnerung: Sei sexy. Begehrlichkeiten wecken. Yes. Man gönnt sich sonst nichts. Fühlen Sie sich einfach gut und attraktiv. Bringen Sie Ihre Leistung, und dann sollen doch die anderen schwatzen. Who cares? „Neid muss man sich hart erarbeiten", hat Michael Schumacher herausgefunden. Good girls go to heaven, bad girls go everywhere ...

Generell kleiden sich Frauen im deutschsprachigen Raum wesentlich besser als Männer, weil es sie auch mehr interessiert. Deshalb seien hier nur die wichtigsten Leitplanken erwähnt. Gerne verweisen wir auch auf das Buch „Nicht nur Kleider machen Leute" von Dagmar P. Heinke, die ein Unternehmen zum Personality-Styling in Nürnberg leitet.

Die Eckpfeiler der weiblichen Garderobe:
- Kostüm
- Mantel
- Bluse

- Schuhe
- Strümpfe
- Unterwäsche
- Schmuck
- Accessoires

KOSTÜM

Analog dem Anzug beim Mann bildet das Kostüm die Basis des Auftritts respektive der weiblichem Garderobe.

Abhängig von Ihrer Grösse sollte die Länge der Jacke definiert sein. Grössere Frauen wählen zwischen kurzer oder (besser) eher längerer Jacke, kleinere entscheiden sich mit Vorteil für kürzere Jacken. Die Jacke wird stets geschlossen getragen, egal ob sie mit zwei, drei oder vier Knöpfen (mehr Knöpfe lassen die Figur schlanker erscheinen!) versehen ist. Der unterste Knopf bleibt offen. Keiner der Knöpfe sollte spannen oder gar aufspringen.

Der Rock sollte eine klassische Form haben und eine bis maximal eineinhalb Handbreiten über dem Knie enden. Ein zentraler (vorne oder hinten am Rock) oder seitlicher Schlitz ist auch im Business-Look erlaubt, allerdings sollte er nicht bis Mitte des Hüftgelenks reichen.

Die Hose sollte bei schlanken Hüften gerade geschnitten und eher eng anliegend sein. Bei breiteren Hüften oder mehr Umfang wählen Sie mit Vorteil eine Bundfaltenhose, die weiter geschnitten ist. Auf den Umschlag am Saum der Hose verzichten, vor allem, wenn Sie nicht besonders gross sind. Der Saum drückt auf die Proportionen und macht unnötig kleiner!

Rock oder Hose? Eine Frage, die nicht abschliessend beantwortet werden kann, denn everything goes. Seien Sie allerdings auch ehrlich mit sich selbst: Nicht alle Beine gehören zwingend in (kurze) Röcke ...

Farblich entscheiden Sie sich zwischen dunkelblau, grau, anthrazit, schwarz oder braun. Damit machen Sie nie etwas falsch.

MANTEL
Ziehen Sie über ein Kostüm keine sportiven Jacken an. Für die Übergangsmonate wählen Sie einen leichten Mantel aus Popeline oder einen leichten Trenchcoat. Diese Mäntel nehmen wenig Platz weg, sind sehr leicht und knittern kaum. Wählen Sie zwischen den gleichen Farbtönen wie beim Kostüm.

Im Winter wählen Sie zwischen dem klassischen Wintermantel und einer schicken Lederjacke.

BLUSE
Ähnlich wie das Hemd des Mannes ist die Bluse die Leinwand, die Projektionsfläche für die weibliche Inszenierung schlechthin. Achten Sie auf einen guten Schnitt, der Ausschnitt mag vielleicht das männliche Auge sich von den sonstigen Strapazen des Alltags ausruhen lassen, jedoch nicht zu lange und vor allem nicht zu tief ...

Tragen Sie Materialien, die nicht schimmern oder gar glitzern, dies ist dem Abendbereich oder der Freizeit vorbehalten.

SCHUHE
Faustregel: Schuhe sollten immer passend zur Tasche getragen werden. Leichter gesagt als getan. Bei der grossen Vorliebe des weiblichen Geschlechts für Schuhe auch noch immer die passende Tasche haben?

Deshalb: Tragen Sie im Business schwarze Schuhe. Die passen einmal zu allem, und eine zeitlose schwarze Tasche haben Sie sicher. Vermeiden Sie an der Tasche zu viel Glitter in Gold oder Silber. Wenn die Tasche noch klein ist, vermitteln

Sie dadurch eher den Paris-Hilton-Chihuahua-Eindruck als den der Kompetenz.

Stilletto-High-Heels sind keine Business-Schuhe (niemand bedauert das mehr als wir!). Mit ihnen wirken Ihre Beine zwar wahrscheinlich unwiderstehlich lang, aber auch zu sexy. Auch Riemchensandaletten tragen Sie bitte nicht zu formellen Anlässen. Die gehören in den Abend- oder Freizeitbereich oder ins Bett. Flip-Flops oder ähnliche Undinger wären bei uns der Grund für eine ernsthafte Unterredung. Klassiker sind Pumps, maximal sieben bis acht Zentimeter hoch. Zu unbequem? Wollen Sie wirklich freiwillig auf eines der weiblichsten Elemente verzichten: die Beinverlängerung und Knöchelstreckung durch einen moderaten Absatz? Zu einem Rock nie flache Schuhe anziehen. Sie wirken sonst wie gegen unten abgeschnitten. Zu Hosen sind Collegeschuhe oder elegante flache Schnürschuhe möglich. Vermeiden Sie aber auch zu Hosen Ballerinas oder andere Savannenhuscher und ähnliche Fusskaschierer.

STRÜMPFE

Im Geschäftsleben gehören zu einem Kleid, Rock oder Kostüm immer Strümpfe – eigentlich auch im Sommer. Rasieren Sie trotzdem Ihre Beine. Die Farbe der Strümpfe sollte hautfarben oder allenfalls schwarz und motivlos sein. Strass, Motive, Strumpfnaht oder gar Netz gehören woanders hin als in den Business-Bereich! Laufmaschen sind nicht das Schlimmste, aber machen die Trägerin extrem nervös. Tragen Sie am besten immer ein zweites Paar Strümpfe oder Strumpfhosen in Ihrer Handtasche. Blickdichte Wollstrümpfe in allen möglichen Farben lassen sich ideal zu hennarot-hellgrünen Frisuren mit lila Schal und Birkenstockschuhen kombinieren, gehören aber (wir applaudieren!) nicht in die Geschäftswelt.

SCHMUCK

Behängen Sie sich nicht wie einen Weihnachtsbaum. Beschränken Sie sich auf eine Qualitätsuhr, Ohrstecker (keine Kreolen!) und einen, höchstens zwei Ringe.

Broschen suggerieren eher einen Ruth-Metzler-Doris-Leuthard-Stil und wirken oft bieder.

ACCESSOIRES

Geizen Sie mit Accessoires! Tücher, Foulards und Ähnliches siedeln wir bei den Broschen an (siehe oben). Hat Ihre Kostümhose Gurtschlaufen, tragen Sie sie nicht „oben ohne", sondern ziehen Sie einen Gürtel durch, der zu Tasche und Schuhen passen sollte. Die Tasche zu Schuh (und Gurt) passend oder neutral schwarz.

Das Leben steckt voller Überraschungen –
warum nicht auch dein Kleiderschrank?

Nina Jooste, Stellenbosch

5.1 Interview mit Urs Odermatt

Urs Odermatt, machen Kleider wirklich Leute?
Die richtige (Be-)Kleidung unterstreicht die Persönlichkeit.

Ziehen sich Menschen zunehmend besser oder schlechter an? Klartext: Haben Kleider einen steigenden oder fallenden Stellenwert?
Für Frauen haben Kleider einen hohen Stellenwert. Sie sind generell sehr gut und trendorientiert angezogen. Bei jungen Männern ist es ähnlich. Im Business stehende Männer haben sich den Gegebenheiten der jeweiligen Branchen anzupassen. Grundsätzlich ist der arrivierte Mann, was Trend und Mode angeht, weniger interessiert.

Sie haben an einem Eventwochenende für Ihre Retailer vorbildlicherweise mehrfach das Thema Work-Life-Balance und Bewegung angesprochen. Was waren die Gründe dafür?
Das Thema Gesundheit ist ein sehr aktuelles Thema. Im Besonderen Gesundheitsprävention: vital älter werden.

Könnte ein Hintergedanke auch sein, dass fitte und schlanke Verkäufer für die Marke Hugo Boss authentischer wirken?
Der Boss-Typ ist sicher fit und erfolgsorientiert. Work-Life-Balance hat aber primär mit einem ausgewogenen Lebensstil zu tun, was für kleine und mittlere Unternehmen nicht immer einfach ist.

Ist Mitarbeitergesundheit Chefsache oder reine Eigenverantwortung des Arbeitnehmers?
Beides. Primär liegt die Gesundheit in der Eigenverantwortung. Der Chef kann am Arbeitsplatz entsprechende Rahmen-

bedingungen und gesundheitsfördernde Massnahmen implementieren.

Die WHO (Weltgesundheitsorganisation) deklariert Übergewicht als Epidemie des 21. Jahrhunderts. Ist dies auch eine Herausforderung für die Bekleidungsindustrie? Verändern sich Kleidergrössen nach oben?

Herausforderung in dem Sinne nicht. Es ist vielmehr eine Frage der Unternehmensstrategie. Als Beispiel: Passen grosse Grössen zu einem Unternehmenskonzept und Leitbild? Grundsätzlich können grosse Grössen ohne Probleme produziert werden, unabhängig einer gesellschaftlichen Entwicklung.

Herr Odermatt, Sie sind schlank, fit und sehen entsprechend vital aus: Wie häufig und warum treiben Sie Sport?

Für mich ist Sport eine wichtige Ergänzung zum Business-Alltag. Kommt hinzu, dass Sport für die Gesundheit und das Wohlergehen nur förderlich ist. Ich fahre zwei- bis dreimal pro Woche zwischen 40 und 100 km Rad und betreibe zweimal wöchentlich Krafttraining.

Warum machen Sie Krafttraining?

Ich betreibe seit über 20 Jahren Krafttraining und hatte noch nie ein Rückenproblem – das sagt alles.

90 Prozent der Menschen behaupten, kaum Zeit für Sport zu haben. Wie meistern Sie diesen Spagat zwischen verantwortungsvollster Führungsaufgabe und persönlicher Körperhygiene?

Ich nehme die Zeit für Sport als persönlichen Termin, wie ich Business-Termine setze. Am Wochenende wechseln private und sportliche Prioritäten ab.

Worauf schauen Sie als Outfit-Profi als erstes, wenn Sie erstmals einem Menschen begegnen? Unterscheiden Sie dabei zwischen Mann und Frau?
Generell beurteile ich den Menschen gleich, ob Mann oder Frau. Dann sehe ich den Menschen zuerst als Persönlichkeit, als Zweites die Art der Bekleidung und des Outfits sowie die farbliche Zusammenstellung und als Drittes die Schuhe.

Hugo Boss engagiert sich mittlerweile auch in Damenkollektionen: Legen Frauen mehr Wert auf ihre Erscheinung, oder haben sie gar mehr Eigenliebe?
Für Frauen ist die Mode ein Bestandteil ihres Lebensstils, wie Kosmetik und Accessoires.

Unterliegen Frauen in Führungspositionen einem strengeren Dresscode?
Nicht mehr oder weniger als Männer.

Ihre Lieblings-CD?
Selbst zusammengestellte CDs mit amerikanischen und französischen Hits aus den 50ern und 60ern.

Welches Buch liegt gerade auf Ihrem Nachttisch?
Im Moment keines.

Mit wem würde Sie bei freier Wahl gerne mal zu Abend essen?
Mit meiner Frau.

Urs Odermatt ist Mitgleid der Geschäftsleitung und Delegierter des Verwaltungsrats der HUGO BOSS (Schweiz) AG sowie Managing Director der HUGO BOSS Switzerland Retail AG. Er ist glücklich verheiratet, hat drei Töchter und mag Biken, Fitness, Musik (unter anderem Opern) sowie Essen und Weine.

6.0 Die Umgebung der Arbeit

> Die sitzende Gesellschaft
> oder die Metamorphose des Menschen
> zum sitzenden Krümmling

„First we shape our buildings, then they shape us."

Winston Churchill

Wir sitzen. Immer mehr. Immer länger. Eine banale Feststellung? Lapidar? Absolut. Aber von fast unglaublichen Konsequenzen begleitet.

SITZARBEIT
Die heutige Arbeit ist eine weitgehende Sitzarbeit. Arbeiteten 1850 noch 5 Prozent der werktätigen Bevölkerung an einem praktisch ausschliesslichen Sitzarbeitsplatz, meist in Verwaltungen und Behörden, sind es 2006 bereits 80 Prozent, Tendenz steigend! Und die Versuchung ist allgegenwärtig: In Europa gibt es auf 375 Millionen Menschen 18 Milliarden Stühle. Das sind ungefähr fünfzig Sitzgelegenheiten für jeden Menschen. Der durchschnittliche zu Fuss zurückgelegte Radius eines vorwiegend sitzend arbeitenden Mitteleuropäers beträgt 700 Meter. Geschaffen wären wir vom Stoffwechsel und vom Bewegungsapparat her für 15 bis 20 km, nötig sind 5 bis 6 km. Pro Tag. Zu Fuss. In beschleunigtem Tempo oder leichtem Trab.

SIEG!
Der Computer hat definitiv gewonnen. Als Arbeitsinstrument hat er sich durchgesetzt. Grenzenlos. Weltumspannend. Distanzen werden durch ihn eliminiert, überflüssige Arbeitsgänge

und Aufgaben aussortiert. Der Einsatz von Muskulatur und Kraft wird auf ein gefährliches Mass nach unten geschraubt. Es arbeiten fast nur noch die Nerven, oft im roten Bereich. Körperliche Tätigkeiten beschränken sich auf das zarte Berühren von Tasten und das Bewegen von Symbolen am virtuellen Desktop. Wir sind zu Mausflüsterern geworden: Eine Handbewegung, und vieles ist vollbracht. Bis zur Einführung des Computers hielt man das Büro im Verhältnis zum Handwerk oder gar zur industriellen Produktion für einen belastungsarmen Raum. Versicherungen und die Rehabilitation sprachen von „leichter Arbeit". Diese vermeintlich leichte Arbeit ist zu einer Belastungsmonotonie mit Überlastungsfolgen durch Zwangshaltungen geworden.

Büroarbeit gestern
- Tippen auf Schreibmaschine
- Abheften und Ablegen
- Ordner in Schränken versorgen
- Akten unter Abteilungen tauschen
- Aktenordner holen und suchen

Spektrum: Sitzen, Stehen, Gehen, Tragen

Büroarbeit heute
- Dateien am PC schreiben
- Daten am PC abspeichern
- Daten am PC in Ordner legen
- Datenaustausch im Netzwerk
- Dateien am PC öffnen

Spektrum: Sitzen

MUSKELN UND KNOCHEN SCHREIEN
Erkrankungen des Skeletts und der Muskulatur, früher ausschliesslich sogenannten körperlich belastenden Berufen zugeordnet, sind die medizinisch-gesellschaftliche Konsequenz der Bildschirmarbeit. Es entsteht eine neue Dimension des Verschleisses. Darin besteht das Sitzparadoxon: Es ist die Passivität, die den Organismus bis über seine Grenzen belastet, und nicht die Aktivität. Die menschliche Physis findet sich in einem Zustand der Überforderung durch perpetuiertes Dauersitzen in gleichbleibender statischer Haltearbeit. Gleichzeitig herrscht Unterforderung durch dynamische Inaktivität, was die unmittelbare Rückbildung der Muskulatur nach sich zieht.

HINTEN AM HORIZONT GEHT'S WEITER
Auch nach Feierabend ändert sich meist nichts. Ein Ausgleich am Horizont des Freizeithimmels ist meist nicht in Sicht, denn die sitzende Haltung dominiert auch fast alle anderen Bereiche unseres täglichen Lebens. Unsere Tagesabläufe organisieren und bewältigen fast alles im Sitzen. Essen, Transport, Kommunikation, Unterhaltung. Erholung findet weitestgehend vor dem Fernseher statt – sitzend. Die Ortsveränderung, früher zu Fuss bewältigt, wurde durch die Motorisierung ebenfalls entdynamisiert, abgelöst durch einen „bewegten Stuhl".

Das Automobil ist der Stuhl zwischen einem Stuhl, den ich verlasse, und einem zweiten Stuhl, für den ich den ersten verlassen habe. Körperliche Aktivitäten wurden unter dem Begriff Sport in besondere Reservate und Kolchosen verlegt, den Notwendigkeiten, Zwängen und Anforderungen des Arbeitslebens bestenfalls nachgeschaltet. Im knappen Zeithaushalt menschlichen Daseins müssen sie allerdings gewollt etabliert und immer wieder von neuem gesichert werden.

IM ZENTRUM STEHT DER STUHL

Der Stuhl wird zur zentralen physischen Schnittstelle zwischen Objekt (Computer) und Subjekt (Bediener des Computers). Er muss neu beurteilt und darf nicht an Stühlen des alten Büros gemessen werden. Er muss diverseste Sitzpositionen und damit immerhin eine minimale motorische Bandbreite nicht nur unterstützen, sondern auch zu deren Einnahme inspirieren. Das kann kein simpler konventioneller Bürostuhl. Kann das überhaupt irgendein Stuhl?

DIE NEUE FREIHEIT

Früher waren Rechner monumentale Anlagen. Weder Tastaturen noch Bildschirme liessen sich auf die Schnelle bewegen. Erst im Rückblick wird zur Gewissheit: Technologische Innovationsschübe verändern unsere medialen Umwelten sowohl im öffentlichen als auch privaten Alltagsleben grundlegend. Erst wenn man sich beispielsweise an die Zeiten ohne Mobiltelefone erinnert, wird erkennbar, welch qualitative Sprünge aus der quantitativen Verkleinerung elektronischer Geräte hervorgehen.

Dazu gehört auch die Bürolandschaft. Eine beinahe exponentielle Verkleinerung der Kommunikations- und Informationstechnologie hat neue (oder überhaupt erst!) Freiheitsgrade im Sitzen eröffnet. Man darf sich jetzt guten Gewissens beim Arbeiten zurücklehnen. Man spricht von „reclined work" oder „lounge position". Organizer, mobile Flatscreen-Monitore, Mobiltelefone und Laptops laden zu verschiedenen Sitzstellungen geradezu ein. Die medizinischen Vorteile dieser dauernden Positionsveränderung sind so gross, dass sie sogar kompensatorisch für die steigende Intensivierung der Computerarbeit und damit die längere Sitzdauer in Frage kommen. Dazu bedarf es allerdings der Schärfung des Bewusstseins sowie eines geeignet eingerichteten Arbeitsplatzes, insbesondere stuhltechnisch.

IST DER STUHL AM SITZEN SCHULD?
Nein. Sitzen bleibt eine Aufgabe für den Körper. Keine einfache, weil der Körper nicht dafür eingerichtet ist. Schon gar nicht für das lange und täglich repetitive Sitzen. Kann ein Stuhl Schuld tragen? Nein. Denn der Stuhl steht, nur der Sitzende sitzt. Sitzen definiert sich als Verhältnis der physischen und psychischen Anatomie des Menschen und der Fähigkeit des Stuhls, ihr zu entsprechen. Um dieses komplizierte, aber wichtige Verhältnis zu verstehen (der sitzend arbeitende Mensch verbringt ca. 75 000 Arbeitsstunden sitzend!), muss man beide Seiten betrachtet haben.

In der Tat nimmt die Anzahl von Beschwerden, die in erster Linie durch das Sitzen verursacht werden, in den medizinischen Statistiken inflationär zu. Jede Körperhaltung, die einseitig fixiert und permanent beibehalten wird, ist eine erzwungene und potenziell pathologische Belastung. Haltearbeit erzeugt an den statischen Brennpunkten des zur Bewegungslosigkeit verdammten Bewegungsapparates, sprich an den immer gleichen neuralgischen Stellen, Mikrotraumen und als physiologische Antwort des Körpers Mikroentzündungen und damit Schmerzen. Man bezeichnet dies als „repetitive strain injury". Im Einzelfall sind diese Belastungen Mikrobelastungen und damit harmlos. Allein die Perpetuierung und vieltausendfache zyklische Wiederholung gibt ihnen einen pathologischen Charakter. Natürliche körperliche Betätigungen lassen Be- und Entlastung aller beanspruchten Muskeln einander abwechseln. Bei der uniformen Bedienung des Computers ist dies diametral anders.

DIE UNSCHÄRFE DES SPRACHGEBRAUCHS
Wiederum treten hier zwei Paradoxa auf:
1. Dem unbegrenzten virtuellen Spielraum, der in der Anwendung des Computers und insbesondere des Internets steckt, steht der maximal begrenzte Bewegungsspielraum seines Benutzers gegenüber.
2. Es ist zudem eine Paradoxie des Sprachgebrauchs, dass ausgerechnet der monotone Zustand der Internetrecherche den Namen einer der schönsten und anspruchsvollsten Sportarten mit Naturgewalten für sich beansprucht hat: Surfen!

ETWAS DIAGNOSTIK
Eine der am wesentlichsten durch Dauersitzen betroffenen Strukturen des menschlichen Körpers ist die Wirbelsäule. Hier stellen wir einen Paradigmenwandel fest. Unmittelbar vor der flächendeckenden Einführung des PC Ende der Achtziger-, Anfang der Neunzigerjahre war die Lendenwirbelsäule (LWS, „das Kreuz") das Zentrum der grössten Bemühungen in unserem Rehabilitationszentrum. Die Halswirbelsäule (HWS) war wenig behandlungsvertreten, die Brustwirbelsäule (BWS) vernachlässigbar. Jetzt, nach zehn bis fünfzehn Jahren, sehen wir eindrückliche Veränderungen.

Behandlungen an der Wirbelsäule
bei ÄQUILIBRIS Rehab Basel:
1992: LWS 79 %
      BWS 3 %
      HWS 18 %
2006: LWS 64 %
      BWS 4 %
      HWS 32 %

Sie ersehen daraus unschwer eine erhebliche Zunahme der Problematik im Bereich der Halswirbelsäule.

Was sind die Gründe für diese Schmerzmigration? Um dies zu verstehen, müssen wir einen kleinen Ausflug in die Welt der Körperstatik machen.

HALTESTRUKTUREN DES KOPFES
Der Schwerpunkt des Kopfes sitzt nicht hinter der Körperachse. Auch nicht neben derselben. Er sitzt vor der Körperachse. Die Kräfte der Gravitation ziehen ihn förmlich nach unten. Vor Ihre Füsse. Zu beobachten in der Strassenbahn oder im Zug: Wenn jemand einnickt und damit der Tonus der Nackenmuskulatur erschlafft, fällt der Kopf nach vorne auf die Brust.

Die Aufgabe der Nackenmuskulatur ist es also, den Kopf den ganzen Tag gegen die Gravitationskräfte zu stabilisieren. Die Wirbel, die Knochen, tragen so gut wie nichts dazu bei. Je schlechter diese Muskulatur ausgebildet ist, umso mehr Mühe hat sie bei der Bewältigung dieser höchst anspruchsvollen Aufgabe. Die Folge: Verkrampfung pur.

COMPUTERARBEIT UND NACKENMUSKULATUR
Ist die Nackenmuskulatur gut ausgebildet und erfährt sie durch adäquates Büroequipment zusätzliche Unterstützung im Sinne des „reclined working" oder der „lounge position", werden Sie auch nach einem Zehnstundenbürocomputertag nicht sonderlich verspannt sein. Ist die Muskulatur verkümmert und muss der arme Kopf den ganzen Tag frei schweben, weil nur ein Tieflehner vorhanden ist, kommen die bestens bekannten unliebsamen Folgen: Zuerst „nur" Verspannungen, dann Verhärtung und Einsteifung der Kopfbeweglichkeit mit Einschränkungen insbesondere des Drehradius, später auch Schmerzen. Manch-

mal sehr unangenehme oder starke Schmerzen. Teilweise auch in die Arme und Hände ausstrahlend.

Akzentuiert wird das Ganze noch durch unsere Tendenz, mit dem Kopf immer wieder etwas Richtung Bildschirm vorzustossen, als ob wir in diesen eintauchen wollten. Schauen Sie mal jemandem von der Seite bei vertiefter und konzentrierter Computerarbeit zu: immer wieder der Kopfvorstoss bei relativ fixierten Schulter. Wir nennen dies, zugegebenermassen etwas unschön, aber umso einprägsamer, das Geierkopfsyndrom. Als Einzelhandlung erneut unbedeutend, im Kontext der Repetition am Computerarbeitsplatz jedoch folgenreich. „Repetitive strain injury".

Zudem: Bis in die Achtzigerjahre hackten wir noch auf Schreibmaschinen herum. Deshalb war die Sehnenscheidenentzündung des Handgelenks eine relativ häufige Diagnose in der ärztlichen Sprechstunde. Verspannungen im Nacken hatten Seltenheitswert. Die Blickrichtung auf das Papier war entspannter als dieses Bildschirmeintauchen. Dafür musste die Tastatur mechanisch härter bearbeitet werden (schliesslich stammten die ersten seriengefertigten Schreibmaschine auch aus einer Waffenfabrik: Remington!), Mehrarbeit für die Handgelenke.

TATORT NACKEN
Was aber genau spielt sich am Nacken und in seiner näheren Umgebung ab? Dazu müssen wir in die Tiefe des Nackens eintauchen und gewissermassen ein Fenster öffnen. Es wird also kurz blutig. Nach der Entfernung der Haut stossen wir auf eine oberflächlich gelegene Muskelschicht, die bereits zur Stützfunktion des Nackens und des Kopfes beiträgt. Präparieren wir auch diese weg, finden wir diagonal und transversal verlaufende feinere Muskeln und Müskelchen an der Wirbelsäule.

Sie sind für den ultimativen Halt derselben verantwortlich. Es ist nun aber nicht so, dass sich lediglich ein paar verlorene Muskeln um die Wirbel schlängeln würden. Diese Muskeln sind eingebettet in nachbarschaftliche Strukturen: Bindegewebe, Nerven, Blutgefässe. Leider wird dieses an sich friedliche nachbarschaftliche Verhältnis durch eine überforderte, dadurch verspannte und verhärtete Muskulatur erheblich gestört. Eine verhärtete Muskulatur übt einen erhöhten Druck auf diese Strukturen aus. Das Bindegewebe steckt es noch einigermassen weg, die Nerven und Blutgefässe reagieren auf den erhöhten Druck mit Entzündungen und Schmerz. Da Nerven in Nervenbahnen funktionieren, können sie den Schmerz nicht nur lokal zum Ausdruck bringen, sondern ihn auch weiterleiten:
- zu den Schultern
- zwischen die Schulterblätter
- in die Arme
- bis zu den Händen
- zum Kopf

Nicht jeder in die Arme ausstrahlende Schmerz muss also gleich ein hoher Bandscheibenvorfall sein. Weit häufiger ist es eine erhebliche Verspannungsfolge.

Besonders unangenehm sind die in den Kopfbereich aufsteigenden Beschwerden. Die Patienten machen dabei immer die gleiche vom Nacken über den Kopf streichende Handbewegung. Man spricht deshalb auch vom haubenförmigen Kopfschmerz.

DER TAG NIMMT KEIN ENDE
Arbeiten unter solchen Beschwerden ist sehr lästig. 15 Uhr, und der Tag nimmt kein Ende. Man beginnt, meist auf einem

mediokren Stuhl, herumzurutschen, findet keine angenehme Position mehr. Auch das Kopfbewegen zur Lockerung fällt zunehmend schwer, da ja schmerzhaft. Das Leiden verdrängt zunehmend das, wofür man eigentlich bezahlt ist: die Arbeit. Dies ist aber noch nicht alles:

Entsteht ein erhöhter Druck auf die Blutgefässe, vermindert sich der Blutdurchfluss. Blutgefässe funktionieren wie ein Gartenschlauch: Stehen Sie drauf, kommt an dessen Ende bestenfalls noch ein kleines Rinnsal heraus. Bei den in der Nackenregion gelegenen Blutgefässen ist dies besonders tragisch, denn sie versorgen unter anderem auch Regionen unseres Gehirns. Im Blut wird Sauerstoff transportiert. Weniger Blutfluss ins Gehirn bedeutet weniger Sauerstoff, mit welchem Sie Ihren Garten des Durchhaltens, der Konzentration und der

Kreativität

giessen! Oder eben auch nicht. Klartext: Weniger Blutfluss ins Gehirn bedeutet unweigerlich:
- vorzeitige Ermüdung
- Konzentrationsmangel
- höhere Fehlerquote
- Kreativitätseinbussen
- und: sinkende Produktivität

Da leidet dann nicht nur der Nacken, sondern es leiden Vorgesetzte, Budgets, Aktienkurse, Shareholders und: Sie!

DIE GESCHICHTE DER SITZDISZIPLIN
Mit der Umwandlung des Bürostuhls in ein Massenprodukt setzte man sich bereits im 19. Jahrhundert mit der Disziplin des Sitzens auseinander. Die Physiologie des Sitzens unterwarf sich

dabei vollständig einem Dogma des geraden und aufrechten Sitzens, geleitet von der Vorstellung, dass dies zur grössten Disziplinierung und Leistungsfähigkeit führe. Der Aspekt der Haltung taucht deshalb bis zum heutigen Tag immer in doppeltem Licht auf: einerseits als physiologischer, andererseits aber auch und nicht minder als moralischer Begriff.

Nachdem sich das preussische gerade und stille Sitzen am unfreiwilligen Versuchsobjekt Schüler abgearbeitet hatte, fand es beinahe kritiklosen Eingang in den „Rückenschulen".

Der Befehl „Sitz gerade!" war ein Ausdruck einer gesellschaftlichen Metapher und nicht eines Erkennens natürlicher Notwendigkeiten und Bedürfnisse. Jedes Zurücklehnen, Lümmeln und Zappeln war ein Zeichen moralischer Schwäche, eines Sich-nicht-im-Griff-Habens, einer konzentratorischen Unpässlichkeit. Populärer Moralismus wider menschliche Vernunft.

Als Vater der Ideologie des Aufrechtsitzens darf Daniel Gottlob Moritz Schreber, Orthopäde und Reformpädagoge, bezeichnet werden. Berühmtheit erlangte er nicht nur als Namensgeber der bestens bekannten Freizeit- oder eben Schrebergärten, sondern auch als satanischer Zuchtmeister für die Leidensgeschichte seiner Kinder. Die Biografie seines Sohnes Daniel Paul gilt als einer der meistzitierten Fälle in der psychiatrischen Literatur. Schreber hatte seine Kinder als Versuchsobjekte für die Erprobung einer Zucht zur geraden Haltung ausgewählt, die den kindlichen Willen mit mechanisch-physischer Kraft brechen sollte. Im Wahn solcher Ideen, erfüllt von ethischem Drill, empfahl und erfand er für die „Kindererziehung" Vollstreckungsapparate als sogenannte Geradehalter. Sie bestanden aus Korrekturschienen und Korsetten, die am Tisch festzumachen waren und das sitzende Kind in die grausame Gerade-Sitzen-Konformität zwangen. Kritiker von Schreber erfanden dafür den Begriff der schwarzen Pädagogik. Seine Mittel galten als Durchsetzungsinstrument einer disziplinarisch pervertierten Moralgesellschaft. Pathologisch genug, dass Schreber immer wieder anerkennend zitiert wird und seine abstrusen Sitzvorschriften Gültigkeit besitzen. Noch heute.

LÖSUNGSANSÄTZE
Der Mensch als dynamisches Konzept muss sich bewegen. Aus diesem Grund ist unschwer ersichtlich, dass solch statisch-fetischistische Abstrusitäten an der Natur des Menschen vorbeizielen. Es gibt auch keinen Stuhl, der alle Ansprüche erfüllen kann. Ebenso wenig sind durch einen noch so fantastischen Stuhl alle Facetten eines gut eingerichteten Arbeitsplatzes abgedeckt. Nebst Licht und Klima (auch Betriebsklima!) sind drei Elemente für einen Arbeitsplatz mit Wohlgefühl-Anspruch massgebend:
- Stuhl
- Tisch
- persönliche Fitness

DER BÜROSTUHL: REALITÄT UND SCHWINDEL
Jahrzehntelang hat die Büromöbelindustrie mit dem Begriff Ergonomie eine Werbebehauptung portiert, deren Versprechen bisher in keiner Art und Weise eingelöst wurde.

Die Vermutung, dass zu viel Sitzen ungesund ist (stoffwechseltechnisch müssten Stühle sogar mit einem Zettel versehen werden: „Zu viel Sitzen kann zum Tode führen!"), und der Versuch der Problemlösung haben zu einer merkwürdigen Verkehrung geführt. Versprechen von Bürostuhlherstellern wie „Trainieren Sie Ihren Rücken im Sitzen", als Ergonomiewunder „Sitz dich fit und stark!" zusammengefasst, haben etwa so viel Qualität wie die Empfehlung, doch vorwiegend in der Wüste zu schwimmen. Eine Steigerung ist dann noch der Begriff „rückenschonend". Training und gleichzeitig Schonung? Denn sie wissen nicht, was sie erzählen ...

Der grösste Schwindel findet sich in der Werbe-Ergonomie im Begriff des dynamischen Sitzens. Ursprünglich sicherlich gut gemeint im Sinne einer gesunden Verhaltensweise berücksichtigt er etwas Entscheidendes nicht:

Büroarbeit ist einem konkreten Arbeitsinhalt gewidmet und muss daher produktiv sein. Diese Produktivität steht oft unter einem imperativen Vorbehalt enger Zeitplanungen. Der Arbeitstakt wird von der Auftragslage, dem Computer sowie den eintreffenden Kommunikationsansprüchen diktiert. Die Erfüllung dieser Ansprüche ist verantwortlich für den positiven inneren Gang der Dinge einer Firma. Die ganze Konzentration gehört in solchen Standardsituationen der Arbeit und nicht den dazugehörigen subjektiven Bedingungen. Es ist im Angesicht des vom Monitor eingenommenen und gebannten Blickes eine völlig irreale Hoffnung, es könne unter diesen Konditionen dem Imperativ Genüge getan werden, die Arbeitsposition alle zehn Minuten gesundheitsförderlich zu wechseln.

DER STUHL: AUFGABE UND VORAUSSETZUNGEN
Der Stuhl ist kein Trainingsgerät. Er ist ein Arbeitsgerät. Seine Aufgaben sind:
- das Sitzen erleichtern
- die Arbeit erleichtern
- Wohlbefinden fördern
- gut aussehen
- lange halten

Betrachtet man private, nicht öffentliche Formen des Sitzens, fällt vor allem eines auf: multiple, vielfältige Sitzpositionen,

Ab- und Aufstützen, in den Stuhl reinlümmeln, Sich-gehen-Lassen. Teilweise sind sogar Ansätze von akutem Stuhlmissbrauch wie Quer- oder gar Umgekehrt-Sitzen zu sehen. Die besten Beobachtungsquellen dafür stellen die Kinder dar. Sie schaukeln, kippen, verdrehen sich, klettern gar auf dem Stuhl herum. Psychologen sagen, Kinder ordnen die Welt vom eigenen Körper her. Sie folgen unverdorbenen natürlichen Instinkten und wechseln dank ihres unermüdlichen Bewegungsdrangs dauernd die Körperhaltungen.

Fazit: Der Stuhl muss eine dynamische Stabilität garantieren. Stabilität. Insbesondere unsere vom Computer geschundene, bereits eingehend erwähnte Halswirbelsäule schreit förmlich nach Stabilität.

EINE BAHNBRECHENDE ERFINDUNG

Im November 2005 suchte Dagmar Wien, die Product Managerin Seating von vitra meine Praxis auf. Im Gepäck hatte sie einen ganz adrett aussehenden Stuhl von Designer Mario Bellini in Schwarz. Auffallend war, dass es ein Hochlehner war mit durchgezogener Rückenpartie und integrierter Nackenstütze. (Die meisten solcher Stühle haben bestenfalls noch ein abgesetztes Gebilde, einem Furunkel ähnlich aufgestülpt, am oberen Ende der Rückenlehne.) Da ich bereits ein Jahr vorher aufgrund meiner Bandscheibendruckmessung mit Kollege Neef am Buch „Growing a chair" mitarbeiten durfte, bat sie mich, den Stuhl in meiner täglichen Arbeit doch zu testen und einen Testbericht zu schreiben. Da der Arzt bekanntlich sonst schon an einer Papier- und Berichtflut zu ersticken droht, war es genau das, was mir noch fehlte ... Aber manchmal braucht es gute Miene zu vermeintlich bösem Spiel, um Wichtiges im Leben nicht zu verpassen! Bereits die ersten Arbeitsstunden liessen in mir Begeisterung aufkommen. In dem Stuhl waren sogar die mitteilungsbedürftigsten Patienten erträglich. Ich konnte mich entspannt zurücklehnen und ohne Stress teilweise nicht versiegendem Redefluss folgen. Beim Schreiben von Hand oder am Laptop folgte mir die Lehne ohne Aufforderung, Telefonieren war wiederum in der „lounge position" möglich. Und in meiner Privacy kann ich den Laptop auf die Knie nehmen und in eine saloppe Surfposition gehen. Entscheidend:

> Der Nacken ist immer abgestützt!

Und dies ohne dauerndes Herumschrauben und Adjustieren! Der Stoff ist sehr atmungsaktiv. Name des Stuhls: HeadLine. Stabilität total. Vom Steiss bis zum Nacken. Vom Allerwertesten bis zum Kopf. Prädikat: hervorragend.

Und das Ende der Geschichte mit dem vitra-Testing? Es gibt kein Ende, denn es war der Beginn einer wunderbaren und befruchtenden Zusammenarbeit mit Vorträgen von uns zur beschriebenen Problematik des Vielsitzens in Deutschland, Holland, Belgien, England und der Schweiz. Selbstverständlich haben alle unsere Mitarbeiter mit vorwiegend sitzender Arbeitsposition mittlerweile einen HeadLine.

Interessant auch, dass Viktor Röthlin, WM-Dritter 2007, Vizeeuropameister 2006 in Göteborg, Sieger Marathon Zürich 2004 und 2007 sowie Schweizer Rekordhalter über diese Distanz, in seinem Büro für seine Referats- und Korrespondenzarbeit auch einen HeadLine benutzt. Ohne Sponsoring von vitra.

DER NACKEN KENNT KEINE HIERARCHIEN
Leider sehen noch zu viele fortschrittsresistente Personalverantwortlichen und Chefs im HeadLine als Hochlehner einen

Stuhl, der ausschliesslich für die Managementebene reserviert ist. Gerade aber für Menschen, die nicht wie Manager den Arbeitsplatz und damit gleichbleibende statische Positionen dauernd durch ein „management by walking and travelling around" wechseln können, wäre es wichtig, eine gute Stabilitätsunterstützung der Halswirbelsäule zu haben!

DER SCHREIBTISCH
Optimieren kann man seine sitzende Arbeitsplatzsituation durch einen höhenverstellbaren Schreibtisch. Diese kosten kein Vermögen mehr und schaffen in 13 Sekunden eine Höhenverstellung von 70 auf 120 cm. Auf Tastendruck. Dadurch haben Sie eine komplett neue Arbeitssituation, ohne etwas wegräumen oder transportieren zu müssen. Arbeiten Sie nun aber nicht den ganzen Tag stehend, sondern nutzen Sie die neu gewonnene Freiheit der flexiblen Arbeitsplatzsituationen!

PROFESSIONELLE BERATUNG
Wir haben den ergonomischen Ernst der Lage erkannt. Viele Menschen haben keine Ahnung von entspanntem Verhalten am Arbeitsplatz. Zugezogene Physiotherapeuten verharren meist in einem Denkbrei zwischen Rückenschule und Daniel Gottlob Moritz Schreber. Seit dem 1. September 2006 verfügen wir in Basel über eine hoch spezialisierte Arbeitsplatzberatung in unserem ChairLab.

PERSÖNLICHE FITNESS
Die beste Infrastruktur nützt nur beschränkt, wenn Sie unfit sind.
   Trainieren Sie deshalb wie im Kapitel „Das persönliche Kapital" beschrieben ihre

- Muskulatur
- Ihr Herz-Kreis-Laufsystem

Das Erste wird Ihre Wirbelsäule und insbesondere Ihre Nackenmuskulatur entlasten.

Das Zweite wird Ihnen mehr Ausdauer und bessere Sauerstoffversorgung Ihres Gehirns ermöglichen. Das Training ist Ihre eigenverantwortliche Aufgabe, denn Ihr Arbeitgeber kann nicht für Sie trainieren.

Übrigens: Auch Chefs freuen sich über Geschenke. Sie helfen gegen die temporäre Einsamkeit dort oben an der Spitze, wo die Luft manchmal dünn und der Wind eisig kalt ist. Vielleicht möchten Sie ihm ja dieses Buch schenken ...

Stellen Sie sich das für einen Augenblick vor: keine Verspannungen mehr durch optimale Auswahl von Stuhl und Schreibtisch, mehr Stabilität durch Krafttraining und eine maximierte Sauerstoffversorgung in der Denkzentrale durch ein moderates und lustbetontes Ausdauertraining: Auf Ihrem Weg zu maximaler Konzentration, Produktivität und zum Ideengenerator, dem sogenannten Inspironator, sind Sie nicht mehr aufzuhalten!

BÜROEINRICHTUNG AUS ZWEITER HAND?

Bei der Einrichtung sollte man sich (und seine Mitarbeiter!) etwas verwöhnen. My home is my castle. Auch im Büro. Es gibt ganz sicher einen Ort, wo wir nicht sparen: bei der Einrichtung des Arbeitsplatzes. Auch bei dem unserer Mitarbeiter. Dies bezieht sich auch auf die Pausen- und Rückzugsmöglichkeiten.

Wir sind überzeugt, dass die Art der räumlichen Gestaltung die DenkArt (ganz bewusst so geschrieben!) und den Umgang untereinander ganz massgeblich beeinflusst. First we shape our buildings. Then they shape us. Wie wahr. Der japanische Archi-

tekt Tadao Ando sagte 2007 bei einem Vortrag in Basel, dass Architektur glücklich machen soll. Wir sind auch davon überzeugt. Innenarchitektur erst recht. Jegliche Form von Architektur hat auch mit Emotionen zu tun. In einer schönen Umgebung fühlt man sich wesentlich wohler und inspirierter als in einer hässlichen. Allerdings ist die Gestaltung der Räume Chefsache und geschieht nicht demokratisch. Wenn jeder dreinredet, entsteht eine Einrichtungskatastrophe. Der Chef sollte allerdings kompetenteste Beratung nicht scheuen. Sind seine Räume peinlich, nützt ihm der beste Anzug von Boss oder Brioni nicht mehr viel ...
Wir fordern:

> Inspironomie statt Ergonomie!

Mehr denn je. China und Indien ante portas ...

EINZEL- ODER GROSSRAUMBÜRO?
Mit den Umwälzungen in der Gestaltung von Arbeit, mit neuen Arbeitszeitmodellen wie Ganzjahresarbeitszeit, Gleitarbeitszeit, Jobsharing und Teilzeitarbeit generell, mit den neuen und sich ständig erneuernden Kommunikationsmöglichkeiten hat das klassische Büro seine Eindeutigkeit verloren. Diese Unmissverständlichkeit war an hierarchische Systeme sowie an Isolation in den Arbeitsprozessen gebunden. War bis in die Achtzigerjahre die kleinste strategische Einheit die isolierte Arbeitskraft, so ist dies heute ein in einem Netzwerk eingebettetes Individuum.

Gerade in der Entwicklung immer raffinierterer Kommunikationssystem besteht andererseits die Gefahr der Selbstisolation des Individuums. Man kann alles telefonisch oder per Mail erledigen. Immer häufiger werden Mails sogar dem Büronachbar geschickt. In unseren Seminaren und Referaten beklagen sich alle darüber – und alle tun's!

Wie recht hatte Bill Gates bereits 1996 am World Economic Forum in Davos, als er prophezeite, dass das Internet in Kürze weltweit verfügbar sei, Kommunikationsgeschwindigkeiten sich rasant beschleunigen, die Übermittlungskosten sich dafür drastisch verringern würden und: „Der physische Kontakt unter Menschen kann dadurch weitgehend wegfallen." Siehe www. Dieses wird zu 45 Prozent für Cybersex und Pornografie genutzt, nicht selten am Arbeitsplatz.

Je technisierter unsere Gesellschaft und damit auch wir werden, umso mehr brauchen wir zwischenmenschliche Kontakte, oder wie Peter Drucker, der exzentrische, aber ausgesprochen erfolgreiche Managementguru über die Erfolgsfaktoren eines Unternehmens befragt, sagt:

> „Es sind die Menschen,
> die Menschen, die Menschen!"

High tech needs high touch. Damit Begegnungen auch stattfinden (können), brauchen wir entsprechende Flächen: „communal workzones". Dort wird nicht nur bezahlte Arbeitszeit zu Boden geschwatzt, dort entstehen Ideen. Wenn alle in ihrem Einzelbüro sitzen (Hanns-Peter Cohn, der CEO von vitra, spricht von Einzelhaft, siehe Interview), brauchten sie gar nicht zur Arbeit zu erscheinen, sondern könnten als „permanent non-territorials" von zu Hause aus arbeiten.

Wir arbeiten oft in grossen Räumen. Gleichzeitig finden darin Pausen statt, andere Meetings, Begegnungen eben. Brauchen wir eine Rückzugsmöglichkeit, schaffen wir sie uns. Wie um dieses Buch zu schreiben. In Südafrika beispielsweise. Auch im südafrikanischen Winter. Dann halt abends schreiben im

Faserpelz und mit Elektroofen. Dafür in einem Klima der Begegnung verschiedenster Menschen diversester Abstammungen, Hautfarben und von unterschiedlichem Wohlstand.

Natürlich können Sie auch ohne Südafrika Rückzugsmöglichkeiten direkt in Ihrem Betrieb schaffen. Es gibt heute wunderbarste (innen)architektonische Möglichkeiten. Vitra spricht von „net 'n' nest": begegnen, networken, austauschen – aber sich auch in ein Nest, eine temporäre Denkzelle, zurückziehen können. Ein wunderbarer Begriff. Kann es sein, dass er in inspirierenden Räumen entstanden ist? Denkprozesse brauchen vor deren Kommunikation auch eine Portion Ruhe.

Viele Führungskräfte glauben, nur abgeschottet funktionieren zu können, sperren sich für Geringstes in ihre Einzelzellen ein. Immer aus Gründen der Diskretion. Um sich weitere, nicht vorhandene Argumente sparen zu können. Sprechen aber als Speaker öffentlich über eine ausgesprochene „high trust culture" in ihren Betrieben. Bei so viel Intransparenz entsteht dann der Wettlauf der spekulativen Schlitzohren.

Alle herkömmlichen Büroeinrichtungen, die auf Permanenz, Trennung, Fixierung, Misstrauen beruhen, werden an der Geschwindigkeit der dauernden Adaptation und an der menschlichen Erfrierung innerhalb des Mail-Packeises scheitern.

DIE WOHLFÜHLFAKTOREN

Zum Abschluss nochmals zum Anleuchten, Mitschreiben, Ausschneiden, vor allem aber zum Umsetzen:
- der gute Bürostuhl
- der gute, am besten höhenverstellbare Schreibtisch
- die persönliche Fitness
- eine inspirierende Umgebung
- coole Begegnungszonen, die man auch nutzt

Damit es nicht Montag, 9 Uhr ist. Und die Woche kein Ende nimmt.

6.1 Interview mit H.-P. Cohn

Herr Cohn, wir haben fast nur noch Sitzarbeitsplätze. Ihre Geschäfte müssen sensationell laufen ...
 Die Geschäfte gehen in der Tat gut. Allerdings: Früher oder später werden aus heutiger Sicht in Europa (und den USA) lediglich qualifizierte Büroarbeitsplätze übrig bleiben. Alles andere wird ausgelagert werden, z.B. von dn USA nach Indien und von Westeuropa nach Osteuropa, was ja schon in vollem Gange ist. Einerseits eine grosse Herausforderung für uns, andererseits auch eine Chance: Wir müssen am Ball bleiben.

Welchen Stellenwert hat das Arbeitsumfeld (Mobiliar, Licht, Ambiente) in Bezug auf Kreativität und Produktivität der Mitarbeiter?
 Die Organisationsabläufe und das Arbeitsumfeld sind für die Produktivität und Kreativität gleichbedeutend. Rationales und emotionales Wohlbefinden sind gleichermassen matchentscheidend für die Performance von Büroarbeitern.

Vitra zelebriert das „net 'n' nest office", welches sich für den Laien als, wenn auch gestyltes, Grossraumbüro präsentiert, in dem der Chef in der Mitte sitzt. Warum die plötzliche Abkehr vom Einzelbüro?
 Ich würde gerne den Begriff der Einzelzelle in Einzelhaft umfunktionieren. Einzelhaft ist ja eine erschwerte Form der Bestrafung. Eine offene Bürolandschaft, die Informationsbeschaffung und -verarbeitung sowie die Kommunikation unterstützt, rechtfertigt überhaupt erst ein Büro. Sonst könnten ja die Leute gleich von zu Hause aus arbeiten.

Krankheit, Erschöpfung, Burnout: Auch bei einer Kreativfirma wie der Ihren ein Thema?

Gute Stimmung, sprich Arbeitshygiene, ist leistungsfördernd. Erbrachte und geschätzte Leistung macht Menschen eher stolz, als dass es sie krank macht und auspowert. Burnout ist eine Art Misserfolg basierend auf fehlender Sinnfindung, Wertschätzung, ja manchmal sogar auf Unterforderung, einzeln oder im Team.

Ist Mitarbeitergesundheit Chefsache oder persönliche Eigenverantwortung des Arbeitnehmers?
Beides! Der Chef, der die Mitarbeitergesundheit ignoriert, ist genauso hilflos wie ein Chef, der sie zu vermitteln versucht, dessen Arbeitnehmer das Angebot aber nicht annehmen.

Sind bewegte Menschen kreativer?
Als Läufer habe ich beim Laufen die besten und kreativsten Ideen ...

Laufen belüftet bekanntlich das Gehirn: Wie oft gönnen Sie sich eine Sauerstoffdusche?
In der Regel viermal die Woche. Zusätzlich mache ich Krafttraining und Stretching nach dem Laufen.

Wenn Sie erstmals einen Raum betreten: Was beachten Sie?
Über die Jahre wird der Blick geschult: Ich bekomme relativ schnell einen Eindruck von der Haltung und von der Einstellung der Menschen in einem Raum. Ich lote Stimmung aus und versuche, einen Zusammenhang zwischen Ambiente und Gesichtsausdruck der Menschen im Raum herzustellen. Nicht selten kann man die Performance einer Firma am Zustand der Büros ablesen.

Herr Cohn, stellen Sie sich Ihr Haus auf einer einsamen Insel vor: Welche drei Möbelstücke würden Sie unbedingt mitnehmen?
Einen Lounge-Chair von Charles Eames, einen Esstisch sowie die Eames-Plywood-Chairs.

Welches ist Ihre Lieblings-CD?
The Best of Louis Armstrong.

Welches Buch liegt gerade auf Ihrem Nachttisch?
„Mavericks at work" von William Taylor und Polly LaBarre.

Mit wem würden Sie bei freier Wahl mal gerne zu Abend essen?
Mit Angeline Jolie. Sie zähmt gerade Brad Pitt und steht damit für eine ganze Generation attraktiver Frauen, die Männer so behandeln, dass sie (die Frauen!) bewundert werden, ohne dass die Männer merken, dass sie allmählich ins zweite Glied rutschen ...

Hanns-Peter Cohn ist seit Anfang 2005 CEO bei vitra – wo er auch schon von 1984 bis 1999 als Geschäftsführer tätig war. In seiner Karriere hat er unter anderem leitende Positionen bei Rank Xerox, beim amerikanischen Computerhersteller Wang und bei Kamerahersteller Leica bekleidet.

7.0 Unternehmer oder Unterlasser?

Wichtig: In der Arbeitswelt von morgen sind es nicht mehr Zeugnisse oder Diplome, die mich für einen Arbeitsplatz qualifizieren. Wichtig ist, inwieweit ich selbstverantwortlich und kompetent eine Aufgabe für meinen Auftraggeber löse.

Aus der Studie: „Creative Work: Business der Zukunft"

MONTAG, 9.00 UHR UND DIE WOCHE NIMMT KEIN ENDE
Was tun? SMS an die Freundin schreiben? Surfen im Internet? Zeitung lesen? Einen Kaffee am Automaten rauslassen? Ein bisschen rumlaufen (natürlich mit einem Stapel Papier unter dem Arm)? Ein bisschen Mobbing? Irgendwo einen Stecker rausziehen (frei nach dem Motto „Creating the crisis")? Noch einen Energy-Drink konsumieren? Ein bisschen gestresst wirken? Nach neuen Mails sehen? Was, in den letzten zehn Minuten keine Mail reingekommen? Soll ich den IT-Verantwortlichen anrufen, um zu fragen, ob wir ein Server-Problem haben? Nein, ich schreibe mir lieber selber eine Mail, um zu testen, ob alles o.k. ist. Alles o.k. Soll ich wirklich mit der gestern erstellten Aufgabenliste anfangen? Nein, dazu habe ich später sicher noch Zeit.

„Managing by walking around", haben wir beim letzten Leadership-Meeting gelernt, sei wichtig. Na dann laufen wir mal los. Geschäftig sind meine Kollegen in den anderen Büros. Warum lachen die dort in der hinteren Ecke? Ha, die können schon lachen, haben wahrscheinlich nichts zu tun. Ah, im Sitzungsraum sind die Consultants. Die sind aber auch schon lange im Unternehmen tätig. Hoffentlich wissen die bald, was unser Unternehmen gegen den Grossaufmarsch der Chinesen tun soll. Die letzten Berater waren auf alle Fälle nichts wert. Die haben uns nicht motivieren können. Wobei, die CD mit den PowerPoint-Präsentationen war cool, und das 24-Punkte-Programm „Fly to the Moon" hätte uns durchaus helfen können. Nur hätten die ja auch wissen sollen, dass wir keine zwölf Monate für die Umsetzung zur Verfügung haben. Man sagt uns immer, dass wir unternehmerisch und vernetzt denken sollen. Warum dann nicht die Berater? Die haben doch alle Unternehmenszahlen erhalten. Wir kennen nur unsere Kosten für die Abteilung. Wobei, die haben wir im Griff. Bonus auf sicher. Aber scheinbar reicht dies auch nicht. Der Chef hat gemeckert, dass wir sein Umsatzbudget nicht einhalten und deshalb die Kosten um zehn Prozent zu reduzieren haben. Ich habe es ja immer gesagt, dass wir zu teuer sind und die Chinesen mit ihren tiefen Löhnen uns den Markt wegrabattieren. Ich hätte ein viel tieferes Budget gemacht, dies ist für unsere Motivation höchst wichtig, denn dann sieht jeder des Teams, dass wir das Budget einhalten können und wir die Gratifikation erhalten. Aber so, Frust pur. Ich werde dies beim Lohngespräch ansprechen müssen. Die Kollegen haben es am Wochenende beim Bierchentrinken gesagt. Ich könnte bei einer anderen Firma viel mehr verdienen ... Oh, die Arbeit. Oh, der Lohn. Oh, unsere Preise. Oh, unsere Produkte. Oh, die anderen. Oh, die bösen Manager. Oh, das Wetter. Oh, mein Kopf.

So sprechen die 70 Prozent der Arbeitnehmer, die laut der bereits zitierten Gallup-Studie nur eine geringe emotionale Bindung zum Arbeitgeber verspüren und Dienst nach Vorschrift machen. Tödlich. Geistiger Sturzflug. Hormonfalle.

So sind wir natürlich weit weg von „Arbeit ist geil!". So arbeiten wir nicht, und so haben wir uns dies auch nicht ausgedacht. Und vor allem: So denkt und lebt der Mensch im Business der Zukunft nicht. Durchstöbern Sie die Literatur der

Trendforscher – die mit dem Weitblick – John Naisbitt, Faith Popcorn, Matthias Horx. Was sagen die, wie wir in Zukunft leben und arbeiten werden und, vor allem, welche Kompetenzen von uns gefordert werden? Wir haben Ihnen einige davon vorgestellt, und dieses Kapitel handelt von einer absoluten Schlüsselkomponente:

> Unternehmertum.

Das Kapitel könnte auch einen anderen Titel tragen: Marke „Ich" – nicht als Selbstbezogenheit, sondern als Überlebensfaktor! Verfolgen Sie die Wirtschaft: Was passiert mit den Grossunternehmen, wie verhalten sich Start-up-Unternehmen, wo werden Jobs kreiert und wo abgebaut? Und vor allem: Was bedeutet dies für uns als Menschen in der Arbeitswelt heute und in der von morgen? Gibt es Jobs im Überfluss, oder sind sie Mangelware? Gibt es zwar genügend Arbeit, aber wenig Interessantes? Wer kämpft um die spannenden Projekte?

„After all, business is a game, and as with all games, the team that puts the best people on the field and gets them playing together wins. It's that simple."
Jack Welch, früherer CEO von General Electrics

Die Lage ist kritisch – aber nicht hoffnungslos – Inspironomie® sei Dank!

Wir gehen davon aus, dass Sie spätestens durch dieses Buch den Menschen und die Weise, wie er funktioniert, verstanden haben. Stellen Sie diesen Menschen ins Zentrum, und kombinieren Sie ihn mit Ihrem Verständnis des Wandels in der Arbeitswelt. Was kommt heraus?

Wir müssen uns selbst konkurrenzfähig machen und eine Schlüsselkomponente, die Kreativität, ermöglichen. Sie können dies mit Ihrem eigenen Unternehmen tun oder aber in sonst einem bestehenden Unternehmen. Achten Sie aber bei der Wahl des Unternehmens insbesondere darauf, welcher Stellenwert dem Menschen beigemessen wird und ob das Unternehmen sich als kreativer Hotspot entwickelt.

Ein ganz spezieller Rat für die Menschen, die mit der Überlegung spielen, sich selbständig zu machen: Hören Sie vor allem auf Ihr Herz und nicht auf die Miesmacher. Die raten Ihnen immer von diesem Schritt ab und warten nur darauf, dass Sie nach kurzer Zeit Konkurs machen. Sie hören mit Sicherheit in jedem Fall wieder von ihnen:

1. Wenn Sie erfolgreich sind, werden diese Sie fragen, was Sie mit dem ganzen Geld tun (haben aber keine Ahnung, dass Sie als Unternehmer das Geld weiter in Ihr Unternehmen investieren werden);
2. wenn Sie verlieren, mit dem Spruch: „Ich habe dich ja gewarnt."

Lassen Sie sich vor allem nicht beeindrucken von dicken Firmenfahrzeugen, den schönsten Anzügen, dem neuesten BlackBerry, Ferien auf den abgelegensten Inseln, Titeln auf der Visitenkarte und vor allem dem Meilenkonto im Vielfliegerprogramm. Damit ködern Sie die grossen Unternehmen, aber diese Dinge machen nicht glücklich, glauben Sie uns. Kleine Unternehmen: die Guten? Grosse Unternehmen: die Bösen? Mitnichten. Grösse hat nichts mit gut oder böse zu tun. In grossen Unternehmen ist die Gefahr einfach grösser, dass man vor lauter Bonus (Bäume) den einzelnen Menschen (Wald) nicht mehr sieht. Auf der anderen Seite haben die grossen Unternehmen Möglichkeiten, die die kleinen Unternehmen nie haben werden – mit allen positiven und negativen Konsequenzen. Auch hier gilt: Jammern Sie nicht über das, was die anderen haben, und Sie nicht.

AUF DEM WEG ZUM LEBENSUNTERNEHMER
In den schlimmsten Momenten ist man geneigt, zu denken, dass alle Mitarbeiter primär nur an sich denken, schlecht sind, nur ans Geld denken und keinen Blick für das Unternehmen haben. Das mag manchmal schon stimmen, aber die Frage bleibt im Raum, wer denn eigentlich dafür verantwortlich ist. Wir geben Ihnen bewusst keine Antwort, sondern tun (und beschreiben hier) alles, damit wir ein Umfeld des Unternehmertums schaffen, weil wir davon überzeugt sind.

- Unternehmertum ist weit mehr als der Eigentümer eines Unternehmens mit dicker Zigarre und grossem Bauch, der für sich arbeiten lässt.
- Jeder Mensch unternimmt tagtäglich viele Dinge und wächst daran; wer dies nicht tut, schrumpft eben. Use it or lose it!
- Unternehmertum ist eine Einstellung.
- Unternehmer wollen zusammen mit Mitarbeitern Erfolg haben und wissen deshalb, dass die Menschen das Zentrum für den Erfolg sind.
- Die Denkweise des Unternehmertums führt, auf sich selber übertragen, zu mehr Eigenverantwortung.

„I believe that increasing entrepreneurship is the golden highway to economic freedom."   *Sir Richard Branson*

Das Denken als Unternehmerin und Unternehmer als Lösung der aktuellen und zukünftigen Probleme? Wir werden es erst zu einem späteren Zeitpunkt wissen.

„Unternehmertum wird vor allem im angloamerikanischen Raum im Sinne des ‚Entrepreneurship' als Verhalten gesehen, als Ausdruck einer Persönlichkeit und als Einstellung zu sich selbst und anderen. Unternehmertum ist danach nicht gebunden an eine bestimmte Tätigkeit oder Funktion: Es finden sich unternehmerisch denkende und handelnde Menschen in Unternehmen aller Grössen, vom gerade gegründeten Start-up über Mittelständler bis zu grossen Konzernen. Der Unternehmergeist als Verhaltensdisposition kann daher auch innerhalb bestehender Unternehmen oder in nichtkommerziellen Bereichen seinen Ausdruck finden, sogar in Verwaltungen oder im öffentlichen Dienst. In der heutigen Zeit ist es auch keine Seltenheit mehr, dass Menschen in ihrem Berufsleben in verschiedenen Abschnitten Erfahrungen als Angestellte, als Selbständige oder als Mitunternehmer machen und zwischen diesen Bereichen wechseln."

Siehe www.herausforderung-unternehmertum.de

Genau deshalb ist es wichtig, zu verstehen, dass es überhaupt nicht wertend gut oder schlecht ist, ob jetzt jemand schon Unternehmer ist oder es einmal war. Es ist aber nun einmal so, dass unternehmerisches Denken eher Lust auf Arbeit macht, als dass diese als grosse Last angesehen wird. Oft hat das Wort Unternehmer aus unbegreiflichen Gründen einen negativen Beigeschmack:

„Es gibt Leute, die halten den Unternehmer für einen räudigen Wolf, den man totschlagen müsse. Andere meinen, der Unternehmer sei eine Kuh, die man ununterbrochen melken könne. Nur wenige sehen in ihm das Pferd, das den Karren zieht!" *Winston Churchill, Staatsmann, Schriftsteller und Nobelpreisträger*

Das Pferd, das den Karren zieht ... Dieses Bild gilt es im Kopf zu verankern. Der Karren: das Unternehmen, die Abteilung, die Familie, sich selbst.

„Wir alle müssen zu freien Unternehmern werden – wenn nicht in der unmittelbaren Realität, so doch im Geiste. Wir müssen unsere Einzigartigkeit herauskehren. Wir müssen echten Geschäftssinn entwickeln. Wir müssen zu innovativen, risikobereiten, selbstgenügsamen Unternehmern werden und unsere Vergangenheit als pflegeleichte Teilchen im Unternehmensräderwerk hinter uns lassen."
Tom Peters

So verstehen wir Unternehmertum: im Geiste, und sei es im noch so Kleinen. Unternehmertum ist mehr als Märkte, Kunden, Produkte. Dies ist des Unternehmers Grundhandwerk. Unternehmertum ist eine Denkweise, eine Einstellungssache.

TATORT KOPENHAGEN: DALLE VALLE
Der Name „Dalle Valle" ist den meisten Dänen in Kopenhagen ein Begriff. Ein Lounge-Kaffee-Restaurant nach New Yorker Vorbild. Die Innenansicht ist geprägt von einem groben Rohbauwerk, unpoliert, multikulti, groovig, entspannend – durchdacht bis zur Toilette – rollstuhlgängig, mit Lift. Der WC-Gang ein Vergnügen. Das raue Klima findet sich auch auf der Menükarte. Bei Sonnenschein öffnen sich die grossen Fenster wie Garagentore und lassen Draussen und Drinnen eins werden. Dalle Valle hat alles, von Morgenessen bis Nachtklub mit DJs und Lounge-Atmosphäre.

Die Eigentümer haben die Hausaufgaben gemacht. Professor Abraham Zaleznik wäre zufrieden. Der Harvard-Professor ist nämlich der Überzeugung, dass sich Führungskräfte in erster Linie um ihre Sachaufgaben zu kümmern haben:

- den Markt
- die Kunden
- die Produkte und Dienstleistungen

Er hält nichts von „Kuschelpädagogik" – ein neuer Ausdruck aus der Schweiz, wenn soziale Beziehungen und die reibungslose Zusammenarbeit ein Thema werden.

Aber, lieber Herr Professor, vielleicht hätten Sie am Freitag, den 13. Juli 2007 um 14 Uhr zusammen mit Daniel Goleman, dem Begründer des Begriffs der „emotionalen Intelligenz", einen Business-Lunch im Dalle Valle einnehmen sollen. Warum? Dann hätten wir nämlich Zuschauer einer spannenden Diskussion zwischen Ihnen beiden werden können. Ein Boxkampf um den Leadership-Gürtel.

Ladies and Gentlemen!

In der linken Ecke: Harvard-Professor und Vertreter der „Real Work"-Philosophie Abraham Zaleznik!

In der rechten Ecke: auch Harvard-Professor und Vertreter der „emotionalen Intelligenz"-Philosophie, der 1946 geborene Psychologe Daniel Goleman!

Dong! Ring frei!

Diese Diskussion wäre typisch für den Streit um die Frage nach dem richtigen Führen eines Unternehmens: Fokus auf die harten oder die weichen Faktoren. Doch sollte man erkennen: Es gibt kein Oder, sondern nur ein Und.

Wir sind alle an oder in Unternehmen tätig, die definierte betriebswirtschaftliche Ziele haben, die nur dank sehr grosser Fachkompetenz der Mitarbeiter erreicht werden können. Jedes dieser Unternehmen hat aber auch eine soziale Struktur und muss wissen, wie es die betriebswirtschaftlichen Ziele draussen am Markt mit dem grössten Kostenblock, den Mitarbeitern, am besten erzielt. Auf einem Markt, auf dem nur noch die Unternehmen überleben, die ausserordentliche Leistungen erbringen. Keine 08-15-Leistungen. Und hier muss die Einsicht kommen, dass sie einzigartig sein müssen, um zu überleben. Und bitte lernen Sie:

Das Einzige, was nicht kopierbar ist, sind die Beziehungen eines Unternehmens zu seinen Mitarbeitern und die Beziehungen der Mitarbeiter zu ihren Kunden! (Klaus Kobjoll)

Wir konnten an diesem Tag in Kopenhagen nämlich den wichtigsten und manchmal auch unberechenbaren Faktor Mensch beobachten und erleben. Während die eine Kellnerin gelangweilt an der Theke stand und nicht genau wusste, was sie mit diesem Tag anzufangen habe, „tigerte" die andere Kellnerin umher. Sie begrüsste die Gäste freundlich, fand einen passenden Tisch, brachte die Menükarte, nahm gerne die Bestellung auf, servierte die Getränke und das Essen, war zum Bezahlen sofort zur Stelle und verabschiedete die Gäste und dankte für den Besuch. Dies tat sie parallel an mehreren Tischen und hatte sogar noch Zeit, sich über die vorbeimarschierende Kundgebung lustig zu machen – zur Freude der Gäste.

Sie hatte Augen und Ohren offen und demonstrierte ihre Passion für ihren Beruf und die emotionale Bindung ans Unternehmen. Sie findet das Unternehmen, in dem sie arbeitet, cool. Sie steht hinter dem Unternehmenskonzept und der Art und Weise, wie dieses dargestellt und durch die Mitarbeiter verkörpert wird. Die andere Dame wusste nicht, warum sie arbeitet! Wir sind uns fast sicher, dass sie in ihrem Freundeskreis erzählt: „Ich kann mich nicht mehr mit dem Unternehmen identifizieren." Solche Leute müssten im eigenen und im Interesse des Unternehmens die Firma verlassen. Dann müssen sie auch beim Erhalt des Lohns kein schlechtes Gewissen mehr haben und machen so Platz für einen anderen Menschen, der liebend gerne in diesem Unternehmen arbeiten würde. Punkt. Es sei denn, die Führungskraft hätte ihren Job auch nicht gemacht und der Mitarbeiterin nicht erklärt, warum sie arbeitet ...

WARUM WIR ARBEITEN
Jedes Wirtschaftsbuch sagt uns dazu: „Wir arbeiten, um Bedürfnisse zu befriedigen." Oder: „Der Motor des Wirtschaftens sind die Bedürfnisse, die Menschen befriedigen wollen."

Und sofort kommt „good old Maslow" mit seiner Bedürfnispyramide zum Zuge. Seine Pyramide besagt, dass wir erst auf eine höhere Stufe springen, wenn die Bedürfnisse der momentanen Stufe befriedigt sind.
1. Grund- und Existenzbedürfnisse
2. Bedürfnis nach Sicherheit
3. Bedürfnis nach Zugehörigkeit
4. Bedürfnis nach Achtung und Wertschätzung
5. Bedürfnis nach Selbstverwirklichung

Die Motivation und der Durchhaltewille sind am stärksten ganz unten und werden von Genugtuung abgelöst, je höher man die Pyramide erklimmt. So erklärt sich auch folgende Aussage eines Global-Marketing-Managers eines dänischen Grossunternehmens: „Grundsätzlich müssen wir vor den Chinesen keine Angst haben. Vor ihrem Hunger nach der Befriedigung ihrer Grundbedürfnisse aber schon."

Obwohl diese Pyramidentheorie die absoluten Basics darstellt, wird in der Praxis selten danach gearbeitet. Es ist uns schon klar, dass es einfacher ist, ein tolles Bonusprogramm auf die Beine zu stellen in der Hoffnung, dass dieses Werkzeug den nötigen Antrieb für die Arbeit schafft. Dies auch in Situationen, in denen man von der Arbeit oder den geforderten

Tätigkeiten nicht überzeugt ist: Geld kommt dann vor Ethik. Oft lebt man nach der Maxime: In der von Kurzfristigkeit dominierten Arbeitswelt ist es nicht nötig, lang andauernde Motivation zu schaffen. Zu schnell wechseln die Chefs, die Kollegen und die Aufgaben.

Es scheint, als ob Bonusprogramme das Kreativste der Motivationstheorie sind, was wir im Moment erleben dürfen. Toll!

Aber wir sind nicht von der Kurz-, sondern von der Langfristigkeit überzeugt. Der Unternehmer gründet nicht ein Unternehmen, um es nach sechs Monaten wieder zu verkaufen. Diese Zeiten sind vorbei respektive nur noch in einigen Branchen aktuell. Als Unternehmer des eigenen Ichs gehen sie ja auch nicht ihr Fett absaugen oder machen eine Crashdiät, um kurzfristig schön und langfristig wieder gleich wie vorher auszusehen.

Warum arbeiten wir denn noch? Die traditionelle Weisheit lehrt uns, dass Arbeit im Wesentlichen drei Funktionen erfüllt:
1. Sie gibt jedem einzelnen Mitglied der Gesellschaft die Gelegenheit, seine Möglichkeiten voll zu nutzen und zu entwickeln.
2. Sei ermöglicht es dem Menschen, seinen angeborenen Egoismus zu überwinden, indem sie oder er mit anderen zusammen eine gemeinsame Aufgabe angeht.
3. Sie erzeugt die Produkte und Dienstleistungen, die wir alle zu einem angemessenen Leben benötigen.

Denken Sie noch einmal über die Bedürfnispyramide nach. Wissen Sie, was Ihre und die Bedürfnisse Ihrer Mitarbeiter und Kollegen sind? Eine Umfrage im Dienstleistungssektor hat vor Jahren Folgendes ergeben:
1. Anerkennung für gut geleistete Arbeit
2. Genaue Kenntnis des Produktes und der Firmenzielsetzung

3. Eingehen auf private Sorgen
4. Gutes Einkommen
5. Interessante Arbeit
6. Gesicherter Arbeitsplatz
7. Wohlergehen der Firma
8. Loyalität zwischen Arbeitgeber und Arbeitnehmer
9. Gute Arbeitsbedingungen
10. Höflichkeit der Führungskräfte

Und trotzdem konzentriert sich alles auf den Lohn und den Bonus obendrauf ...

WAS TREIBT UNS AN – HYGIENEFAKTOREN UND MOTIVATOREN
Eines gleich vorweg. Wenn der Lohn die Antriebskraft eines Menschen wäre, ein Unternehmen zu gründen, dann könnten sie die Unternehmen an einer Hand abzählen. Denn Lohn hat der Unternehmer zu Beginn meist weniger als seine Angestellten.

Die Frage, warum im gleichen Unternehmen, in der gleichen Situation der eine Mensch etwas unternimmt und der andere etwas unterlässt, ist so spannend, das es bis heute keine Einigkeit gibt. Wir versichern Ihnen, es wird auch nie Einigkeit geben. Zu unterschiedlich sind die Menschen, die führen, und die, geführt werden, als dass sich eine Zauberformel definieren liesse. Schon nur die zu befriedigenden Bedürfnisse ändern sich permanent, und es wird heute davon gesprochen, dass die Menschen sich auf der Maslow'schen Pyramide ständig nach oben und unten bewegen: Pyramidenhüpfer!

Einer der Wegweiser in der Lehre der Verhaltensbereitschaft (= Motivation) zur gemeinsamen Unternehmenszielerreichung ist Dr. Frederick Irving Herzberg, der 1968 (!) sein richtungsweisendes Papier „How do you motivate employees?" in der

"Harvard Business Review" veröffentlicht hat. Lassen Sie sich die zentrale Aussage auf der Zunge zergehen:

"Vergessen Sie Lob, vergessen Sie Bestrafung, vergessen Sie Geld. Um Mitarbeiter wirklich zu motivieren, müssen Sie deren Arbeit interessanter gestalten."

Seine Theorie wird als auch Herzberg-Zwei-Faktoren-Theorie bezeichnet. Herzberg definiert zwei Elemente, deren Fehlen oder Vorhandensein über die Höhe der Arbeitszufriedenheit und als Folge der Motivation bestimmen.

Hygienefaktoren:
Faktoren, die die Entstehung von Unzufriedenheit verhindern, aber nicht zur Zufriedenheit beitragen. Häufig werden diese Faktoren gar nicht bemerkt beziehungsweise als selbstverständlich betrachtet. Sind sie aber nicht vorhanden, empfindet man dies als Mangel. Zu den Hygienefaktoren zählen insbesondere
- Entlohnung und Gehalt
- Personalpolitik
- zwischenmenschliche Beziehungen zu Mitarbeitern und Vorgesetzten
- Führungsstil
- Arbeitsbedingungen
- Sicherheit der Arbeitsstelle
- eigenes Leben

Motivatoren:
Sie beeinflussen nach Herzberg die Motivation zur Leistung und betreffen schwerpunktmässig den Arbeitsinhalt. Motivatoren verändern also die Zufriedenheit, ihr Fehlen führt aber

nicht zwangsläufig zur Unzufriedenheit. Das Streben nach Wachstum und Selbstzufriedenheit steht hier im Mittelpunkt. Zu den Motivatoren zählen insbesondere
- Leistung und Erfolg
- Anerkennung
- Arbeitsinhalte
- Verantwortung
- Aufstieg und Beförderung
- Wachstum

Die Kornbination von Hygienefaktoren und Motivatoren erzeugt vier mögliche Situationen:
- Hohe Hygiene/hohe Motivation: die Idealsituation, in der Mitarbeiter hoch motiviert sind und wenige Beschwerden haben.
- Hohe Hygiene/geringe Motivation: die Mitarbeiter haben zwar kaum Beschwerden, sind aber schlecht motiviert. Söldnermentalität.
- Geringe Hygiene/hohe Motivation: die Mitarbeiter sind motiviert, haben aber viele Beschwerden. Der Job ist aufregend und herausfordernd, aber die Arbeitsbedingungen sind nicht so gut.
- Geringe Hygiene/geringe Motivation: die schlechteste Situation. Unmotivierte Mitarbeiter mit vielen Beschwerden.

Diese Matrix zeigt sehr schnell, dass auch hier kein Entweder-oder, sondern nur eine Kombination beider Elemente zum Erfolg führt.

Beispielsweise müssen wir natürlich gute Löhne bezahlen. Dies nützt aber nichts, wenn die Arbeit keinen Sinn macht.

Oder wie es Alfie Kohn, der amerikanische Sozialpsychologe, sagt:

„Der Arbeitgeber bezahlt seine Mitarbeiter gut und fair und tut dann alles, damit sie nicht mehr an das Geld denken und sich auf das konzentrieren, worauf es ankommt."

DANKE, REINHARD K. SPRENGER: MYTHOS MOTIVATION
Wenn jemand die gängigen Managementmodelle sprengt und für hohes Aufsehen sorgt, dann sind die Neider schnell vor Ort. Wenn diese Person noch Sprenger heisst, dann kracht's. Mit seinem Bestseller „Mythos Motivation" räumt er mit ein paar grundsätzlichen Irrtümern auf. Bei Reinhard K. Sprenger hat Motivation aber rein gar nichts mit Fremdsteuerung zu tun, sondern muss von innen her kommen. Die heute am häufigsten anzutreffenden Belohnungssysteme fördern zuallererst etwas: nämlich die Motivation, noch mehr Belohnung zu bekommen. Was hat das mit Arbeit zu tun? Nicht viel, würden wir meinen. Hier spricht man von extrinsischer Motivation, also Motivation von aussen: Ich lasse mich bewegen. Dem gegenüber steht die intrinsische Motivation, also die von innen kommende Verhaltensbereitschaft: Ich bewege mich.

Ein Beispiel aus unserem Alltag: Wenn wir den Menschen sagen würden, dass sie zweimal pro Woche Krafttraining machen müssten, weil das ganz einfach so ist, würden diese zwei Wochen lang wie die Irren Eisen stemmen und beim ersten kleinen Anzeichen von Muskelschmerz gleich wieder aufhören. Wir würden die Menschen bewegen. Diese würden unsere auf medizinischem Wissen basierende Trainingsphilosophie nie verstehen. Wir vermitteln Wissen, was der Mensch zum guten Leben braucht. Wir erzählen und leben vor, was Kraft-, Ausdauer- und Koordinationstraining bringt. Wenn man dies weiss und sich zum Ziel setzt, „ich will gesund sein" oder „ich will mich nicht durch Rückenschmerzen vom leben abhalten lassen", dann ist es keine Frage mehr, ob man zweimal pro

Woche Krafttraining macht und ob man täglich seine Ausdauer trainiert. Die Motivation, sich den Rückenschmerz wegzutrainieren, kommt dann von innen. Sind die Schmerzen einmal weg, hört man auch nicht wieder auf, denn sonst kommen die Schmerzen zurück – frei nach dem medizinischen Grundsatz „use it or lose it".

Die intrinsische Motivation führt dazu, dass der Mitarbeiter seine Leistung aus eigenem Antrieb erbringt, weil er sich für seine Arbeit interessiert und dafür eine Leidenschaft entwickelt hat.

> Passion!

Daniel Goleman würde im Dalle Valle das Glas erheben und sagen:

„Leistungsmotivierte Menschen suchen nach kreativen Herausforderungen, lernen gerne und immer und sind auf eine erfolgreich abgeschlossene Arbeit sehr stolz. Sie bemühen sich auch unermüdlich, die Dinge noch besser zu machen und sind selten mit dem Status quo zufrieden. Sie hinterfragen hartnäckig alle Arbeitsabläufe und sind begierig darauf, etwas Neues auszuprobieren."

Bei Reinhold K. Sprenger sind aber noch andere Eckpfeiler der Verhaltensbereitschaft von zentraler Bedeutung: Vertrauen, Individuum, Herz, Bildung! Er spielt den Ball der Motivation den Mitarbeitern zu: „Hat der Mitarbeiter ein Motivationsloch, befindet er sich bei der falschen Aufgabe, der falschen Stelle oder beim falschen Arbeitgeber. Es kann natürlich auch sein, dass der Mitarbeiter den falschen Beruf hat."

Love it, change it or leave it! Aber tun Sie was!

WENN DER TRAINER ENTLASSEN WIRD UND ES PLÖTZLICH AUFWÄRTSGEHT!

Können wir davon ausgehen, dass jeder Mensch eigenverantwortlich denkt, seinen Charakter schon so geprägt hat, dass er weiss, was er will, dass er weiss, dass Geld nicht alles ist, dass jeder Mensch sein eigener CEO ist, dass dies für alle Tätigkeiten gilt, dass der Zeithorizont und der Chef keine Rolle spielen?

No way! Sonst erklären Sie uns, warum es möglich ist, dass ein Trainer nach zehn Niederlagen durch einen anderen Trainer ersetzt wird und dieser (nach erfolgter Entlassung wegen Erfolglosigkeit an einem anderen Ort) mit dem gleichen Team eine sensationelle Serie hinlegen kann.

Jeder Mensch braucht zwischendurch den richtigen „Anschubser". Und, Herrgott noch mal, man braucht zwischendurch auch einen unkonventionellen Anreiz, der von aussen kommt, um aus der Ausweglosigkeit herauszufinden – kurzfristig. Nur so bekommen wir langfristig wieder klar Schiff. Auch der Ansatz des „Creating the crisis – das Andichten einer Krise" kann manchmal Wunder wirken. Und sei es nur, um die Menschen aus der Lethargie in der Komfortzone herauszulotsen.

Eine alte Eishockeyweisheit besagt: Zweikämpfe werden dort gewonnen, wo es wehtut. Schönes Herumkurven bringt höchstens gute Stilnoten, aber keine Siege. Das Wehtun ist eine Sache im Eishockey. Tore schiessen eine andere. Auch hier gilt: Wer nicht bereit ist, vor dem Tor zu stehen (und hier tut es bestimmt weh), schiesst keine Tore. Das Risiko auf sich zu nehmen, zahlt sich aus.

UNTERNEHMERISCHES DENKEN BEI DEN MITARBEITERN ERMÖGLICHEN

Bleiben wir doch noch kurz beim Eishockey. Analogien zur Businesswelt sind in der folgenden Situation nicht ausgeschlossen.

Göran Hackinseis, der Topstürmer, hat fristgerecht seinen Arbeitsvertrag kurz vor Saisonbeginn gekündigt. Ein neuer Stürmer muss her. Der Sportchef schaut sich die Bewerbungsdossiers an, nimmt den Hörer in die Finger und verpflichtet den teuersten Spieler der Klubgeschichte. Dessen Bild im Bewerbungsdossier war am besten, und er wurde bei den Montreal Canadians ausgebildet. Das muss gut sein. Er informiert den Trainer über die Verpflichtung und sofort auch die Presse. Diese muss wissen, dass ihm ein Transfercoup gelungen ist. Der Spieler wird am Flughafen abgeholt, direkt in die Umkleidekabine gebracht und mitten aufs Eis gestellt. Ein Trikot hat man ihm nicht gegeben. Verwirrt schaut dieser nach dem Trainer und kann sich nicht entscheiden, welcher von den beiden links und rechts sein Trainer ist. Hat ihm ja niemand gesagt. Einer der beiden ruft: „Mach mal, du bist der neue Hoffnungsträger, und teuer genug bist du auch!" Und er macht! Fährt vor das eine Tor. Stellt sich hin und versucht zu verhindern, dass eine Scheibe ins Tor geht, fährt geradeaus nach vorne, nur bis zur ersten Linie, und gleich wieder nach hinten. Die Mitspieler schütteln den Kopf, machen Sprüche und drängen ihn auf die Spielerbank. Der Trainer tobt und holt den Sportchef von der Tribüne. Dieser wurde gerade beim Interview mit der lokalen Presse unterbrochen. Krisensitzung!

„Du spielst nur für dich selbst. Bist kein Teamplayer. Scheinst nicht motiviert zu sein. Keine Spur von kreativen Spielideen. Warum schiesst du keine Tore?"

„Sollte ich das als Verteidiger?"

Wenn wir wollen, dass die Mitarbeiter unternehmerisch denken, müssen sie alles über das Unternehmen und dessen Herausforderung wissen. Volle Transparenz.

„Hallo, lieber Stürmer, wir freuen uns, dass du bei uns bist. Wir stellen dir unser Team vor, sagen dir, wo in der Tabelle wir uns befinden, wie wir als Team sein wollen, welches unsere Ziele sind, wer unsere Gegner sind, wo wir überzeugt sind, dass wir anders und besser als die Konkurrenz sind. Hier ist dein Trikot, dies ist die Rolle, die wir für Dich vorgesehen haben, dies ist dein Auftrag, hier bist du frei, hier sind die Leitplanken in der Taktik. Work hard, have fun, let's win, let's beat them!"

Schon etwas anders, oder?

CHANGE-PROJEKTE UND DER ANSTELLUNGSPROZESS
Es wurde bereits erläutert, warum der Anstellungsprozess einen so wichtigen Faktor bei der Arbeit darstellt. Dies hat der oben skizzierte Sportchef auf alle Fälle nicht realisiert. Wenn wir Menschen einstellen, die unsere Firma nicht toll finden oder keine Freude an unserem Business haben, dann müssen wir uns nie fragen, warum diese Menschen nicht unternehmerisch denken.

Wenn wir nun den Trend zu immer kürzeren Veränderungszyklen in der Geschäftswelt voraussetzen, dann müssen wir annehmen, dass innerhalb der Unternehmen in immer kürzeren Abständen Veränderungen stattfinden. Neue Märkte, neue Kunden, neue Produkte führen zu neuen Organisationen, neuen Entscheidungen, neuen Abteilungen, neuen Teams, neuen Aufgaben.

Dann heisst es: das Ganze halt. Sichern und ruhen. Denken.

Dann Kommunikation: das Ganze Achtung. Neue Situation. Neue Absicht.

Nun müssen Sie sich überlegen: Wen habe ich im Team, was sind die Stärken und Schwächen, wer soll in Zukunft welche Aufgaben in welchem Team wahrnehmen? Welche Kompetenzen haben wir und welche haben wir noch nicht im Unternehmen? Neue Aufträge müssen vergeben werden.

Diese veränderten Situationen müssen im menschenorientierten Unternehmen auch entsprechend angegangen werden. Change-Prozesse sind kreative Prozesse, und richtig geleitet führen sie zu unglaublichem Wachstum, ohne dass die Mitarbeiter auf der Strecke bleiben.

Diese Anpassungen an Veränderungen sind der Prüfstein für jedes Unternehmen. Einige der bestehenden Mitarbeiter werden unter Umständen die Veränderungen nicht mitmachen wollen oder können. Die Entscheidung dafür oder dagegen können aber nur eigenverantwortliche Menschen treffen, die sich selber kennen. Die wissen, was sie können und was nicht, und vor allem, was sie wollen und was nicht. Das ist das persönliche unternehmerische Denken. Und wenn Sie kein Unternehmen finden, das Ihre Stärken gebrauchen kann, dann gibt es immer noch die Variante: Stellen Sie sich selbst ein und bauen Sie sich Ihr Unternehmen.

„Ein Unternehmen zu bauen ist genauso kreativ wie ein zu Bild malen oder ein Buch zu schreiben."
                      Phil Knight, Gründer und Vorstandschef von „Nike"

„Als ich mit siebzehn Jahren aus dem Mecklenburgischen nach Berlin kam, reiste ich zu Fuss und benötigte mehrere Tage dazu, denn ich besass nichts abgesehen von meinen Händen, meinem Verstand und einem Traum. Den Traum von einem

‚Weltgeschäft à la Fugger', wie ich es als Jugendlicher nannte. Es war der Traum von einem Unternehmen, welches durch selbständige Erfindungen und den unternehmerischen Weitblick dazu beiträgt, Wissen und Wohlergehen der Menschheit zu steigern, und welches – das war meine feste Überzeugung – gerade in dieser Kombination wirtschaftlich ist. Es war der Traum von einem Unternehmen, das der doppelten Verantwortung des Unternehmers gerecht wird, derjenigen gegenüber sich selbst und seinen Angestellten, und keiner geringeren gegenüber der Welt, die ihn umgibt."

Werner von Siemens, 1816 – 1892, gründete 1847 Siemens & Halske.

UNTERNEHMERTUM: GLAS HALB VOLL ODER HALB LEER?
Unternehmertum ist der Inbegriff der Spürnase: Nicht selten erleben wir ein Produkt oder eine Dienstleistung so schlecht, dass es bei uns den Antrieb auslöst, es besser zu machen. Haben Sie keine Angst, es gibt noch genügend zu tun. Und wenn sich alle um den chinesischen Markt kümmern und die lokalen Märkte vernachlässigen, dann öffnen sich wieder kleine Nischen oder Lücken, die es zu füllen gilt, weil jemand anderes etwas nicht mehr gut genug und mit zu wenig Herz tut.

Anders der grau denkende Mensch: Er ist auf der Suche nach Sicherheit und hat dazu noch sehr hohe Ansprüche an alle anderen, nur nicht an sich selber.

Unternehmertum stellt kritische Fragen an die eigene Person: Was will ich? Was will ich nicht? Wie stelle ich mir meine Zukunft vor? Was kann ich? Welche mentalen Voraussetzungen habe ich? Welche Kompetenzen habe ich oder habe ich noch nicht? Diese und andere Fragen sind es, die den Unternehmer vom Unterlasser unterscheiden. Wenn Sie gern pünktlich Feierabend haben, grundsätzlich zwei Jahre vorher die

Brückentage ausrechnen, um die verlängerten Wochenenden zu planen, und meistens denken „hoffentlich ist es bald 17 Uhr", dann haben Sie schlechte Karten mit einem eigenen Unternehmen und auch bei der Berücksichtigung als Angestellter für die interessanten Projekte in den Unternehmen.

Auch beim Unternehmertum gilt: Es führen mehrere Wege zum Ziel. Sie reichen vom selbstverantwortlichen Profitcenter, über Neugründung, aktive Teilhabe, Nachfolge oder den Wechsel vom Angestellten zum Unternehmer durch sogenanntes Management-Buy-out bis hin zum Franchising.

„All das, was zu erreichen normalerweise ein Unternehmerleben lang dauert, erhält der Franchiseunternehmer unmittelbar zum Start: die eingeführte Marke, das kondensierte Know-how für den Aufbau und die Führung des Unternehmens sowie das Wissen, was in schwierigen Situationen zu tun oder nicht zu tun ist."
Werner Kieser, Gründer Kieser Training

IHR WEG ZUR MARKE „ICH"

„Wir alle müssen zu freien Unternehmern werden – wenn nicht in der unmittelbaren Realität, so doch im Geiste."
Tom Peters

Nun ist es an der Zeit, den in diesem Buch zurückgelegten Weg zu rekapitulieren:
- Zu Beginn wurden die Veränderungen im Umfeld und in der Arbeitswelt beschrieben: älter, weiblicher, globaler, schneller.
- Die Auswirkungen der veränderten Arbeit und als Konsequenz die immer höheren Anforderungen an die soziale Kompetenz standen danach im Fokus: Je mehr Hightech, umso mehr Human Touch ist notwendig.

- Die Auswirkungen auf unser Körperschema, zu welchem wir immer öfter ein gespaltenes Verhältnis haben, standen danach im Zentrum: der Homo asexualis und der persönlich fehlende Human Touch.
- Wir können mit diesem Buch die Veränderungen nicht bremsen (wollen es auch gar nicht, zu spannend ist die Zukunft) und können schon gar nicht Wohlbefinden garantieren. Die vier Säulen des ÄQUILIBRIS-Konzepts sind aber die Instrumente, um in den sich immer verändernden Situationen körperlich und geistig das Beste aus dem Leben zu machen.
- Damit Sie nicht vergessen, dass Sie als Individuum wichtig sind, wurde der Begriff des Egomarketing beschrieben.
- Weil wir den heutigen Wandel schlicht cool finden und dem Leitsatz „Arbeit ist geil" vollumfänglich folgen, haben wir Sie in die Welt der kreativen Büros geführt. Nicht nur die Arbeitsinhalte, sondern vor allem auch die Arbeitsumgebung soll uns vom faden Büroalltag befreien.
- Das Bild der Inspironomie® ist somit gemalt. Die Argumentationskette wird nun mit diesem Kapitel abgeschlossen, mit dem unternehmerisch denkenden und arbeitenden Individuum, dem Kern, dem Talent, dem Menschen. Viele von uns sind nicht bereit, hoffen immer noch auf Hilfe von aussen, die lebenslange Berufskarriere früherer Zeiten, die Sicherheit in den grossen Unternehmen, die Ausbildung für den Rest des Lebens, Garantien, auf das staatliche Auffangnetz.

Kennen Sie Dilbert? Dilbert ist die Titelfigur eines Comics, welcher den sinnentleerten Büroalltag parodiert. Obwohl Dilbert wirklich lustig ist, gilt es genau diese Sklavenmentalität, diese Monotonie, diese Frustrationsumgebung abzuschaffen. Wir müssen Routinetätigkeiten meiden und unseren Kreativitätspegel deutlich erhöhen. Bürosklaverei im Dilbert-Stil macht krank, wird zur Last. Warum wohl ist Dilbert übergewichtig?

Marke „Ich" bedeutet nicht, dass wir unsere Jobs bei unseren Arbeitgebern an den Nagel hängen sollen, sondern dass wir uns über uns und unseren Marktwert Gedanken machen und darüber, welchen Wert wir unseren Arbeitgebern bieten können.

DER SPIEGEL
Wir haben Ihnen den Spiegel für die Betrachtung Ihres Äusseren schon ans Herz gelegt. Nun verwenden Sie bitte den Spiegel auch für die Betrachtung Ihres Inneren. Erkennen Sie im Spiegel Ihre Stärken und Schwächen, Ihren Wert auf dem Arbeitsmarkt, und versetzen Sie sich in die Lage, an sich selbst zu arbeiten, weil Sie damit – letztendlich unbewusst ausstrahlend – auch Ihr Team, das Unternehmen und schlussendlich Ihr gesamtes Umfeld zu verändern und zu verbessern helfen.

Dementsprechend müssen die Unternehmen (wenn diese an unternehmerisch denkenden Mitarbeitern, dann Mitunternehmer, interessiert sind) Platz und Raum für leistungsorientierte, karrierebewusste und unternehmerisch denkende Menschen zur Verfügung stellen. Chefs müssen keine Angst vor diesen aktiven Mitarbeitern haben und schon gar nicht davor, dass diese vielleicht besser als sie selbst sind. Denn Mitarbeiter, die sich selbst als Mitunternehmer verstehen, bringen sich selbst in Schwung, als Individuum und im Team – für sich und die Unternehmung.

Der wohl innovativste Spiegel, der diese Philosophie in der Praxis umsetzt, ist der MAX. Der Mitarbeiter-AktienindeX, erfunden von Klaus Kobjoll. Hart, aber fair! Es lohnt sich, sein Buch „MAX – Das revolutionäre Motivationskonzept" zu lesen. Warum uns Klaus Kobjoll so gefällt?

Er setzt vorhandenes Wissen innovativ und höchst kreativ um – ein Unternehmer!

TREIBSANDGEFÜHLE: DIE LÖSUNG SIND SIE!
Ob Unternehmer, Mitarbeiter, Chef – die Welt dreht sich mit oder ohne uns. Vielleicht wollen Sie aber mithelfen, die Welt zu drehen, denn selber drehen macht Lust, und wer gedreht wird, empfindet dies als Last.

Der Schlüssel (und es gibt nur einen Schlüssel) ist unsere innere Einstellung. Wenn der graue, von Stress dominierte Bürotrott für Sie das Paradies auf Erden ist, dann alles Gute und leben Sie gut mit der ständigen Angst vor der Zukunft. Wenn Ihnen hingegen die Vorstellung vom Leben mit Veränderungen, spannenden Projekten, dem ewigen Lernen, dem Packen von Chancen, dem Schliessen von Marktlücken, mit allen Risiken und Nebenwirkungen behagt, dann werden Sie nach der Chance lechzen, sich selbst neu zu erfinden und viele inspirierende Projekte mit Erfolg erleben. Sie stehen dann auf, um etwas zu unternehmen.

Noch einmal Klaus Kobjoll:
„Erfolg ist eine persönliche Sinnvision, die als ungeheuer starker Motivationsantrieb mit freizeitähnlicher Arbeit wirkt."

9.00 UHR BEI SIR RICHARD BRANSON
Wie man so schön sagt: Du lernst am meisten durch die Menschen, die du triffst, und die Bücher, die du liest! Richard Branson, ein Unternehmer, wie er leibt und lebt, gibt in seinem Buch „Screw It, Let's Do It" Lektionen zu Leben und Business:

Just do it!
Think yes, not no

Challenge yourself
Have goals
Have fun
Make a difference
Stand on your own feet
Be loyal
Live life to the full

Für uns zusammengefasst heisst das: Inspironomie® – live your life and business!

Nun mag man denken: Richard Branson hat gut lachen. Bei jeder Businesspräsentation lässt er sich mit lokalen Schönheiten fotografieren – ein Lebemann also, dem alles in den Schoss fällt? Bei so viel Geld kann man sich das leisten. Ein bisschen Ballon fahren, Katamaran-Segeln, ein Naturreservat in Südafrika kaufen, eine Insel zum Ausspannen besitzen, und, und, und ...

... und wussten Sie, dass er als Student mit null und nichts, nur einer weissen Seite in seinem linierten Notizbuch anfing? Auf der ersten Seite schrieb er den Titel der ersten Ausgabe seiner Studentenzeitung auf, gefolgt von möglichen Artikeln, die seine Leserschaft „inspirieren" sollten. Ein Vordenker der Inspironomie? Nein, ein junger Student, der auf der zweiten Seite seines Notizbuches einen sehr einfachen Businessplan aufstellte und erkannte, dass er mit einer geplanten Auflage von 1 000 Stück auf keinen grünen Zweig kommen würde. Er musste grösser denken. Das erste Geld (sagenhafte vier Pfund mit dem Ausspruch der Mutter „You have to invest money to make money") hatte er sich von seiner Mutter geliehen, damit er potenziellen Inserenten Briefe schreiben und von einer öffentlichen Telefonkabine Akquisitionsanrufe tätigen konnte ... Die Studentenzeitschrift wurde ein Riesenerfolg und die Basis für die weiteren Unternehmen, die Sir Richard Branson gründete. Einige davon musste er verkaufen, wie beispielsweise das Plattenlabel Virgin Music, in dem sein Herzblut floss. Dies tat er nur, damit er seine Airline Virgin Atlantic am Leben erhalten konnte.

Bei allem Spass weiss auch er, dass er Wirtschaftsunternehmen und nicht Spasskisten hat. Er bezeichnet Profit als die einzige betriebswirtschaftliche Raison d'être im Geschäftsleben, weiss aber, dass genau dieses Resultat enorme Freude und Genugtuung bereitet. Unprofitables Business hingegen ist nichts anderes als eine unternehmerische Form von Kopfschmerzen, eine Quelle von Stress und eine finanzielle Dummheit.

Wenn ein solcher Unternehmer bei 50 000 Mitarbeitern auch noch behaupten kann, dass Mitarbeiter normalerweise das Unternehmen nicht wegen zu wenig Lohn, sondern wegen zu wenig Wertschätzung verlassen, dann wissen wir, dass er Erfolg nur mit den besten Mitarbeitern erreicht hat. Mitarbeiter, die wie Menschen behandelt werden. Eines seiner wichtigsten Werkzeuge: Er lässt seine Mitarbeiter über sicher selbst nachdenken und sich positiver darstellen.

Wissen Sie, wie er seine Fluggesellschaft gegründet hat? Nach einem sehr schlechten Erlebnis mit einer Airline sagte er sich: „Das kann ich besser." Eines war ihm sofort klar: Er musste andersartig sein, denn die grossen Fluggesellschaften hatten genügend Mittel, um einem Kopisten das Leben schwer zu machen. Er setzte sich zum Ziel, gegenüber den anderen Airlines besseren Service und mehr Optionen anzubieten. Dies kombinierte er mit seiner Grundüberzeugung, dass die Menschen Komfort haben und umsorgt werden wollen. Und nicht zu vergessen: Die Passagiere sollten Freude beim Fliegen haben. Danach rief er bei Boeing an und fragte, was ein Flieger kostet, kaufte diesen, stellte einen Cashflow-Überlebensplan auf, stellte die richtigen Leute an und bildete ein gutes Team. Und die Airline ist pünktlich abgehoben.

Abschliessend das Business-Grundgesetz des Unternehmers Branson:

„Ob grosses oder kleines Business, die grundlegenden Regeln sind immer die gleichen: Cashflow, Gewinn oder Verlust gemeinsam erzielt mit einem Team von guten Menschen."

Aber auch ein Sir Richard Branson ist nicht geschützt vor grossen Problemen. 1986 musste er sich aufgrund von Liquiditätsengpässen für das Going-public seiner Firma entscheiden. Die neuen Aktien gingen weg wie warme Semmeln. Richard Branson war berührt, wie viele kleine Familien in Aktien seines Unternehmens investierten: „Wir gehen dieses Jahr nicht in die Ferien. Wir investieren unsere Ersparnisse in Virgin." Dies hat ihn zutiefst beeindruckt. Aber die neuen Strukturen passten nicht zu Sir Richard Branson. Er konnte nicht mehr seine lockeren und höchst kreativen Meetings auf seinem Hausboot abhalten und schnell entscheiden. Nun musste er das nächste Board-of-Directors-Meeting abwarten und sich von branchenfremden Managern beeinflussen lassen. Er war gewohnt, schnelle Entscheidungen aus dem Bauch heraus zu treffen.

Als die Börse dann noch crashte und die Aktien schnell viel an Wert verloren, konnte er nicht anders als mit seinem Privatvermögen alle Aktien wieder zurückzukaufen – zum Wert beim Going-public und nicht zum aktuellen tiefen Wert. Ein Unternehmer!

MÜSSEN ALLE UNTERNEHMER WERDEN?
Nein, natürlich nicht. Es ist Ihre persönliche Entscheidung, ob Sie Koch oder (sehr wertvoller) Inhalt im Kochtopf sein wollen. Die Vorteile des Kochs haben wir Ihnen gezeigt. Koch können Sie als Unternehmer oder Angestellter sein. Koch sein ist auf

den Menschen abgestimmt. Vom Kunden bewertet wird natürlich der Inhalt des Kochtopfs. Aber vergessen Sie dabei nicht: Dieser Inhalt geht auch am schnellsten kaputt – beispielsweise wenn zu heiss gekocht wird. Aber eben, gratis gibt es nichts. Es ist schon so, viele wollen mitkochen, aber nur wenige möchten die Suppe auslöffeln, wenn sie versalzen ist.

„Wenn Sie sich schon nicht mit Veränderungen anfreunden können, so wird Ihnen der Absturz in die Bedeutungslosigkeit noch weniger schmecken."

General Eric Shinsekis, Chief of Staff, US Army

7.1 Interview mit Claudio Ammann

Claudio Ammann, bist du fit?
Ich laufe täglich, manchmal mehr, manchmal weniger. Ich fahre Mountainbike, mache etwas Krafttraining und gehe regelmässig als Zuschauer ins Fussballstadion.

Ist Mitarbeitergesundheit Chefsache oder reine Eigenverantwortung?
Um es in einen sportlichen Kontext zu setzen: Unser Unternehmen nimmt im Markt eine führende Position ein, und auf den Leader schauen alle. Um diese Position weder wohlig zu geniessen noch die Attacken der Mitbewerber machtlos entgegennehmen zu müssen, dafür braucht es eine Unternehmenskultur, welche den Mitarbeiter sehr stark einbindet, ihn als Individuum wahrnimmt und in seiner Leistungsbereitschaft unterstützt. Sich fit halten – physisch, emotional, mental – gehört einfach zum grundlegenden Fitnessprogramm, wenn man in der Topliga zuvorderst mitspielen will.

Sind Bewegungsmangel und Übergewicht ein Thema bei Sony?
Bewegungsmangel und Übergewicht sind keine problematischen Bereiche bei Sony. Dennoch fördern wir die Information und Prävention und animieren unsere Mitarbeiter, sich zu bewegen und auf eine ausgewogene Ernährung zu achten.

Kinder werden immer dicker. Die einen bösen Zungen behaupten, Fast Food sei daran schuld, die anderen sagen, die falschen Spielsachen wie PCs und Spielkonsolen. Kannst du es überhaupt noch vertreten, Spielkonsolen zu verkaufen?
Auch für Kinder gilt: richtige Ernährung und genug Bewegung! Hier sind die Eltern ebenso aufgerufen, im Rahmen einer

umsichtigen Erziehung eine optimale Balance zu finden. In der heutigen Welt gehören hier Videogames ebenso dazu wie hin und wieder ein Big Mac.

Ein Mitbewerber hat eine Spielkonsole mit „Bewegung" auf den Markt gebracht. Wie siehst du die Zukunft und Entwicklung der Unterhaltungselektronik?
Früher hatten die Menschen grosse Wünsche, aber es war technologisch nicht möglich, diese umzusetzen. Heute kann Technologie fast alles. Die Welt wird immer vernetzter und mobiler. Inhalte jederzeit und überall zu konsumieren, stellt ein grosses Bedürfnis dar. Gute Produkte müssen diesen Trend begleiten.

Die Welt wird aber auch immer farbiger. Eine grosse Zukunft sehe ich im hochauflösenden Fernsehen (HDTV). Damit wird der Betrachter in der Lage sein, Bildinhalte jeglicher Art noch realistischer und noch akzentuierter zu geniessen. Die Leute möchten unterhalten werden.

Hast du sportliche Ziele?
Ja, ab und zu ein persönliches Laufziel, wie den Swiss Alpine Marathon, den Greifenseelauf oder Ähnliches. Aber mit ganz persönlicher Zeitlimite. Oder als Traum einmal den Tokyo Marathon.

Welches ist deine Lieblings-CD?
Eine? Unmöglich, ich brauche eine 30-GB-Festplatte. Mein Musikgeschmack ist sehr breit und reicht von Miles Davis, Jimi Hendrix über James Brown zu den Stooges und endet bei den Red Hot Chili Peppers oder den White Stripes ...

Welches Buch liegt gerade auf deinem Nachttisch?
„Talk Talk" von T. C. Boyle, „Leadership" von Rudy Giuliani und die letzte Ausgabe von „TopGear", dem wohl kultigsten Automagazin aus England.

Mit wem würdest du, bei freier Wahl, gerne mal zu Abend essen?
Wieder einmal mit meiner Frau.

Claudio Ammann, CEO bei Sony, ist verheiratet, hat drei Söhne, zwei Hunde und lebt bei Zürich. Er liebt seine Familie, Toleranz und Freiheit, japanisches Essen, draussen Laufen, liebe Freunde und gute Plattensammlungen. Gar nicht mag er Moralisten, Mies- und Angstmacher, englische Hotels, überfüllte Flughäfen und schlecht sitzende Anzüge.

8.0 Was kann ein Unternehmen tun?

"Sagen und schreiben Sie, was Sie tun, in Ihrer Hochglanzbroschüre und auf dem Internet, und dann – dann tun Sie auch, was Sie sagen!"
Dr. med. Marco Caimi und Patrik Meier

Wir richten dieses Kapitel an Sie! Die Führungskräfte! Die Personen mit Verantwortung für andere Menschen! Entscheidungsträger für sich selbst und ihre Leute!

THE LEADERSHIPMINDSET
Es ist ein Fakt. Führungskraft sein ändert alles. Am besten ist dies erlebbar im Militär. Alle beginnen bei null, als Rekruten, unterste Ebene. Wer das Zeug dazu hat, kann sich zum Gruppenführer ausbilden lassen und wird zum ersten Mal die Verantwortung für andere Menschen als sich selbst übernehmen. Es ändert sich alles.

Bevor Sie eine Leaderin oder ein Leader sind, bedeutet Erfolg vor allem persönliches Wachstum. Das, was Sie erreichen, die Resultate. Ihre Leistungsfähigkeit. Ihre persönlichen Beiträge. Sie heben die Hand, Sie werden aufgerufen, und Sie geben die richtige Antwort.

Sobald Sie eine Leaderin oder ein Leader sind, bedeutet Erfolg das Wachstum anderer. Es bedeutet, dass Sie Ihre Leute smarter, grösser, besser machen. Nichts, was Sie als Individuum tun, ist wichtiger, als wie Sie Ihr Team betreuen und unterstützen und die einzelnen Individuen in deren Entwicklung des Selbstvertrauens helfen. Keine Angst, Sie haben natürlich noch die Aufmerksamkeit von „oben", aber nur noch in der Höhe, in der Ihr Team gewinnt. Lassen Sie es uns noch anders sagen: Ihr Erfolg als Leader kommt nicht primär von dem, was Sie den ganzen Tag tun, sondern vom reflektierten Ruhm der Leistungsfähigkeit Ihres Teams.

Das ist eine grosse Veränderung. Keine Frage: Es ist die meiste Zeit harte Arbeit. Eine Führungskraft zu sein, bedeutet, anders zu denken. Von „Wie kann ich mich bemerkbar machen?" zu „Was kann ich tun, damit meine Mitarbeiter ihren Job besser machen können?"

Was beinhaltet dieser Unterschied in der Fragestellung? In erster Linie: aktiver Mentor und Coach Ihrer Leute sein.

Mentor

Mentoring bedeutet: bei jeder Gelegenheit Rückmeldungen geben (nicht nur beim jährlichen Entwicklungsgespräch). Sprechen Sie mit Ihren Leuten über deren Leistung an Meetings, nach Präsentationen oder nach gemeinsamen Kundenbesuchen. Nutzen Sie jeden möglichen Anlass zum Lehrplatz: Besprechen Sie die Dinge, die gut oder schlecht sind, gefolgt von Verbesserungsvorschlägen. Nicht Zucker-über-den-Kuchen-Streuen ist gefordert, sondern Ehrlichkeit, bei gutem und schlechtem Verhalten. Seien Sie ein Vorbild. Leben Sie den Inspironomie®-Gedanken vor. Ihre Energie wird sich auf Ihre Mitarbeiter übertragen. Es geht nicht mehr nur um Sie. Es geht vor allem Ihr Team.

HUMAN RESOURCES MANAGEMENT – EIN REVIVAL IST NÖTIG!
HR funktioniert selten, wie HR funktionieren sollte. Wenn es HR formal überhaupt noch gibt. Zu oft werden in internationalen Unternehmen in den Tochtergesellschaften die HR-Funktionen wegrationalisiert und die Aufgaben den lokalen Führungsleuten übergeben; diese sind dann hoffnungslos überfordert. KITA: kick in the ass, nennt man das.

Human Resources Management wurde in den letzten Jahren degradiert zur Füttermaschine der Unternehmensdatenbank, zur Abteilung, die auf Kommando für Fun und Gesundheit sorgen soll oder die mühsamen Leute entlässt.

Ist es das, was wir brauchen, wenn wir auf dem Spielfeld „Markt" nur dann gewinnen, wenn wir die besten Spieler aufstellen und als Team auftreten lassen?

In wie vielen Firmen dominiert der CFO (Chief Financial Officer), und die HR-Chefin darf nur im Hintergrund wirken? Wir kennen eine Vertriebsfirma, in der die Geschäftsleitung aus vier Verkaufsleitern und einem Chef Zentrale Dienste besteht. Die Verkaufsleiter haben alle ein Firmenfahrzeug, ein Firmenhandy, einen Laptop und ein Home-Office. Der Chef Zentrale Dienste hat nichts davon und sitzt jedes Wochenende im Büro, fern seiner Familie ...

Würden Sie als Besitzer des FC Basel eher mit dem Finanzchef oder dem Sportchef die Zukunft besprechen? Klar, der Finanzchef kann Ihnen etwas über die Finanzen sagen. Aber der Sportchef persönlich weiss, was zum Siegen notwendig ist: wie gut jeder Spieler ist und wo die Talente zu finden sind, die die Lücken schliessen können.

Das ist Human Resources Management.

Da kommt uns gleich eine inspirierende Idee. Was tun mit all der Erfahrung älterer Mitarbeiter, die Business-Units geleitet haben, die wissen, worauf es ankommt, und plötzlich zur Sanierung der Altersvorsorge vielleicht länger arbeiten sollten? Nutzen Sie die Weisheit der Supersenioren für die wichtigste Funktion des Unternehmens! Dies muss das HR-Management nämlich sein, wenn die Hochglanzbroschüre sagt: „Die Mitarbeiter sind unser wichtigstes Kapital!"

MITARBEITER – WIRKLICH DAS WICHTIGSTE KAPITAL?
Die beste Antwort gibt Ihnen Dr. Peter Petrin in seinem Interview in diesem Buch:

„Für die Schweiz (Deutschland und Österreich) ja; davon bin ich fest überzeugt. Sie sind es, die Produkten und Leistungen einen Mehrwert verleihen können, der unter anderem einen Mehrpreis im Markt rechtfertigt."

In Zeiten, in denen wir uns immer mehr wegbewegen von technisch orientierten Unternehmensstrategien hin zu talentorientierten Unternehmensstrategien, müssen verantwortungsbewusste Führungspersonen ihren Mitarbeitern ein förderndes, aber auch ein forderndes Arbeitsumfeld bieten. Ein Wirtschaftsjournalist hat geschrieben: „Die besten Talente werden sich dort einfinden, entfalten und bleiben, wo es ein Arbeitsumfeld gibt, das ein Treibhausklima für Spitzenleistungen bietet." Diese Talente werden sicher nicht dorthin pilgern, wo durch schlechtes Management das Engagement zum Nullpunkt führt, das schlechte Arbeitsklima die Scheiben von innen beschlägt, die Arbeitsplatzeinrichtung der Nährboden für Rückenschmerzen und Migräne ist, Stress schon auf der Visitenkarte Platz hat und die Krankheitsabsenzenrate höheres Wachstum als der Umsatz aufweist.

Wir haben mit einer Aussage von Dr. Peter Petrin noch eine zweite Antwort auf die obige Frage:

„Marx hatte recht. Die Arbeiter kontrollieren die Produktionsmittel. Denn das Produktionsmittel der Zukunft ist unser Gehirn. Kreative Köpfe bringen das Kapital zum Tanzen. Unternehmen sind nur erfolgreich, wenn die Leute dort anders denken können. Business as usual ist langweilig. Doch wo es langweilig ist, da wollen die guten Leute nicht arbeiten – und die Kunden nichts kaufen."

Diese Antwort kommt aus dem Buch „Funky Business" der beiden schwedischen Ökonomen Jonas Ridderstråle und Kjell A. Nordström.

Wir wollen Mauern des Denkens einreissen. Somit ist auch gesagt, dass es hier nicht um Projekte für ein neues Logo, eine Werbeaktion, neue Beschriftungen für die Firmenfahrzeuge, die Einführung eines CRM-Systems geht.

Die Inspironomie® ist eine Arbeitsweise, in der das wissenschaftliche Wissen der Spezies Mensch und insbesondere die Funktionen des Hirns angewendet werden. Wir wagen uns bewusst an die weichen Faktoren des Arbeitens ran. Der Mensch als Softfaktor steht bei uns im Zentrum des Unternehmens. Wir nehmen uns als Menschen ernst, sind wir doch beide Unternehmer mit Familien und Mitarbeitern, die von uns und dem Erfolg der Unternehmen abhängig sind. Wir wissen insbesondere, wo unser Unternehmerlohn und die Löhne unserer Mitarbeiter herkommen: von unseren zufriedenen und durch unser Tun erfolgreichen Kunden. Dazu haben wir uns verpflichtet, nehmen den Mund bewusst voll, spielen manchmal die Clowns (weil man sonst im trüben Alltag nicht mehr wahrgenommen wird) und tun dies auch mittels unserer SpielKultur öffentlich kund. Ein kleiner Auszug:

Durch unsere informativen, therapeutischen und trainingsspezifischen Bemühungen versuchen wir, unsere Gäste erfolgreicher zu machen.

Erfolg definieren wir als Erfolg in allen Lebensbereichen, und er soll nicht auf das diagnostische Problem beschränkt bleiben. Dieses ist in 98 Prozent aller Diagnosen immer nur Teil eines Ganzen.

Unter Erfolg unserer Gäste verstehen wir:
Erfolg im Beruf
Erfolg im privaten Bereich
Erfolg im finanziellen Bereich
Erfolg im sozialen Bereich
Erfolg in Hobby und Freizeit

Erfolg ist nur durch die Ausgeglichenheit von Körper und Geist (body and mind) möglich.

PRODUKTIVITÄTSFAKTOR MENSCH
In der Informationsgesellschaft und der zukünftigen Kreativgesellschaft (gemäss Zukunftsforschern haben wir noch bis 2010 Zeit, uns darauf vorzubereiten) wird Produktivität in erster Linie von der Gestaltung und insbesondere der Aufnahme- und Verarbeitungsfähigkeit von Informationen bestimmt. Da die wichtigsten Informationsflüsse sich zwischen Menschen abspielen, kommt der psychosozialen und physischen Kompetenz eine zentrale Rolle zu. Der wichtigste Produzent, Anbieter, Träger, Übermittler, Anwender und Konsument von Informationen ist der Mensch. Der Mensch als wichtigster Produktivitätsfaktor.

Die Bedeutung des einzelnen Menschen nimmt in Zukunft nicht ab, sondern zu. Seine persönliche und fachliche Weiterbildung, sein Kreativitätspotenzial, seine aktive und omnipräsente Beteiligung an kontinuierlichen Entscheidungsprozessen sind gefragt.

Fachliche, kommunikative, soziale und eben persönliche Kompetenz.

Die Mitarbeiter im deutschsprachigen Raum zählen weltweit mit Sicherheit zu den fachlich am besten geschulten. Aber leider schon bei den kommunikativen Komponenten hapert es dramatisch – nicht zu sprechen von der fehlenden Sozialkompetenz. Am düstersten sieht es aber in den persönlichen Kompetenzen aus, den Fähigkeiten, die es dem Kreativmitarbeiter erlauben, überhaupt kreativ zu sein.

Die Menschen sind in diesem Jahrtausend körperlich und mental nicht genug vorbereitet. Seelische und physische Gesundheit und die aus ihr hervorgehenden sozialen Fähigkeiten und produktiven Kräfte wie Zusammenarbeit, Umgang mit (andersartigen) Menschen, Kreativität, Eigenmotivation, die Beantwortung der Sinnfrage, Rücksichtnahme, Ausdauer, Kraft und Lernbereitschaft werden in der Arbeitsgesellschaft immer wichtiger, obwohl diese Faktoren in keiner Bilanz, keiner Erfolgsrechnung und auch nicht in der volkswirtschaftlichen Gesamtrechnung, wo sie gerade von entscheidender Bedeutung sind, auftauchen. Leider ist unser Bildungswesen auf die Vermittlung solcher Erfolgsfähigkeiten nicht oder gar nicht eingestellt. Hier können und müssen die Unternehmen die Lücke stopfen und ihren Mitarbeitern den Weg zum betrieblichen und persönlichen Erfolg ebnen.

WAS SIE/UNTERNEHMEN TUN KÖNNEN: THE GLOBAL VIEW
Auch wir sind tief schockiert über die Resultate einer Untersuchung des Gallup-Instituts in Deutschland:

- **90 %** der Mitarbeiter in deutschen Unternehmen sind nicht mit ganzem Herzen bei der Arbeit.
- **70 %** verspüren nur eine geringe emotionale Bindung zum Arbeitgeber und leisten Dienst nach Vorschrift.
- **18 %** verspüren keine emotionale Bindung zum Arbeitgeber und haben bereits innerlich gekündigt.

Beiden letzteren Gruppen fehle auch die Freude bei der Arbeit.

Gallup schätzt den jährlichen gesamtwirtschaftlichen Schaden durch fehlendes Engagement am Arbeitsplatz in Deutschland auf bis zu 260 Milliarden Euro; der wichtigste Grund für diesen nicht akzeptablen Zustand sei schlechtes Management. Gesundheit, Kreativität, Inspironomie®, Engagement, Produktivität, Markterfolg, Unternehmenserfolg, Umsatz, Gewinn sind

> Chefsache!
> (Chef: die sinnstiftende Führungskraft)

Sie können für sich persönlich und im Unternehmen zwei Hauptstossrichtungen zur Inspironomie® befolgen.
- Verhalten: Entwicklung inspirierender Arbeits- und Lebensweisen
- Verhältnisse: Entwicklung inspirierender Arbeits- und Lebensbedingungen

Die Umsetzung der Inspironomie® folgt persönlich wie auch im Unternehmen (als Grossmäuler könnten wir hier sogar das Gesellschaftssystem erwähnen) dem bekannten Denkmodell der Unternehmensplanung:

Vision/Unternehmenskultur/langfristige Unternehmensziele
↓
Mittelfristige Unternehmensziele
(Businessplan)
↓
Kurzfristige Unternehmensziele
(Jahresbudget)
↓
Die Konzepte
(hier sei insbesondere das Mitarbeiterkonzept erwähnt)
zur Erreichung des Budgets
↓
Der Prozess der Soll-Ist-Vergleiche
(Controlling)

Ihr persönliches Fundament bildet Ihre Einstellung und das Fundament für Ihr Unternehmen ist die Unternehmenskultur.

DIE INSPIRONOMIE®-TOOLBOX

Wir haben während eines Longjoggs für Sie ein Brainstorming durchgeführt. Das Resultat ist die ToolBox, der WerkzeugKasten, auf Seite 277 und 278. Heute sind die Werkzeugkisten ja riesengross, da es nicht mehr nur den 10er-Schlüssel für das Lösen der 10er-Mutter, sondern noch den „Engländer" oder die elektrisch betriebene Handmaschine gibt. Manchmal könnte sogar eine Einheit TNT zur Sprengung des Problems hilfreich sein. Ebenso gross ist die ToolBox, die Ihnen im Unternehmensalltag zur Verfügung steht. Nehmen Sie sich, was Sie brauchen, um Ihr Unternehmen zum HotSpot für Inspironomie® zu machen:

> HotSpot: dort, wo die Besten hingehen

Verhalten Entwicklung inspirierender Arbeits- und Lebensweisen	**Verhältnisse** Entwicklung inspirierender Arbeits- und Lebensbedingungen
Jeder Mitarbeiter lernt das Grundhandwerk des Managements.	SpielKultur als Firmenregelwerk
Alle lesen Dale Carnegie als Basis des Beziehungsmanagements.	Mitarbeiterkonzept nicht nur denken, sondern auch haben
Networking ermöglichen als Aufbaustufe im Beziehungsmanagement	Transparenz für alle
Zeitmanagement oder besser ihr persönlicher LiveTicker resp. LifeTicker.	Jedem Mitarbeiter ermöglichen, dass er seine Ideen dem Unternehmen einfach zur Verfügung stellen kann und entsprechend belohnt wird
Umgang mit E-Mail, SMS, Blogging, ohne dass Sie 3 000 E-Mails in der Inbox haben	Regelwerke im Unternehmen zu Mobbing, sexueller Belästigung am Arbeitsplatz erstellen und jeden Mitarbeiter unterschreiben lassen
Persönliche DenkInseln im Tagesablauf einbauen	Inseln schaffen zum Menschsein
Konfliktmanagement als aktive Mobbingprophylaxe	Socializing: die „Pfadi-Kultur"
Frustrationstoleranz-Training	Den Move-Coach Dr. med. Marco Caimi den Mitarbeitern zur Verfügung stellen
Fördern der Zusammenarbeit im Team	Die Inspironomie®-Couch
Nutzung der Grundelemente der betrieblichen Gesundheitsförderung (BGF)	Role Modelling aller Führungskräfte fordern
Vorleben von persönlicher Fitness mit ÄQUILIBRIS-LebensPower®	Flexible Arbeitszeitmodelle

Verhalten Entwicklung inspirierender Arbeits- und Lebensweisen	Verhältnisse Entwicklung inspirierender Arbeits- und Lebensbedingungen
Stressmanagement, um sich nicht bis zum Bruch zu verbiegen	Seminare zur Pensionsvorbereitung zur Verfügung stellen
Lifestyle-Beratung (CLO: Chief Lifestyle Officer) implementieren	Kooperation mit Trainingscentern
SoulSports: meditatives Training salonfähig machen	Mitarbeiter-Events zur Inspironomie® einführen
Lessness – weniger ist mehr	Erfolg gemeinsam erleben: feiern, wie die Feste fallen
Inhouse-Seminare organisieren und diese auch besuchen	Sinnbringende Führungskräfte entwickeln
Motivation: Lust statt Frust erleben durch Beantwortung der Sinnfrage	Die richtigen Mitarbeiter einstellen: „Do what you like, like what you do – life is good."
Lesen, lesen, lesen	Vertrauen führt
Laufen, das wirkungsvollste persönliche Werkzeug	„A call to action" des WEF umsetzen: – Take the pulse – Embed a culture of health – Manage the change – Collaborate and consolidate – Lead by example
Die Theorie „Flow – der Weg zumGlück" studieren	Human Resources Management auf die gleiche Stufe wie Financial Management setzen
Arbeit und Projekte auch nach der Lohnarbeit haben	Lounge- und Kaffeehauskultur innerhalb oder auch ausserhalb des Büros umsetzen („Arbeiten wie bei Starbuck's")
Blödeln, wenn es mal nicht mehr lustig ist	Inspironomie® braucht Ruhe: Einführung von Entspannungsorten in der Firma
Kapitel „Egomarketing" umsetzen	Kapitel „Die Umgebung der Arbeit" umsetzen

Lassen Sie uns ein paar dieser Werkzeuge näher unter die Lupe nehmen.

GRUNDHANDWERK DES MANAGEMENTS: WEGWEISER
„Richtiges und gutes Management ist lernbar!" Dies ist der Ausspruch des Management-Vordenkers Fredmund Malik. Und er hat recht – natürlich. Jeder von uns ist ein Manager, und wer es noch nicht ist, wird es einmal sein. Für diejenigen, die es noch nicht sind oder nie werden wollen, gilt, dass sie das Grundhandwerk des Managements kennen müssen, damit sie das Tun ihrer Umgebung verstehen. Unser Ansatz der Inspironomie® benötigt wirkungsvolles Management, sonst geht gar nichts und es herrscht die Denkweise: „Dies tun wir dann, wenn wir einmal Zeit haben". Das Konzept Maliks besteht aus einigen wenigen wichtigen Grundsätzen, fünf Aufgaben und sieben Werkzeugen.

Grundsätze wirksamer Führung:
1. Ergebnisorientierung
2. Beitrag zum Ganzen leisten
3. Konzentration auf weniges
4. Stärken nutzen
5. Vertrauen
6. positiv denken

Aufgaben:
1. für Ziele sorgen
2. Organisieren
3. Entscheiden
4. Kontrollieren, Messen, Beurteilen
5. Fördern von Menschen

Werkzeuge:
1. Sitzungen
2. Berichte und andere schriftliche Kommunikation
3. Job-Design und Assignment-Control (Stellengestaltung und Auftragstaktik)
4. persönliche Arbeitsmethodik
5. Budget und Budgetierung
6. Leistungsbewertung
7. systematische Müllabfuhr

Denken Sie noch einmal scharf darüber nach. Dies sind Basics, um wirkungsvoll zu sein. Werden diese bei Ihnen praktiziert – oder eher doch komplett vernachlässigt?

Und vor allem: Wann haben Sie Ihr Grundhandwerk zum letzten Mal trainiert? Denken Sie in der nächsten Budgetphase daran.

LESEN SIE EINMAL DALE CARNEGIE
„Wie man Menschen gewinnt" sollte für jeden von uns ein Standardwerk sein. Wir bräuchten uns keine Sorgen mehr um Toleranz, Respekt, Höflichkeit oder Herzlichkeit zu machen.

LIFETICKER: WENN ZEIT NICHT GELD, SONDERN LEBEN IST
Im Prospekt unserer Trainingsbetriebe steht: „Keine Zeit für all das? Aber für durchschnittlich 21 Stunden TV pro Woche." Die 21 Stunden sind natürlich „nur" ein Durchschnitt.

„Zeit ist der Stoff, aus dem das Leben besteht."
                    Benjamin Franklin, amerikanischer Staatsmann

Machen Sie den Umgang mit der Zeit zu einer Kernkompetenz. Man wird Sie darum beneiden.

- Was ist sein Erfolgsgeheimnis, dass er immer pünktlich ist?
- Warum kann er noch in der hektischsten Phase ruhig bleiben (nennt sich „Löwe sein")?
- Wie kann er es sich leisten, Urlaub zu machen?
- Dass er noch Zeit hat, Bücher zu schreiben ...
- Woher nimmt er sich die Zeit, jeden Tag laufen zu gehen?
- Wie schafft er es, immer ein offenes Ohr für die Kunden zu haben?

ZEIT HABEN: KONZENTRATION – FOKUS – INSPIRONOMIE®
Geben wir Benjamin Franklin recht, dann ist die Fähigkeit, Zeit zu haben, die Fähigkeit, ein Leben zu haben. Die Zeit zu managen, hat rein gar nichts mit der Anschaffung einer ausgeklügelten elektronischen Agenda zu tun. Es ist vielmehr eine Kopfsache. Ob wir uns ruhig und gelassen oder gehetzt fühlen, ob wir auf erfüllte Jahre zurückblicken oder auf leere, ist eben nichts Greifbares. Sich Zeit zu nehmen, ist eine der Grundvoraussetzungen für einen inspirierten Tag. Sie entscheiden, ob Sie am Morgen vor dem Frühstück einige Kilometer laufend zurücklegen, den Tag durchdenken, sich der Schönheit der Natur ergötzen, Sauerstoff aufnehmen und mit Schwung den (geplanten) Tag beginnen.

Sauerstoffaufnahme = Inspironomie®
Sauerstoffabgabe = Depression

Heute hat niemand mehr die Zeit im Griff, diese hat uns im Griff. Jeder trägt eine solche Lebensprothese am Armband. Die Uhr muss von der Prothese zum Inspirometer mutieren.

Machen Sie es sich zur Pflicht, sich und die Mitarbeiter in ein hochkarätiges Zeitmanagementseminar zu schicken. Teilnehmer lernen an solchen Seminaren, die ihnen zur Verfügung stehende Zeit zu optimieren. Nicht nur die Arbeits-, sondern vor allem die Privatzeit. Nach einem solchen Seminar finden Sie plötzlich unglaublich viele Zeitblöcke, die Sie für Ihre kreativen Denkprozesse brauchen. Wenn aber das Seminar nur dazu geführt hat, dass jeder Mitarbeiter die neueste Version von Outlook (Windows) oder Entourage (Mac) beherrscht, die Klänge für die verschiedenen Alarmfunktionen einstellen kann (die Klänge tönen heute fast schon länger als die Aufgaben selber) und beim ersten „Server Down" die Mitarbeiter gar nicht mehr arbeiten können, dann war das gut gemeint investierte Geld nur der Steilpass für einen schönen freien Tag für die Mitarbeiter. Diese Seminare schiessen dann komplett am Ziel vorbei. Eine herrliche Beschreibung solcher Fehlschüsse durften wir kürzlich lesen: „Wer seine Tage penibel mit Filofax und Aufgabenlisten verwaltet, ähnle jenen Frauen, die sich nur von Joghurts und Karotten ernähren, obwohl sie nicht den geringsten Hang zur Fettleibigkeit zeigen."

Das Management des Zeitmanagementsystems nimmt dann mehr Zeit in Anspruch, als man überhaupt zum Arbeiten zur Verfügung hat. In den ersten paar Tagen ist man zwar noch voll begeistert, wird dann aber von Tag zu Tag nachlässiger und hört spätestens dann auf, wenn man vor lauter Zeitmangel nicht mehr weiss, wo einem der Kopf steht. Wir kennen diesen Ablauf sehr gut von der Diättheorie. Jede Diät macht (im Hochglanzmagazin) Sinn, und jede ist unmöglich durchzustehen. Nach der Diät sind die Kilos so schnell wieder zurück, wie beim Zeitmanagementsystem die Zeitnot wieder an die Türe klopft. Dies gilt es zu beheben, wenn Sie wirklich Kreatives und Spannendes erschaffen wollen.

Die Zeitnot (und glauben Sie uns, die Zeitinseln für Inspirationen werden zuerst auf der Strecke bleiben) hat drei wesentliche Ursachen:

- die Unfähigkeit, sich zu konzentrieren
- Stress
- keine Lust

„Ich weiss nicht mehr, wo mir der Kopf steht", ist die beste Beschreibung von schlechtem Umgang mit der Zeit, von der wir alle genau gleich viel zur Verfügung haben. Das Empfinden von Zeitnot geht auf die Kappe von Fühlen und Denken. Genau hier muss der innerliche Ruf nach dem „Stopp" kommen. Sie haben ein Fokusproblem.

Um dies zu verstehen, müssen Sie wissen, dass auf der Bühne des Zeitmanagements unser Arbeitsgedächtnis die Hauptrolle spielt und dass gerade dieser Teil unseres Gedächtnisses auf die magische Zahl 7 fixiert ist. Es kann nur sieben plus/minus zwei Informationen aufnehmen. Sie kennen nun spätestens durch dieses Buch auch die Problematik der Informationsflut in der heutigen Zeit. Auch spielen wir heute viel mehr verschiedene Rollen im Leben, so dass wir schon aufgrund der verschiedenen Rollen viel mehr Informationen vorgesetzt erhalten. Stellen Sie sich dies wie das Sushi-Band beim Japaner vor. In unserem Leben setzen wir uns an die Sushi-Bar, und es laufen fünf bis zehn Bänder mit unterschiedlichen Geschwindigkeiten übereinander angeordnet vor dem Auge durch. Welches Band verfolgen wir, und welches Tellerchen nehmen wir? Die meisten Menschen haben die Eigenschaft, dass sie gleichzeitig von jedem Band am liebsten alle Tellerchen nehmen würden und die Inhalte auch noch gleichzeitig verschlingen möchten. Alles Gute, Kamerad Verdauungstrakt!

Zum Glück haben wir einen Sushi-Band-Zugriffsfilter namens Aufmerksamkeit, der in den meisten Fällen eine zu unseren Gunsten ausfallende Kosten-Nutzen-Rechnung für alle Informationsangebote macht. Dieser Rechner wird aber tagtäglich aufs Äusserste gefordert, und wir können nur hoffen, dass er langlebige Batterien hat.

Eine immer wieder angepriesene Lösung für das Multi-Level-Multi-Speed-Sushi-Band (MLMSSB) ist das Multitasking. Von Multi zu Multi sozusagen. Männer können dies schon gar nicht und Frauen sollten es gemäss Studien nicht können. Denn das Multitasking sollte demnach umgetauft werden:

> Multitasking = Zeitvertrödler
> und Fehlergenerator

Glauben Sie nicht? Dann lesen Sie einmal die Studien von Yuhong Jiang, einer Psychologin von der Harvard-Universität.

Wir versuchen es natürlich trotzdem: Wir schreiben E-Mails, während wir das Handy zwischen Ohr und Schulter eingeklemmt haben, unterschreiben sogar noch ein Dokument gleichzeitig (von dem wir später nichts mehr wissen wollen), beantworten nickend noch Fragen der Mitarbeiter, und eigentlich drückt ja noch die Blase ...

Aber was tut man nicht alles, wenn Zeit nur noch Geld zu sein scheint?

Womit verlieren wir Zeit und als Folge davon Geld? Mit
1. Tätigkeiten, die wir gerade erledigen
2. Unerledigtem im Kopf
3. Unterbrechungen
4. Störungen

Sie schreiben am Monatsbericht, und plötzlich klingelt das Telefon. Nach einer Minute versuchen Sie, die Arbeit wieder in Angriff zu nehmen, und merken, wie Sie einerseits noch am Verarbeiten des Telefongesprächs sind und auf der anderen

Seite den Faden beim Berichtschreiben verloren haben. Sie verlieren viel mehr als eine Minute – garantiert.

*„Man verliert am meisten Zeit damit,
dass man Zeit gewinnen will."*
John Steinbeck, amerikanischer Literaturnobelpreisträger

Wir sind uns sicher, dass Herr Steinbeck sich für eine Zeit abschottete, um seine Bücher zu schreiben. Dass dies im Arbeitsalltag nicht immer möglich ist, wissen auch wir. Eine mögliche Hilfe kann sein, wenn Sie sich virtuell an einen entlegenen Ort denken. Eine DenkInsel sozusagen. Es hilft Ihnen ein Schild mit der Aufschrift „Achtung Kernzeit, bitte nicht stören."

Zeitmanagement = die Arbeitsweise des Gehirns verstehen
Zeitmanagement = Training des Hirns
Zeitmanagement = Liste mit Aufgaben erstellen, Aufgaben in Etappen aufteilen und eine Einfallsliste führen (Einfälle aufschreiben und später wieder aufnehmen)
Zeitmanagement = „Stopp" rufen, wenn Ablenkung droht
Zeitmanagement = Zeit haben, um kreativ zu sein
Zeitmanagement = Inspironomie®

Stefan Klein beschreibt uns in seinem eindrucksvollen Buch „Zeit" sechs Schritte für ein entspannteres Leben. Die Befolgung dieser Ratschläge hilft uns, nicht Sklaven der Uhr, sondern Herren unserer Zeit zu sein:
1. Souveränität über die Zeit
2. im Einklang mit der Körperuhr leben
3. die Musse kultivieren
4. die Augenblicke erleben

5. Konzentration lernen
6. seinen Vorlieben folgen

WENN DIE INSPIRATION LAUFEND ERSCHEINT
Wenn Sie das Kapitel der vier Säulen des persönlichen Wohlbefindens noch nicht überzeugt hat, warum jeder Mensch laufen nicht nur sollte, sondern muss, und die an Kreativität und Gesundheit der Mitarbeiter interessierten Unternehmen einen riesigen Nutzen von laufenden Mitarbeitern haben, empfehlen wir Ihnen folgende Kolumne von Dr. med. Ulrich Strunz (Gastkolumnist auf www.aequilibris.ch):

Im Laufschritt zum Glücksdoping: die drei Gänge der Seele
Der bewegte Mensch mixt sich jeden Tag einen Hormoncocktail. Einen Cocktail aus Glücksbotenstoffen. Wirkt wie Doping – für Sie und vielleicht auch für Ihre Mitmenschen. Denn gute Laune, genauso wie Spontaneität, die Sie als Läufer an den Tag legen, wirkt ansteckend. Ganz zu schweigen von zunehmender Eloquenz und Geistesblitzen. Hormoncocktail? Dafür brauchen Sie: Schuhe und frische Luft. Und Sie ernten je nach Tempo alles – von Glück über Kreativität bis hin zum Rausch.

Gute Laune im ersten Gang
Laufen Sie locker. Tippeln Sie im Gehtempo vor sich hin, so als ob Sie noch 40 km vor sich hätten. Das ist das Gute-Laune-Tempo: In Ihrem Körper steigt der Serotonin-Spiegel an. Das körpereigene Antidepressivum schenkt Ihnen Heiterkeit und Abstand zu Ihren Problemen. Die Welt wird bunt und ist plötzlich voll neuer Möglichkeiten. Nutzen Sie dieses Tempo zum Einlaufen auch an Tagen, an denen Sie eigentlich nicht mögen. Sie laufen sich Lust an, Lust auf eine zusätzliche Laufrunde oder einen höheren Gang.

Das Tempo für gute Laune:
Laufen Sie bei 60 bis 70 Prozent des Maximalpulses.
Tempo und Herzschlag (Puls) gehören zusammen. Ihren maximalen Herzschlag, Ihren Maximalpuls (HFmax), erreichen Sie nur mit höchster Anstrengung, mit schnellstem Tempo, mit sprinten. Das ist nicht immer gesund. Gerade wenn Sie bisher überzeugter Bewegungsmuffel waren. Deswegen gehen Sie auf Nummer sicher und errechnen Sie Ihren ungefähren Maximalpuls. Und fühlen Sie dann beim Laufen, ob die Faustformel für Sie richtig ist.
HFmax für Männer: 220 – Lebensalter
HFmax für Frauen: 226 – Lebensalter

(Anmerkung der Autoren: Die Ungenauigkeit dieser Faustformeln kennen Sie ja bereits, und Sie wissen auch, dass der Laktattest Ihre spezifischen Werte liefert.)

Probleme lösen im zweiten Gang
Sie haben Lust auf mehr bekommen? Dann schrauben Sie Ihr Tempo hoch. Schalten Sie in den zweiten Gang. Ihre Wahrnehmung wird sich nach innen richten. Auf Ihre Gedanken, auf Probleme, die Sie schon lange mit sich herumtragen. Und plötzlich zerplatzt die Seifenblase, und die Lösung ist da. Auf solche Geistesblitze und Spontanlösungen sollten Sie gefasst sein. An manchen Tagen ist die Ideenflut so überwältigend, dass Sie gut daran tun, ein Diktiergerät mitzunehmen. Denn selbst mit getuntem Gehirn kann so manch genialer Ansatz auf der Strecke für immer verloren gehen.

Mit solchen Erlebnissen müssen Sie im zweiten Gang rechnen. Denn bei diesem Tempo, bei 70 bis 80 Prozent des Maximalpulses, überflutet das Kreativitätshormon ACTH (Adrenocorticotropes Hormon, Hollmann 1988), auch als gutes

Stresshormon bezeichnet, Ihren Körper. Es öffnet den Zugang zu Ihrem Bauch, zur Intuition. Es macht den Weg frei für innovative Ideen. ACTH, ein Hormon der Hypophyse (Zirbeldrüse) – ein Hormon der Stressachse –, senkt Ihren Blutdruck, senkt den Puls, lässt Ihren Körper sich entspannen, während Ihr Geist hellwach und kristallklar wird.

Wenn Sie gewieft sind, dann laufen Sie morgens. Vom Morgenlauf profitieren Sie den ganzen Tag: Die Denkschiene bleibt offen, macht sich auch Stunden nach dem Laufen am Schreibtisch noch bemerkbar. Übrigens brennt ACTH auch das „Fett zwischen Ihren Gehirnzellen" weg und macht so den Gedankenfluss, die Kommunikation der Zellen untereinander, wieder möglich.

Das Tempo für Ideen: Laufen Sie bei 70 bis 80 Prozent des Maximalpulses.

Berauschendes Glück im dritten Gang
Wenn Sie jetzt einen Gang höher schalten, haben Sie einen Affenzahn drauf. Das spüren Sie, das spürt Ihr Körper. Die Beine beginnen zu schmerzen, und trotzdem federn sie leicht über den Boden. Berühren ihn kaum. So fühlt sich Fliegen an. Ein berauschendes Gefühl zwischen Schmerz und Ekstase, zwischen Weinen und Lachen. Der Atem wird schnell und tief. Er durchflutet wohlig Ihren ganzen Körper. Das sind Endorphine pur. Endorphine stillen den Schmerz und lassen Sie eintauchen in einen Glücksrausch. Das ist das berühmte Runner's High, nach dem jeder Läufer aufs Neue giert. Vorsicht, Suchtgefahr! Nicht dass Sie so wie ich täglich immer länger Ihre Laufschuhe ausführen und zum Junkie werden.

Das Tempo für den Glücksrausch: Laufen Sie bei 80 bis 90 Prozent des Maximalpulses.

Dr. med. Ulrich Strunz, www.strunz.com vom 12.12.2006

Tägliches Laufen bedeutet gelebte Inspironomie®, oder in den Worten von Mike Finch:

*„If running was just all about exercise
it wouldn't be nearly as much fun."*

(Magazin „Runner's World",
Ausgabe July 2007, South Africa)

STRESSMANAGEMENT
„Ich bin gestresst." Falsch. „Ich bin in Zeitnot." Richtig.
 Wir haben nicht Stress, weil wir keine Zeit haben, sondern wir haben keine Zeit, weil wir gestresst sind. Es hat aber einen Grund, warum das Wort „Stress" so häufig und fast inflationär verwendet wird. Sobald jemand unter Zeitdruck steht, wird der ganzen Umwelt verkündet, dass man gestresst sei. Wir müssen lernen, zu begreifen, dass Stress unglaublich wenig mit zu wenig Zeit zu tun hat. Und wohlverstanden, wir sprechen hier primär von psychischem und nicht von physischem Stress. Würden wir von physischem Stress schreiben, könnten wir gleich mit der Besprechung der Trainingstheorie loslegen, denn hier ist Stress sogar höchst erwünscht. Im Training gilt – ohne Stress (sprich Trainingsreiz) gibt es kein Wachstum. Ob wir psychischen Stress brauchen, um persönlich zu wachsen?
 Psychischer Stress ist eine Reaktion unseres Organismus, wenn wir das Gefühl haben, dass wir nicht mehr Herr der Lage sind:
– Angst, die Aufgabe nicht bewältigen zu können
– Angst vor Stellenverlust
– Mann: Angst vor Positionsverlust
– Frau: Angst, als schlechte Mutter dargestellt zu werden
– ständige Verfügbarkeit
– Vorgaben des Vorgesetzten

- Fremdbestimmung anstelle von Selbstbestimmung
- Kontrollverlust

> Keine Kontrolle stresst. Kontrolle beruhigt.

Anlässlich einer Studie über Stressbelastung in der Schweiz aus dem Jahre 1999 haben die befragten 1 000 Angestellten Folgendes angegeben:
- 74 % neue Vorgesetzte in den letzten zwei Jahre
- 70 % neues Lohnsystem
- 59 % Arbeitszeit neu organisiert
- 55 % gute/n Arbeitskolleg/in verloren
- 100 % neue Anforderungen und neue Kollegen

Was können Unternehmen gegen Stress tun?
- **Stress-Seminare:** Wie schon der Stressguru Hans Seyle in seinem Aufsatz „The Nature of Stress" geschrieben hat, ist der erste Schritt im Kampf gegen Stress die Auseinandersetzung des Ichs mit Stress. Dies geschieht am besten unter Anleitung. Es gilt, herauszufinden, wo das eigene Stressniveau liegt und mit welcher Geschwindigkeit man seinen eigenen Zielen entgegenlaufen kann. „There is no point in forcing a turtle to run like a racehorse or in preventing a racehorse from running faster than a turtle because of some ‚moral obligation'." („Es macht keinen Sinn, aufgrund einer ‚moralischen Verpflichtung', eine Schildkröte zu zwingen, so schnell wie ein Rennpferd zu laufen, oder ein Rennpferd davon abzuhalten, schneller als eine Schildkröte zu laufen.")
- **Ziele:** Machen Sie die Unternehmensziele zu persönlichen Zielen der Mitarbeiter. Die Auftragstaktik ist zwar Erfolg versprechend, geht aber sehr oft auf Kosten der Mitarbeiter.

Auftragstaktik und Führung mit Zielen sind fantastisch kombinierbar. Noch einmal Hans Seyler: „Fight for your highest attainable aim, but do not put up resistance in vain."
(„Kämpfe für das höchste erreichbare Ziel, aber baue keine unnötigen Barrieren auf!")
- **Respekt und Vertrauen:** Denken Sie immer daran, dass die Menschen eine Riesenportion Egoismus in sich haben. Suchen und geben Sie Respekt und Vertrauen.
- **Selbstbestimmung:** Selbstbestimmung ist unsere Antwort auf die Frage, ob man Ziele vorgeben oder zusammen erarbeiten soll. Wenn es um Stressmanagement geht, gibt es nur eine Möglichkeit: Zusammen sind wir stark.
- **Perspektive:** Seit der Dotcom-Pleite scheint es, dass man keine Visionen mehr haben darf. Ob es Richard Branson, Bill Gates & Co. ohne Visionen so weit gebracht hätten?
- **Arbeitszeitsysteme:** Der „Trend der Frauen" wurde bereits erläutert, und nun sollten Sie sich genau überlegen, warum die Finnen weniger gestresst sind. Stichworte: Tagesmütter, flexible Arbeitszeiten, Ladenöffnungszeiten ... Politik und Firmen sind gefordert. Übrigens, Männer profitieren genau gleich davon, wenn sie die Arbeitszeit selbst bestimmen können.
- **Planung:** Planung gibt Sicherheit und Fokus. Und wenn Sie gemeinsam mit Ihren Mitarbeitern planen, wird dieser Effekt noch verstärkt ...

Etwas haben wir ganz vergessen. Insbesondere für diejenigen, die das ganze „Geschwätz" um Bewegung und Ernährung nicht mehr hören können:
1. Das beste Mittel, um den Stresspegel wieder auf ein normales Niveau zu bringen, ist die Bewegung. Stellen Sie sich eine Bowlingbahn vor. Jeder gelaufene Kilometer ist ein

Treffer und somit ein „Versenken" eines stehenden Kegels. Machen Sie den „Strike" zu Ihrer Antistresspille.
2. Übergewichtige haben erwiesenermassen bei gleichen Stressoren höhere Werte des Stresshormons Cortisol und sollten entsprechend mehr Bowlingkegel versenken. Bei Fragen hilft Ihnen sicher Frau Prof. Dr. Ehlert von der Uni Zürich weiter – sie konnte dies nämlich mit ihrem Team in Untersuchungen belegen. Also: I'm walking, ...

UMGANG MIT E-MAIL UND SMS

„I am so far behind on e-mail that I am declaring bankruptcy. If you've sent me an e-mail (and you aren't my wife, partner, or colleague), you might want to send it again. I am starting over."

Die Washington Post zitiert hier den Investmentbanker Fred Wilson, der in seinem Blog eine Bankrotterklärung aussprach: Er sei mit der Beantwortung seiner Mails so weit im Verzug, dass er darum bitten müsse, alle früher gesendeten Mails noch einmal an ihn zu schicken, damit er einfach „von vorne anfangen" könne.

Machen Sie sich und allen Mitarbeitern klar, was Aufgaben und was Werkzeuge sind. Aber nehmen Sie sich die Zeit, den Mitarbeitern den Umgang mit den elektronischen Hilfsmitteln am Arbeitsplatz zu zeigen. Den privaten Umgang kennen die Mitarbeiter normalerweise besser als Sie selbst ... fragen Sie doch einfach mal Ihre Mitarbeiter, wo man heute seine/n Frau/Mann findet.

Und vergessen Sie nie, eine E-Mail zu schreiben, ist wie einen Brief zu verfassen. Was heute an E-Mails versendet wird, grenzt an Perversion. Da werden keine Titel verwendet, keine Ansprachen gemacht, und wenn Sie eine Antwort auf Ihre Mail mit drei Fragen innert Sekunden zurückerhalten mit dem Inhalt: „Ja genau, so machen wir es!", dann wissen Sie, dass Ihre Mail überhaupt nicht gelesen wurde. Schöne neue E-Mail-Welt.

Wenn Sie nicht wissen, wie man dies schult, können Sie Ihren Mitarbeitern auch das Buch „Bit Literacy: Productivity in the Age of Information and E-mail Overload" von Mark Hurst empfehlen.

DENKINSELN
Wir brauchen alle unsere Inseln. Wir sprechen hier nicht von Inseln, die weit weg liegen (wobei ein Abschalten auf der einen oder anderen Pazifikinsel sicher dienlich wäre), sondern davon, dass Sie sich zum Denken in Ihrem Arbeitsalltag Inseln ein- oder aufbauen. Diese DenkInseln können Unternehmen Ihren Mitarbeitern schaffen.

Die Schriftstellerin Virginia Wood hat die DenkInseln so definiert: „Ein Raum des eigenen Ichs, der nicht physisch vorhanden sein muss. Es muss ein Raum sein, in dem man ungestört denken kann, auch wenn dieser Raum nur im eigenen Kopf vorhanden ist."

Menschen, die aufhören, zu denken und sich jung zu fühlen, nehmen ihr Leben sehr starr und stur in Angriff. Dies hat nichts mit Kreativität, Wachstum und persönlicher Entwicklung zu tun.

Ihre Gedanken sind das einzige Gut, das man Ihnen nicht wegnehmen kann. Fragen Sie doch einmal Nelson Mandela. Er hat 18 seiner 27 Jahre in Gefangenschaft auf der Insel Robben Island im Steinbruch oder in seiner kleinen Zelle verbracht. Auch dies konnte seinen Spirit nicht zertrümmern. Als er bei seiner Entlassung die staubige Strasse vom Gefängnis zum Boot, welches ihn in die Freiheit bringen sollte, runterlief, wurde ihm klar: „Wenn ich die Verbittertheit über mich siegen lasse, werde ich nie richtig frei sein." Während dieses Marsches hat er seinen Unterdrückern verziehen, denn sonst hätten diese ihn psychisch zerstört. In diesem Moment wurde er wirklich frei, und dies macht ihn so gross. Seine Erfahrung durfte er in einem bestimmten Moment dem damaligen US-Präsidenten Bill Clinton, der öffentlich demontiert wurde, weitergeben: „Die haben meine Ehe zerstört. Die haben mich physisch und psychisch gefoltert. Sie konnten mir alles wegnehmen ausser meinen Geist und mein Herz. Diese sollte ich auch abgeben und habe entschieden, dies nicht zu tun." Und dann sagte Mandela: „Dies sollten Sie auch nicht."

Unternehmen müssen Denker anstellen – und nicht Jasager, um diesen die Möglichkeit zum Denken zu geben.

KONZENTRATION AUF DIE KERNKOMPETENZEN
In Dänemark wurde in den letzten Jahren vom Staat ein Projekt mit dem Namen „Recept på Motion" ins Leben gerufen. Eine ganz tolle Sache im Grundmodell. Bei diesem Projekt durften Hausärzte bei klar definierten Krankheitsbildern ihren Patienten ein „Rezept für Bewegung" ausstellen. Die am Projekt interessierten Ärzte wurden mittels eines dicken Handbuchs so geschult, dass sie Programme für die jeweiligen Patienten zusammenstellen konnten. Nun stellte sich aber die grosse Frage, wer „behandelt" die Patienten? Wer definiert, wie viel Bewegung, mit welcher Intensität, wie lange? Wer korrigiert die Patienten bei der Ausführung? Nach langen Überlegungen war man sich einig, dass die lokal verankerten Physiotherapeuten diese Aufgaben übernehmen sollten. Diese mussten sich nur noch schnell das Einmaleins des Ausdauer- und des Krafttrainings aneignen und dann ...

Zeitungsberichten zufolge soll das Projekt genauer unter die Lupe genommen und unter Umständen gestoppt werden – mangels Effektivität.

Weder das professionelle Wissen noch die Infrastrukturen waren bei den Physiotherapeuten vorhanden, noch hatten diese Erfahrung, insbesondere im Fachgebiet der Ausdauer. Gewundert hat sich nur der Dänische Fitnesscenterverband, der flächendeckend im ganzen Land seit Jahren eine der professionellsten Infrastrukturen bewirtschaftet ...

In die gleiche Denkrichtung ging es bei einigen Grossunternehmen, die in der Boomzeit der Fitnessbewegung firmeneigene Trainingscenter eingerichtet hatten. Diese Räume stehen in den meisten Fällen heute schon wieder leer. Zu hoch (zu Recht) sind die Ansprüche der Trainierenden, als dass man solche „Workout-Räume" einfach mal hinstellen könnte. Sie kennen sicher auch die tollen Gyms der Hotels mit den verrosteten Geräten, welche mittlerweile zur Seite geschoben und durch Spielecken für die Kinder ersetzt wurden. Einfach ein bisschen Fitness funktioniert für den eigenen Körper und auch für ein Trainingscenter nicht.

Lernen Sie von der Vergangenheit, und machen Sie nicht die gleichen Fehler: im Unternehmen ein eigenes Fitnesscenter zu errichten. Der Aufbau, der Betrieb und die erfolgreiche Weiterentwicklung eines Fitnesscenters erfordern branchenspezifisches Know-how, welches in eigenständigen Centern vorhanden ist. Auch bei den bestehenden Studios gibt es Riesenunterschiede. Es gibt eigentlich drei Arten von Fitnesscentern:
- die Studios für Bodybuilder
- die Wellnesstempel
- die Trainingscenter

Wir verstehen unter einem Trainingscenter eine Einrichtung, in welcher die Mitglieder in erster Linie die Kraft, die Ausdauer und die Koordination unter bester fachlicher Anleitung trainieren können. Dem Training geht eine ärztliche Beurteilung der

Gesundheit mittels Gesundheitsfragebogen voraus, danach kann nach einer intensiven Einführung trainiert werden (siehe Inspironomie®-Bar).

Was Sie tun können: Gehen Sie mit einem bestehenden Trainingscenter eine Kooperation ein. Die meisten Center bieten für Firmen und deren Mitarbeiter Spezialkonditionen an. Die innovativen Firmen gehen so weit, dass sie den eigenen Mitarbeitern bei einer Mitgliedschaft einen Teil der Abokosten schenken. Dies ist gelebte Gesundheitsförderung am Arbeitsplatz.

GESUNDHEITSFÖRDERUNG AM ARBEITSPLATZ
Nur gesunde Mitarbeiter können kreativ sein. Es nützt nichts, wenn die Mitarbeiter krank am Arbeitsplatz sind oder diesem aufgrund von Krankheiten komplett fernbleiben. Dessen sind sich mittlerweile wohl alle Unternehmen bewusst – endlich!

Die betriebliche Gesundheitsförderung ist heute schon lange nicht mehr nur eine Option, die man sich leistet, wenn es dem Unternehmen gut geht. Die Denkweise ist eine andere: Geht es dem Mitarbeiter gut, geht es dem Unternehmen folglich auch gut. Flexibler, weniger Gesundheitskosten, weniger Absenzen, höhere Produktivität und höhere Innovationsrate. In unseren Worten: Arbeit ist geil dank Inspironomie®.

Das ENWHP (European Network for Workplace Health Promotion) hat ausgerechnet, dass jeder in die betriebliche Gesundheitsförderung investierte Euro aufgrund von tieferen Absenzen einen ROI (Return on Investment) zwischen EUR 2,40 und EUR 4,80 ergibt. Nicht so schlecht, oder?

Unterstützung hat das ENWHP nun auch vom WEF (World Economic Forum) erhalten. Zusammen mit den Unternehmensberatern von PricewaterhouseCoopers hat man den Bericht „Working Towards Wellness" erarbeitet. Die sich dramatisch entwickelnden Zahlen der chronischen Krankheiten:

- 60 % aller Todesfälle sind den chronischen Krankheiten zuzuschreiben.
- In den nächsten zehn Jahren werden diese Todesfälle um 17 % zunehmen.
- Chronische Krankheiten sind ein weltumspannendes Problem (hat ja auch was mit Globalisierung zu tun, oder?).
- Nur 3 % der Gesundheitsausgaben werden für die Prävention eingesetzt. Mit 97 % wird geflickt.

Der Zusammenhang mit dem Revier Arbeit:
- Der Arbeitsplatz ist eines der wichtigsten Settings für erfolgreiche Gesundheitsprävention.
- Betriebliche Gesundheitsförderung hat ein riesiges Produktivitätspotenzial.
- Gesundheitsprogramme sind ein aktives Element zum Halten und zur Gewinnung der besten Mitarbeiter (winning the war for talents). Es heisst dort, dass diese Programme helfen, dass die Talente an ihrem Arbeitsplatz glücklich sind.
- Betriebliche Gesundheitsförderung ist ein sehr wirksames Mittel, um die alternden Mitarbeiter für die letzten Jahre bei der Arbeit fitter zu machen. Nur dann kann man von der Erfahrung profitieren.
- Marken wirken attraktiver.

Das grosse Problem der Unternehmungen gemäss diesem sehr professionellen Bericht ist:

> die Implementierung

Aber das Beste am Bericht ist der Aktionsplan mit dem Namen „A Call To Action". Frei nach dem Motto: „Action" bringt „Satisfaction". Hier werden insbesondere die CEOs dazu aufgefordert, ihr persönliches Commitment zu einer gesunden Lebens- und (eben auch) Arbeitsweise zu geben.

SEMINARE: WISSENSVERMITTLUNG IM UNTERNEHMEN
In der Schweiz horchten wir im letzten Jahr auf, als in der stündlichen Nachrichtensendung im Radio die Meldung kam: Alle Schweizer/innen wollen gesund sein, verstehen aber nicht, was uns die Gesundheitsapostel sagen wollen. Was das genau heisst: Herr und Frau Schweizer, Herr und Frau Deutsche und Herr und Frau Österreicher haben keine Ahnung von gesunder Lebensführung. Sie glauben alles, was in den Zeitschriften am Kiosk geschrieben wird. Blätter, welche sich primär aus den Inseraten der Lebensmittelkonzerne finanzieren. Da wird kein medizinisches Grundlagenwissen vermittelt!

Noch besser: Sobald jemand erfolgreich eine Diät gemacht hat, nennt man sich schon Ernährungsberater. Wer es einmal geschafft hat, dreimal um den Block zu laufen und seit einem Jahr in einem Fitnesscenter ein Abo zu haben, will plötzlich schon ein Personal-Trainer sein.

Denken Sie bitte daran:
- Architektur gehört in die Hände des Architekten
- Informatik in die Hände des Informatikers
- Maschinenbau in die Hände des Maschinenbauers
- Zahntechnik in die Hände des Zahnarztes

Für Hippokrates war ein Arzt nicht in erster Linie dafür da, Krankheiten zu heilen. Er hat eine wichtigere, höhere Aufgabe: Er sollte als Pilot, als Steuermann die Menschen in einer gesunden Lebensweise beraten. Medizin war die Kunst des gesunden Lebens. Dabei wurde nicht etwa nur der Körper beachtet und betrachtet, sondern auch Gefühle und natürliche sowie

sozioökonomische Umweltbedingungen. Somit war Hippokrates unbewusst der erste Body-and-Mind-Manager. Diese Auffassung hielt sich bis ins Mittelalter. Hildegard von Bingen (1098 – 1179), eine grosse Mystikerin und Ärztin, vertrat leidenschaftlich die Ansicht, dass zur Kunst (!) einer gesunden Lebensführung der richtige Umgang mit den folgenden Punkten gehöre:
- Essen und Trinken
- Wachen und Schlafen
- Arbeiten und Meditieren
- Bewegung und Ruhe
- Licht und Luft
- rationale Gefühle und Emotionen

Die Ärzte von ÄQUILIBRIS vertreten ebenso leidenschaftlich dieses ganzheitliche Bild der Gesundheit, gepaart mit der besten Technik und damit Messbarkeit der Gesundheit:
- Wir messen Kraft.
- Wir messen Ausdauer.
- Wir messen Koordination.
- Wir messen Blut (Diagnostik).
- Wir helfen danach bei der Planung und Umsetzung zur Erreichung und Erhaltung der Leistungsfähigkeit mit Rehab und Training.

Was uns unterscheidet? Wir tun alles selber auch. Dieses Wissen und die Erfahrungen stellen wir seit Jahren mit unserer Seminarfirma ÄQUILIBRIS SEMINARE den interessierten Unternehmungen zur Verfügung.

8.1 Interview mit Urs Hanselmann

Herr Hanselmann, über wie viele Mitarbeiter verfügen die Basler Verkehrsbetriebe (BVB)?
Rund 1 000.

Sie haben sich entschlossen, Ihre Mitarbeiter betreffend Ernährung und Bewegung schulen zu lassen. Was waren die Beweggründe dafür?
Ausgangspunkt war unser Ziel, die doch recht hohen krankheitsbedingten Absenzen bei unseren Mitarbeitern zu reduzieren, vor allem im Fahrdienst. Die sitzende Tätigkeit mit hoher Konzentration, verbunden mit dem Schichtbetrieb, erfordert eine gute Gesundheit. Die Schulungen sind eine prophylaktische Massnahme, um gesundheitliche Probleme infolge falscher Ernährung und Bewegungsarmut zu vermeiden. Davon können Mitarbeiter und Betrieb gleichermassen profitieren.

Über 150 Mitarbeiter haben die Schulung bisher besucht. Gibt es erste Eindrücke?
Ich habe eigentlich nur positive Rückmeldungen erhalten. Ehrlicherweise muss ich beifügen, dass das teilweise damit zusammenhängen mag, dass vor allem Leute die Schulungen besuchen, die dem Thema grundsätzlich positiv gegenüberstehen.

Ein grosser Teil Ihrer Mitarbeiter arbeitet nicht nach fixen und regelmässigen Arbeitszeiten. Ist dadurch eine bewusste Lebensführung mit beispielsweise regelmässiger körperlicher Ertüchtigung überhaupt möglich?
Es gibt sehr viele Möglichkeiten, etwas für die Fitness zu tun, auch rund um die Uhr. Regelmässige Arbeitszeit ist keine

Bedingung mehr dafür, ganz im Gegenteil: Unregelmässige Arbeitszeit kann neue Freiräume und Flexibilität schaffen.

Wie beurteilen Sie als Experte die zukünftige Entwicklung des urbanen Verkehrs? Wird das Roadpricing das Konzept der Zukunft für die meisten grösseren Agglomerationen?

Die Agglomerationen sind auf einen leistungsfähigen, aber auch nachhaltigen und Raum sparenden Verkehr angewiesen. Damit die Städte nicht im Verkehr ersticken, braucht es Anreize für die Verkehrsteilnehmer, die jeweils optimalen Verkehrsmittel zu benützen. Roadpricing kann nebst andern ein Hilfsmittel zur Schaffung solcher Anreize sein und wird in Zukunft sicher verstärkt eingesetzt werden.

Hand aufs Herz: Ist Mitarbeitergesundheit Chefsache, Betriebssache oder Sache des Mitarbeiters?

Grundsätzlich ist sie Sache des mündigen Mitarbeiters. Weil wir aber wollen, dass es unseren Mitarbeitern wohl ist bei der Arbeit, ist auch uns ihre Gesundheit ein wichtiges Anliegen. So gesehen ist sie durchaus auch Chefsache.

Wie halten Sie sich fit?

Durch regelmässig besuchtes Training, durch Treppensteigen und gelegentlich auch durch etwas Sport.

Welches Buch liegt gerade auf Ihrem Nachttisch?

„Die Welt ist flach" von Thomas L. Friedmann, das zeigt, wie global wir schon funktionieren und wie sich die globale Gesellschaft weiterentwickelt.

Ihre Lieblings-CD?

Die Wassermusik und die Feuerwerksmusik von G. F. Händel.

Bei freier Wahl: Mit wem würden Sie mal gerne zu Abend essen?
Mit Hartmut Mehdorn, dem Chef der Deutschen Bahn AG.

Urs Hanselmann, Direktor der Basler Verkehrsbetriebe, liebt die Berge und das Engadin. Manchmal geniesst er es, zu Hause zu sein und ein Buch zu lesen, manchmal locken ihn die Ferne und das Unbekannte. Er glaubt daran, dass der ÖV in Zeiten knapper Ressourcen und drängender Umweltprobleme eine grosse Zukunft hat, und betrachtet es als seine Aufgabe, dazu einen Beitrag zu leisten.

8.2 Interview mit Andri Rüesch und Chantal Beyeler

Swisscom hat nicht nur Apfeltage und Cholesterin-Checks, sondern sogar ein betriebsinternes Programm für Bewegung, genannt „Move!". Wie kam diese Idee zustande?

2005 wurden bei Swisscom zum ersten Mal die Swisscom Games, also sozusagen firmeninterne Olympische Spiele, durchgeführt. Die Mitarbeitenden begannen, dafür zu trainieren, und so entstanden viele Trainingsgruppen, die nur einem kleinen Kreis bekannt waren. Koordination und Kommunikation blieben auf der Strecke.

Ziel war es deshalb, die Swisscom Games nachhaltiger zu gestalten und breiter abzustützen. Mit der Idee, dass die Mitarbeitenden als sogenannte Move!-Coaches selber aktiv werden, konnten wir einen Multiplikator finden, der uns das ermöglicht. Denn zentral im Projektteam hätten wir nie die Möglichkeit gehabt, nebst den Swisscom Games auch noch Trainingsgruppen und Anlässe in der ganzen Schweiz anzubieten. In einem Unternehmen wie Swisscom gibt es aber mehr als genug Mitarbeitende, die ihr Know-how weitergeben möchten. So entstand die Idee „von Kollegen für Kollegen", das zentrale Motto von Move!. Mitarbeitende bieten als Move!-Coaches Aktivitäten im Sport und in sportverwandten Bereichen an. Sie organisieren diese Aktivitäten in ihrer Freizeit und werden vom Projektteam finanziell, kommunikativ und administrativ unterstützt.

Wie viele Mitarbeitende erreicht ihr dadurch?

Wir haben bisher über 3 300 Mitarbeitende erreicht, die an einer oder sogar an mehreren Move!-Aktivitäten teilnehmen.

Andri Rüesch, du bist auch zuständig für die Swisscom Games. Was ist das genau?

Im Rahmen der Swisscom Games können sich Swisscom-Mitarbeitende in zehn verschiedenen Sportarten für das Finale in Magglingen qualifizieren. Oder sie können sich direkt an der Stafette „Swisscomathlon" (Laufen, Schwimmen, MTB, Rennvelo, Inlineskating) einschreiben und sind somit auf alle Fälle in Magglingen dabei.

Die Swisscom Games sind wettkampfbezogen, aber nicht verbissen ernst. Es soll allen ermöglicht werden, daran teilzunehmen. Deshalb werden neben den rein physischen auch gesellschaftliche Sportarten wie Pétanque oder Schach angeboten.

Was bringt es einem Unternehmen, ein solches Projekt anzubieten? Warum investiert ihr so viel in bewegte Mitarbeitende?

Natürlich geht es dem Unternehmen bei solchen Projekten um mehr als um gut gelaunte Mitarbeitende. Uns geht es vor allem um den Zusammenhalt zwischen den Mitarbeitenden und nicht zuletzt um die Erhaltung ihrer Leistungsfähigkeit.

Die Swisscom Games tragen als grösster gemeinsamer Mitarbeiteranlass wesentlich zur Unternehmenskultur von Swisscom bei. Um im Wettbewerb in Zukunft erfolgreich zu bleiben, braucht Swisscom vor allem engagierte Mitarbeitende, die voll hinter Swisscom stehen und auch merken, dass das Unternehmen etwas für sie tut.

Die Swisscom Games bieten eine Plattform, um neue Kontakte zu knüpfen und bestehende zu vertiefen. Und dies in einer gelösten, sportlichen Atmosphäre ausserhalb des Arbeitsalltags. Hier entstehen Kontakte in einer Qualität, für die es sonst so manches Managementseminar brauchen würde. Dies alles fördert das Verständnis und das Vertrauen füreinander und trägt „nebenbei" auch noch zur Gesundheit bei.

Was sind eure bisherigen Erfahrungen mit Move! und den Swisscom Games?

Auch wenn wir durch die Aktivitäten sehr viele Mitarbeitende bei Swisscom mobilisieren, erreichen wir immer noch einen grossen Teil der Belegschaft nicht. Das darf man nicht vergessen oder schönreden. Wir versuchen aber laufend, unsere Angebote zu erweitern, um mehr Mitarbeitende einzubinden, insbesondere auch solche, die in ihrer Freizeit nicht oder nur wenig Sport treiben. Diejenigen, die teilnehmen, sind in der Regel begeistert. Uns sind auch einige Beispiele bekannt von Mitarbeitenden, die dank Move! zum sportlichen (Wieder-)Einstieg gefunden haben.

Läuft man, aus der Sicht des Arbeitgebers, nicht Gefahr, dass man erneut die von Haus aus Sportlichen erreicht und die anderen noch mehr resignieren?

Die Gefahr besteht natürlich. Aber dadurch, dass wir aktiv immer wieder Einsteigerangebote fördern, schaffen wir es auch, Neu- oder Wiedereinsteiger für sportliche Aktivitäten zu begeistern. Dafür greifen wir respektive die Move!-Coaches teilweise auch auf externe Profis zurück. Wir bauen auch darauf, dass diejenigen, die wir erreichen, als Botschafter ihre Kolleginnen und Kollegen zu sportlichen Aktivitäten motivieren können.

Die Telekommunikation ist einer atemberaubenden Entwicklung ausgesetzt, konstant ist nur der Wandel. Haben solche Projekte überhaupt noch Platz, oder werden sie zu einem zusätzlichen Stressfaktor?

Stress mit Move! hat im Moment wohl nur das Projektteam, weil wir die vielen Angebote fast nicht mehr verarbeiten können (lachen). Nein, im Ernst: Mit Move! servieren wir unseren

Mitarbeitenden doch die sportlichen Aktivitäten auf dem Silbertablett: Sie können aus verschiedensten Angeboten auswählen, die meist direkt an ihrem Arbeitsplatz durchgeführt werden. Sie müssen sich nicht noch zusätzlich in einem Verein engagieren und sind nicht in fixe Vereinsstrukturen eingebunden.

Gerade solche Projekte braucht es unbedingt in Zukunft. Mit flexibler Grundstruktur, damit sie auch im Wandel bestehen. Wir sind beispielsweise nicht an teure Infrastrukturen gebunden, die Angebote wechseln je nach „Zeitgeist".

Apropos Wandel: Die körperliche Fitness hält die Leute zudem auch im Geist offen für Neues. Sie stehen dem Wandel somit auch lockerer gegenüber.

Was sind eure Lieblings-CDs?

Chantal: Über die Jahre (auch die wilden) hinweg gesehen bleibt wohl „The Wall" von Pink Floyd für mich das Meisterwerk zeitgenössischer Musik.

Andri: Ich halte es mit dem Wandel. Momentan „Forever Faithless".

Welches Buch liegt gerade auf dem Nachttisch?

Chantal: Bei mir liegen etwa sieben Bücher unter dem Nachttisch, darauf hätten sie nämlich nicht mehr Platz. Die Palette reicht von Bastian Sick, „Der Dativ ist dem Genitiv sein Tod", über den Dalai-Lama „The Art of Happiness at Work", bis hin zu „Garfield hängt ab".

Andri: zwei. Natürlich Dr. Marco Caimis „Abenteuer Karriere", welches mir für unsere Sportprojekte viele Inputs lieferte, und ein guter Roman: Kem Nunn, „Wo Legenden sterben", etwas vom Besten für mich.

Bei freier Wahl: Mit wem würdet ihr mal gerne zu Abend essen?
Andri: mit Winston Churchill – um über Sport zu diskutieren.
Chantal: mit Sophie Scholl, wenn sie noch leben würde; ihr Mut und ihre Geschichte haben mich schon immer sehr fasziniert. Realistisch mit Rüdiger Nehberg: Sein Buch „Survival" war eine Inspiration für all meine Reisen.

Chantal Beyeler ist lizenzierte Betriebswirtin und anerkannte Sportförderin bei Swisscom. Move! ist das perfekte Projekt für sie, denn in ihrer Freizeit muss immer wieder etwas Neues her – das sie dann voller Begeisterung und mit manchmal schon fast ungesunder Intensität betreibt, um es dann meist aus Zeitmangel wieder aufzugeben.

Andri Rüesch ist Betriebsökonom HWV. Ihn überzeugt vor allem der psychohygienische Nutzen des Sporttreibens, sei es bei ihm selbst mit dem Mountainbike auf einem Traum-Trail oder im Geschäft unter Arbeitskollegen. Sport als Schlüssel zum Glücklichsein. Er ist verheiratet und hat drei Kinder, die immer in Bewegung sind.

9.0 Die Zukunft der Arbeit

„Der Vernünftige passt sich den ihn umgebenden Umständen an. Der Unvernünftige passt die Umstände an ihn an. Aller Fortschritt hängt vom Unvernünftigen ab."

George Bernard Shaw

DIE MAGIE PERSÖNLICHER VISIONEN

Ist Arbeit Broterwerb pur? Ist Arbeit Psychohygiene nach dem Motto „Ich arbeite, um das Gefühl zu haben, gebraucht zu werden"? Oder ist Arbeit reine Qual und Mühsal? Oder gar Passion? Es freut uns, als Einstieg in das Kapitel, einmal eine andere Art Arbeit vorzustellen: die Arbeit eines sehr erfolgreichen Duathlon- und Triathlonprofis. Für Unkundige: Duathlon heisst in seiner härtesten Form 10 km Laufen, 150 km Radfahren und nochmals 30 km Laufen. Alles in coupiertem Gelände. Die Paradeveranstaltung und oft auch gleichzeitig WM ist der Powerman in Zofingen/Schweiz. Triathlon ist 3,8 km Schwimmen in offenem Gewässer, 180 km Radfahren und zum Schluss noch 42,195 km Laufen. Dies nennt sich Ironman. Wir haben für dieses Kapitel niemand Geringeres als Mr. Powerman und Ironman Schweiz, **Olivier Bernhard,** gewinnen können. Olivier ist mehrfacher Weltmeister über die Duathlondistanz und ebenfalls mehrfacher Ironman-Sieger.

DER ARBEITSPLATZ DER ANDEREN ART

Ein Arbeitstag aus dem Leben des Ironman und Triathlon-Profis Olivier Bernhard:

Die Hummel, ein Phänomen der Aviatik aus der Biologie, fasziniert die Wissenschaft und den Laien immer von neuem. Aus rein wissenschaftlichen Erkenntnissen kann die Hummel nämlich gar nicht fliegen. Dafür ist die Tragfläche ihrer Flügel zu klein, ihr runder, sogar etwas plump anmutender Körper zu gross und zu schwer und ihre Aerodynamik alles andere als Auftrieb fördernd. Und trotzdem – sie fliegt.

Meine Zehenspitzen kann ich im Liegen nicht sehen, und doch scheinen sie mir so nahe. Ich spüre jeden einzelnen Pulsschlag der Schlagader, welche sich um meine beiden Sprunggelenke windet, auf meiner Matratze. Es fühlt sich an wie ein spitzer Stromstoss eines Viehzauns. Das regelmässige Pochen erinnert mich unablässig an die zahlreichen Kilometer des vergangenen Trainingsalltags. Fünf Stunden Radfahren in hügeligem Gelände mit zwei Passfahrten und einem anschliessenden einstündigen Lauf im Wettkampftempo (3′ 50″ pro Kilometer) bei rund 30 °C wird mein Trainingstagebuch am Ende des Tages trocken dokumentieren. 22.30 Uhr – endlich liegen. Mein Herz pumpt das sauerstoffangereicherte Blut mit 60 Pulsschlägen in der Minute in die nach Entspannung lechzende Muskulatur. Der Pulsschlag ist hoch – zu hoch im Liegen und zu hoch für diese Tageszeit. Mein Körper will mir damit anzeigen, dass er alle Hände voll zu tun hat, den gesamten Organismus für den bevorstehenden Trainingstag wieder auf Vordermann zu bringen. Schadstoffe, welche sich über die letzten 18 Stunden angereichert haben, müssen abtransportiert, Nährstoffe eingelagert und kleine Entzündungen gehemmt oder sogar abgebaut werden. Deshalb ist der Schlaf für Sportler so enorm wichtig. In der Nacht regenerieren wir die Muskulatur, Gelenke, Bänder und Sehnen, füllen die Energiespeicher wieder auf. Auch der mentale Akku soll nach dem Schlaf für den mentalen Fokus, die Motivation und die Leidensbereitschaft wieder voll aufgeladen sein. Über tiefe, aber sanfte Atemzüge versuche ich, den Pulsschlag zu senken. Mein Herz ist ungefähr zweieinhalb Mal so gross wie das Normalherz eines Mannes in meinem Alter. Das tägliche Ausdauertraining über die vielen Jahre hat nicht nur die Bein- und Oberkörpermuskulatur in ihrer Funktion und Ausdauer ausgebildet, sondern eben auch diesen einen zentralen Muskel in der linken Brusthälfte. Zwischen Wach- und Schlafzustand spüre ich, dass sich der Herzschlag langsam senkt und zur Ruhe findet.

Oft ist es genau der Zustand, bei dem ich mich wieder auf den nächsten Trainingstag zu freuen beginne. Obwohl oder vielleicht gerade weil ich mich wieder vielen Herausforderungen stellen werde, trotz der zahlreichen Momente, in welchen mich der Schmerz wieder an meine Grenzen erinnern wird, und trotz der körperlichen und geistigen Erschöpfung kann ich es kaum erwarten, morgen zu erwachen, um herauszufinden, ob ich all diesen Widerständen entgegentreten kann. Manchmal gerate ich sogar in einen Flow der Glücksgefühle. Ich sehe mich dann als Herkules, der nicht mehr von seinem Weg abzubringen ist und unbeirrt sein Hauptziel verfolgt. In der Arbeitswelt werden Herausforderungen oft nur noch als Hemmschwellen und Stolpersteine auf der sicheren und fein asphaltierten breiten Strasse zum vermeintlichen Glück angesehen. Dabei sind gerade Herausforderungen die Würze des Lebens. Reiche Menschen arbeiten nicht mehr ausschliesslich des Geldes wegen. Die Motivation ist oft die Suche nach der täglichen Herausforderung und der daraus resultierenden Befriedigung.

Einen Wecker brauche ich keinen, dafür sind unsere Kinder zuverlässiger, präziser und vor allem lautstarker. 5.15 Uhr stehen die Zwillinge mit flehendem Antlitz neben unserem Bett. Spielen? Ich lasse mich zu einer kurzen, aber intensiven Kissenschlacht hinreissen. Das gilt gleich auch als ein Aufwärmen für das bevorstehende Schwimmtraining. Ausnahmsweise messe ich meinen Ruhepuls heute nach diesem kleinen Intermezzo. 36 Schläge pro Minute sind in Ordnung. Alles was in Trainingswochen mit vielen Trainingsstunden wie dieser unter 40 Schlägen liegt, zeigt mir an, dass sich der Körper über Nacht gut bis sehr gut erholt hat. Es ist mittlerweile 5.30 Uhr. Essen mag ich vor dem Morgentraining kaum etwas. Vielleicht einen Sponserriegel oder eine Frucht, die den Magen ruhig stellt und ihm das Gefühl verleiht, über etwas Energie für die bevorstehenden Anstrengungen zu verfügen. Die Fahrt zum Bad erfolgt in Trance. Alles automatisiert, so auch das Ausziehen der Kleider und das Anziehen der Badehose.

Schwimmen früh am Morgen: Um 6.00 Uhr fühlen sich sogar 27 °C kalt an. Es vergehen die ersten Längen im 25-m-Becken und mit ihnen auch die Hühnerhaut des ersten „Kälteschocks" nach der Bettruhe. Die Extremitäten wirken anfangs noch etwas ungelenk und unkoordiniert. Der Kopf weiss noch nicht so ganz, was die Beine und Arme tun sollen, und fragt viel zu oft nach dem Sinn und Zweck dieser Übung. Die Muskulatur lässt sich einfach nicht wach kriegen. Die Drehzahl liegt tief und somit auch die Bereitschaft, die Intervalle bis ans letzte Limit zu schwimmen. 4 X 800 m in mittlerer Intensität stehen heute als Hauptteil auf dem Programm. 800 m entsprechen 32 Längen. Wie soll ich zu früher Morgenstunde bloss meinen Rechenschieber unter Kontrolle halten, und das erst noch dreimal? Ich gebe mir kaum Mühe, die Längen selber zu zählen. Ich verlasse mich auf meine Trainingspartner und versuche vielmehr unter grösster Anstrengung, die Füsse meines Vordermannes nicht zu verlieren. Das würde heissen, dass ich mehr Energie brauchen würde und, noch viel schlimmer, ich müsste die Bahnen wieder selber bis auf 32 zählen. Mit zunehmender Dauer des Schwimmtrainings scheint die Luft im Hallenbad dünner, das Wasser wärmer und scheinen die Intervallpausen kürzer zu werden. Alles Zeichen dafür, dass die Ermüdung ihren Lauf nimmt. Erst unter der Dusche zähle ich die zurückgelegten Meter im Chlorbecken mühsam zusammen. Heute waren es gerade mal 4 800 m, gespickt mit vielen Technikübungen und langen Intervallen.

Der Hunger nach der ersten Einheit ist gross und somit auch die Ratlosigkeit beim anschliessenden Einkaufen. Die Lust will dieses, und der Geist im Wissen um die Idealernährung will jenes. Da tut sich eine weite Kluft auf, welche angesichts des immensen Trainingsaufwands aber gut überwunden werden kann. Dank der vielen Kalorien, welche ich während des Trainings und dank meines austrainierten Fettstoffwechsels sogar in der Nacht im Schlaf verbrenne, darf ich auch mal der Lust beim Einkaufen nachgeben und mir ohne schlechtes Gewissen was Fettiges oder Süsses gönnen. Mehr und mehr stelle ich aber fest, dass ich mich beim Einkaufen auf meine körpereigenen Sensoren verlassen kann. Nach getaner Arbeit dem Körper Gutes zuzuführen, tut gut.

Belastung und Erholung sollten im Leben immer im Einklang stehen. Ohne Entspannung keine Anspannung! So entscheide ich mich, vor der nächsten Trainingseinheit 20 bis 30 Minuten auszuruhen. Gleichzeitig gibt mir diese Auszeit auch nochmals die Möglichkeit, mich mental möglichst gut auf das folgende Training einzustellen. Über die vielen Jahre hat mein Körper selbständig gelernt, nach der Anspannung während des Trainings wieder zu entspannen, um die Erholungszeit zu verkürzen. Seit wir drei Kinder haben, fällt es mir jedoch immer schwerer, die Entspannung auch wirklich einzuhalten. Da ich von zu Hause aus arbeite, ist die Ablenkung durch die Familie immer gewährleistet – zum Positiven wie zum Negativen. Nach dem Erwachen aus dem Kurzschlaf gilt der Fokus einzig und alleine dem bevorstehenden Radtraining. Drei Stunden mit 3 X 4 km Bergzeitfahren werden heute auf dem Sattel mit zwei Rädern zurückgelegt.

Das Einfahren oder Aufwärmen verläuft noch sehr zaghaft. Die unwiderstehliche Motivation für die bevorstehenden Bergintervalle hält sich sehr schüchtern im Hintergrund auf. Ich versuche mich abzulenken, in eine fremde Welt abzudriften. Visualisierung nennt sich das. Ich finde mich plötzlich in einer Rennsituation auf Hawaii wieder. Die feuchte Hitze ist spürbar. Der Luftwiderstand erhöht sich und lädt dazu ein, mich auf den Triathlonlenker zu legen. Die Lava brennt. Nur verdorrte Sträucher und mal etwas Grün in weiter Ferne am Sandstrand. Ich erwache aus der Traumwelt und bemerke, dass der Puls und das Fahrtempo hoch sind. Der Tachometer zeigt 45 km/h an. Nicht schlecht für ein lockeres Einfahren. Vielmehr zeigt es mir jedoch auf, welche Kraft in der Visualisierung steckt. Ich kann meinen Geist und somit meinen Fokus in einer ausweglosen Situation durch starke Konzentration in eine andere Welt lenken und mich dort voll entfalten. Dies im Training und im Wettkampf zu beherrschen, gibt mir die Möglichkeit immer dort Energie abzurufen, wo ich mir sicher bin, diese zu finden, oder mich aus einer unangenehmen Wettkampfsituation in eine Scheinwelt hineinzuversetzen. Das erste Intervall steht an. Alle Computeranzeigen stehen am Bergfuss auf null. Die Beine sind müde und spannungslos. Der Kopf kann mit dieser unbefriedigenden Situation noch nicht viel anfangen. Der Puls, das Tempo, die Trittfrequenz und die Wattzahlen versprechen keine sonderliche Leistung. Am Ende der ersten 4 km Bergfahrt stelle ich enttäuscht fest, dass ich 30 Sekunden langsamer den Berg hochgefahren bin als noch vor zwei Wochen. Kein Motivationsschub und keine Euphorie machen sich breit. Was mir bleibt, ist das lockere Zurückrollen zur Talsohle, um mich für noch zwei weitere Intervalle zu motivieren. Vielleicht ist es besser, wenn ich mich fürs Erste nur mit dem einen bevorstehenden befasse. Grosse Ziele erreicht man am schnellsten und sichersten mit kleinen Schritten! Die ersten 500 m des zweiten Intervalls liegen hinter mir. Ich versuche, mich nicht zu verkrampfen. Fahre, ohne den Anzeigen auf meinem Bordcomputer gross Beachtung zu schenken. Durch die Atmung und den Schmerz will ich mich an meine Leistungsgrenze herantasten und hoffe, dass die Zeit nach 4 km bestätigt, dass ich richtig gehandelt habe. Balsam auf meine vor Schmerz heulenden Beine und meine nach Sauerstoff ringende Lunge ist die um rund eine Minute schnellere Endzeit. Geradezu spielerisch und vielleicht sogar etwas überheblich gehe ich die letzte Bergfahrt an. Die Müdigkeit und die Schadstoffansammlung machen sich im Körper diesmal schon sehr viel früher als bei den vorangegangenen Intervallen bemerkbar. Sogar bis in den Mund kann ich das Abfallprodukt (Laktat) aus dem ineffizienten Stoffwechselprozess wahrnehmen. Süss, sauer und etwas bitter schmeckt der Speichel. Schmeckt wie Kauen von frischem, saftigem Wiesengras. Weder fein noch nahrhaft, aber trotzdem immer wieder verlockend. Genau wie das Sich-ans-Limit-Fordern und seine Grenzen dadurch immer von neuem etwas weiter hinauszuschieben. So wackelt auch diese kleine Bestzeit des Bergintervalls und fällt um nochmals 15 Sekunden. Ich bin überzeugt, dass diese Leistung reine Willensleistung ist. Die zahlreichen Ermüdungssignale des Körpers haben mich auf eine ganz andere Endzeit vorbereitet. Unglaublich, was ein motivierter und fokussierter Geist in solchen Extremsituationen noch ausrichten kann. In solchen Situationen werden sich Körper und Geist unter Wettkampfbelastung und endloser Taktiererei wieder finden. Je öfter ich mich im Training solchen wettkampfähnlichen Situationen aussetze, umso mehr habe ich mental die Gewissheit, im Rennverlauf richtig darauf zu reagieren. Jetzt nur noch ausfahren und dann bei einer Massage regenerieren. Ausfahren im Appenzellerland ist so eine Sache.

Die letzten sieben Kilometer im Sattel sind ausfahren von 350 m auf 850 m über Meer! Auch das macht hart und lässt einem im Wettkampf für manche Steigung gegen Ende der 180 km Radfahren nur ein leichtes Schmunzeln übrig.

Nach der Massage ist noch nicht annähernd Feierabend. In einer halben Stunde darf ich meine Lieblingssendung nicht verpassen: den Wetterbericht! Ich will wissen, wer morgen beim Training meine Begleiter sein werden. Somit bleibt gerade noch Zeit, die Kinder ins Bett zu bringen. Es tut so gut, von Kinderalltagssorgen eingedeckt zu werden und dabei zu realisieren, dass es nur eine reale und ehrliche Welt gibt. Eine Gutnachtgeschichte in kugelrunde, mit Spannung erfüllte Kinderaugen erzählt, ist etwas Unersetzliches. Und bei uns sind es gleich drei Augenpaare, die mich nicht mehr loslassen. Den Mund weit aufgerissen zwischen Gruseln, Entsetzen und Freude, lassen mich die drei Kinder keine Sekunde aus den Augen.

Die Zwillinge schlafen noch während der Geschichte ein. Auch Mika ist über den Ausgang der Geschichte erleichtert und gräbt sich zufrieden in sein Kissen. Der Wetterbericht! Beinahe hätte ich es verpasst. Es ist 20.00 Uhr. Es bleiben mir noch rund drei Stunden vor der Bettruhe, um mich um meine Athleten zu kümmern. Ich werde Feedbacks der vergangenen Trainingstage einlesen, um diese Aussagen in die kommende Planung einfliessen zu lassen, einzelne Mails mit Fragen an meine Athleten senden und sicher auch noch einige Trainingspläne schreiben. Es ist äusserst befriedigend, das Vertrauen der Athleten zu geniessen, ihnen den grossen Erfahrungsschatz meiner vielen Sportjahre weiterzugeben. Die Schreibfehler werden häufiger, die Konzentration lässt nach. Um 22.53 Uhr schliesse ich das Laptop, mein Büro, meinen Arbeitstag. In der Arbeitswelt gehe ich mit den Zeichen meines Körpers genau so um wie im Sport. Sobald einzelne Anzeichen der Ermüdung da sind, gehe ich ins Bett. Die Produktivität wird morgen in ausgeruhtem Zustand sicher wieder viel besser sein. So viele Manager sind stolz darauf, dass sie mit drei bis fünf Stunden Schlaf auskommen können. Das kann jeder von uns, solange er die Körperwahrnehmung unterdrückt. Es verhält sich wie beim Auto. Wenn der Benzinstand auf noch 100 zu fahrende Kilometer fällt, dann meldet sich akustisch ein Warnsignal. Bei 70 wieder und nochmals bei 50 Kilometer. Danach meldet sich das Signal nicht mehr. Was aber nicht heisst, dass das Auto kaputt ist. Keineswegs, es ist es nur leid, den Ignoranten am Steuerrad immer und immer wieder daran zu erinnern, dass er bald am Strassenrand stehen wird. Unser Körper gibt uns über Schmerz und andere Rezeptoren so oft Zeichen und Anregungen, welche wir aus Überbeschäftigung (Stress) jedoch missachten. Kinder tun dies nicht. Sie schlafen eine Minute, nachdem sie uns mitgeteilt haben, dass sie müde sind.

Der Tag ist zu Ende, und ich bin wieder bei der Hummel. Wie in aller Welt kann ich morgen wieder leistungsfähig sein? – Wird die Schlafenszeit zur kompletten Regeneration reichen? – Wann werden die Kinder mich wieder aus dem Schlaf reissen? – Habe ich genügend und das Richtige gegessen und getrunken? – Kann ich mich morgen wieder zu neuen Höchstleistungen motivieren und meine Grenzen erneut verschieben? – Die Wissenschaft würde mir wie der Hummel zur Antwort geben: „Nein, du kannst nicht!" Ich alleine weiss wie die Hummel, dass ich auch morgen wieder fliegen werde.

Olivier Bernhard

Danke, Olivier, für diesen Beitrag. Wir wussten es: Arbeit kann auch Spass machen.

WANDEL VERSUS KONSTANZ

Angeblich soll die einzige Konstante der Wandel sein. Einerseits eine positive Behauptung, vor allem für die Berater, die teilweise wie eine biblische Heuschreckenplage Unternehmen heimsuchen. Es gibt mittlerweile bereits Unternehmen, die mehr als eine Beraterfirma angestellt haben. Wenn die sich untereinander beraten und absprechen (sofern überhaupt ...), nennt man dies C2C (consultant to consultant). Eine Situation, in der der Betrieb dann in Ruhe arbeiten kann, weil die Berater miteinander beschäftigt sind.

Anderseits ist es eine negative Behauptung für viele Menschen, egal ob Arbeitnehmer oder -geber, die sich in dauernde Hysterie und Angst versetzt fühlen. Aber es gibt auch für diese Menschen gute Nachrichten:

- In ihrem Buch „Built to Last" entlarven die Autoren Jim Collins und Jerry Portas den „Mythos des Wandels": „Ein visionäres Unternehmen hält in geradezu religiöser Form an seiner Kernideologie fest. In einem visionären Unternehmen bilden grundlegende Werte eine solide Basis, die nicht von täglichen Trends und Moden erschüttert wird."
- Stichwort Mode: Die Modewelt gilt als klassisches Model des Wandels. Vieles, was die Modewelt ausmacht und als kreativ etikettiert wird, ist nichts Weiteres als eine Demonstration von Launen. Und doch gibt es zahlreiche Konstanten in der Modewelt, angefangen vom kleinen Schwarzen bis zu den Jeans. Insbesondere in der Männermode ändert sich ausser alle 15 Jahre die Krawattenbreite nicht besonders viel.
- Die Zeit ist ein wichtiges Gut. Schnellere Reisemöglichkeiten werden immer wichtiger – auch in den Ferien. Von Frankfurt nach New York braucht man mit dem Flugzeug zwischen sieben und acht Stunden. Mit dem Schiff sind es

von Hamburg nach New York acht Tage. Wir haben diese Reise im Sommer 2007 auf der Queen Mary II, dem zurzeit grössten Oceanliner der Welt, gemacht. Eine Kabinenänderung war nicht möglich – das Schiff war vollständig ausgebucht. Dies sei praktisch immer so, obschon der Preis im Durchschnitt das Sechsfache des Flugpreises in der Economy beträgt. Die neue alte Langsamkeit? Dieses Kapitel wurde übrigens auf der Queen Mary II geschrieben ...

„Lasst uns in Ruhe, wir sind zufrieden mit dem, was wir haben", scheinen uns die Konsumenten förmlich zuzurufen. Die Welt an sich wird auch in Zukunft schon genug Wandel und Hektik anbieten. Der Konsument, lange in die von den meisten nicht gewollte Rolle des Prosumenten getrieben, ist froh, sich (zumindest zeitweise) in die Arme der Göttin Beständigkeit fallen zu lassen.

DIE ZUKUNFTSSEHER
Die Zukunft ist vor allem ein mediales Geschäft. Aufrüttelnde und ängstigende Nachrichten verkaufen sich nun mal besser als gute oder beruhigende. Es herrscht das journalistische Credo:

„Good news is no news, bad news is good news!"

Damit Medien konsumiert werden, müssen sie den Konsumenten immer unter Strom halten. Dies ist mit optimistischen Prognosen wesentlich schwieriger als mit pessimistischen. Ein wunderbares Beispiel dafür stellt die aktuelle Klimadebatte dar.
1974 schrieb der Pulitzerpreisträger Georg Will: „Einige Klimatologen glauben, dass die durchschnittliche Temperatur in der nördlichen Hemisphäre bis zum Ende des Jahrhunderts um

zwei bis drei Grad absinken wird. Sollte dieser Klimawechsel stattfinden, wird es zu einem Massensterben und sozialen Aufständen kommen, da die Getreideproduktion in höheren Breiten wie Kanada, dem Norden Chinas und der Sowjetunion zurückgehen wird."

Ebenfalls in den 70er-Jahren warnte eine Reihe führender Klimatologen, die sich in Bonn trafen, davor, dass „die Fakten im gegenwärtigen Klimawandel dafür sprechen, dass auch die optimistischen Experten nahezu mit Gewissheit massive Ernteausfälle bei Getreide im kommenden Jahrzehnt für gegeben halten (aufgrund der globalen Abkühlung). Falls internationale und nationale Politiker diese beinahe sicheren Ernteausfälle nicht einkalkulieren, werden diese, durch Hungersnöte bedingt, zu Massensterben und wahrscheinlich Anarchie und Gewalt führen, die ihrerseits einen noch höheren Zoll an Leben fordern wird." Der Bestseller dieser Zeit, 1975 erschienen, hiess: „Die globale Abkühlung: Hat das nächste Eiszeitalter begonnen? Können wir es überleben?" Lowell Ponte, der Autor, hielt analog zu Al Gore weltweit Referate und nahm darauf Bezug, dass selbst konservative Geologen vor einer neuen Eiszeit warnten. Ebenfalls im Jahr 1975 schrieb der Chefredaktor des englischen Magazins „New Scientist": „Wir müssen nun davon ausgehen, dass die Bedrohung eines neuen Eiszeitalters als Ursache von Massensterben und Elend für die Menschheit auf einer Stufe mit den Schrecken eines Atomkrieges steht."

30 Jahre später das genaue Gegenteil. 30 Jahre sind für jegliche Evolutionsgeschichte nichts ...

Eine Prognose stützt sich meist auf Erfahrungswissen und seine meist mediale Extrapolation und somit auf die Annahme, dass heute gültige Rahmenbedingungen gleich bleiben werden. Meist werden jedoch die menschliche Reaktionsfähigkeit und der menschliche Erfindergeist unterschätzt.

In den 70er-Jahren des 19. Jahrhunderts warnten Englands Ingenieure Königin Viktoria vor vierbeinigen (!) Umweltverschmutzern, die London ernsthaft in Gefahr bringen würden. Mit der steigenden Zahl der immer wohlhabender werdenden Einwohner war auch die Zahl der Kutschen gestiegen. Mit ihr jene der sie ziehenden Pferde und damit der von ihnen produzierte Mist. So gab es damals alleine in London um 50 000 Pferde. Jedes produzierte zwischen 5 und 15 Kilo Mist pro Tag. Mehr als tausend Tonnen Mist pro Tag wurden von Pferden, die ihrerseits verdauten, aus der Stadt gekarrt. Die Prognose: würde die Einwohnerzahl Londons auf über vier Millionen steigen, würde die Stadt buchstäblich im Pferdedreck versinken. Die Berechnung war richtig. Und dann wurde das Automobil erfunden.

ROHSTOFF BILDUNG

Die Konkurrenz schläft nicht und wird auch nicht schlafen. Länder wie China, Indien, aber auch Vietnam und Südkorea werden ernst zu nehmende Mitbewerber nicht in Sachen Produktion, sondern auch Bildung und Arbeitskräfte. Die mitteleuropäische Antwort, insbesondere die deutschschweizerische, kann nur lauten: Bessere Bildung für jedermann. Dies wird schon seit geraumer Zeit gefordert, doch in der Realität sieht's anders aus. Seit Jahren werden die Leistungen der Grundschulabsolventen schlechter und schlechter, es findet eine Nivellierung nach unten statt. Deutschland und die Schweiz sind Länder, die sich lange Zeit auf den Grundlagen einer multikulturellen Gesellschaft weiterentwickelten. Dies ist auch richtig, nur so können diese geburtenschwachen Länder einerseits den Bedarf an Arbeitskräften decken, andererseits ihre Rentensysteme auch über die nächsten Jahrzehnte finanzieren. Es ist allerdings nicht nur blauäugig, sondern extrem gefährlich, zu glauben, diese Kulturmigration liesse sich zum Nulltarif integrieren. Viele Grundschüler sind der deutschen (französischen, italienischen) Sprache vielleicht in elementaren Grundzügen mächtig, was aber nie ausreicht, um einer vernünftigen Lerngeschwindigkeit zu folgen. Folge: Der Unterricht verzögert sich, begabte Schüler werden gebremst, Probleme wie Sport und Kopftuch lösen Lerninhalte ab. Unklares Denken führt zu unklarer Sprache und zu unklarem Handeln. Letzten Endes bekommen diese sprachlich und damit generell vom Unterricht überforderten Kinder und Jugendlichen nur über Machtwege Gelegenheit, sich unter ihresgleichen und generell in ihrem gesamten Umfeld zu profilieren. Lern- und Ausbildungsstellen sind für sie schwer oder gar unerreichbar. Gewalt und Delinquenz im Sinne des Straf- und Strassengesetzes sind nicht selten die unmittelbaren Folgen davon. Die Kosten trägt eine nur mit dem Auge der multikulturellen Romantik im Sinne des Quartierstrassenfestes mit Speisen und Darbietungen aus fünf Kontinenten sehende Gesellschaft. Ihre Mehrheit setzt sich gegen jede Verschärfung des Asyl- und Ausländergesetzes vehement zur Wehr, weigert sich andererseits aber, die Mittel für Bildung und damit Chancengleichheit der zugewanderten Bevölkerung (insbesondere von deren jugendlichen Anteilen) zur Verfügung zu stellen. Lieber stellt sie dann, alimentiert von einer verzweifelten, aber bis dato sozialromantisch verklärten Linken, Heerscharen von Psychologen und Pädagogen zur Verfügung, die feststellen, dass die Jugendlichen „insbesondere aufgrund sprachlicher und lernbedingter Defizite Gewalt und Kriminalität als einzige Chance sähen, sich materiell-autoritären Respekt innerhalb unserer Leistungsgesellschaft zu verschaffen." Bundesrat Christoph Blocher sprach in der Sendung Arena (SF 1, 29. Juni 2007), ob Sie es gerne lesen oder nicht, von „einer falsch verstandenen Softpädagogik mit Kuschelecke". Es ist gesellschaftlich sehr bequem, die Schuld für Delinquenz dann meist völlig überforderten Eltern, selbst der Landessprache oft ungenügend mächtig, zuzuschieben und sie auch noch gleich des Landes zu verweisen.

Bildungsmässig ist die Situation in unseren Breitengraden düster. Mit der Abschaffung von Noten und damit von Leistung ist auch unseren Kindern mittel- und langfristig nicht geholfen. Interessant, dass dabei ausgerechnet die Rudolf-Steiner-Schule den umgekehrten Weg geht und Noten einführt. Unsere Grundschulen sind wie eine schrumpfende Industrie, deren Produkte immer schlechter werden.

FEINDBILD USA
Im Jahr 2000 legten die Regierungen der Europäischen Union ein Gelöbnis ab: Bis zum Jahr 2010 würde Europa zur konkurrenzfähigsten aller Wissensökonomien werden. Dieses mittlerweile als Lissabon-Agenda bekannt gewordene Gelöbnis haben Spitzenpolitiker Jahr für Jahr wiederholt. Die Verheissungen stiegen wie bunte Luftballons in den Himmel. Wie sieht die Realität aus? Einige Facts für USA-Hasser:
- In den Jahren bis zum Zweiten Weltkrieg gewann Europa 109 Nobelpreise im Bereich der Wissenschaften, die USA 19.
- Seit 1969 hat sich das Blatt gewendet: Europa 90 Nobelpreise, die USA 171.
- 17 der 20 Top-Forschungsinstitute befinden sich in den USA, zwei in Grossbritannien, eines in Japan.
- Das Pro-Kopf-Einkommen Europas ist zurzeit 25 Prozent niedriger als das der USA. Die Schere tat sich vor allem in den letzten 15 Jahren auf.
- Die EU gibt 1,9 Prozent ihres nationalen Einkommens für Forschung und Entwicklung aus, die USA 2,6 Prozent. Die USA haben zweimal so viele Wissenschaftler und Ingenieure pro

eine Million Einwohner wie Europa. Die Abwanderung wissenschaftlicher Talente aus Europa in die USA setzt sich fort.
- In den frühen Achtzigerjahren war ein Viertel der amerikanischen Erwerbstätigen gewerkschaftlich organisiert. Mittlerweile ist der Anteil auf unter acht (!) Prozent gesunken. Dies lässt die Gewerkschaften wie Dinosaurier erscheinen, die auf die Rückkehr des Mesozoikums warten. Und in Europa ...?

(Quelle: John Naisbitt, „MindSet!")

Macht Europa so weiter wie in den letzten Jahren, wird es sich eher zu einem Erlebnispark für reiche Amerikaner und Asiaten als zur wirtschaftlich dynamischsten Region der Welt entwickeln.

Es bleibt zu hoffen, dass auch in der mitteleuropäischen Gesellschaft ein Umdenken stattfindet. In diesem Kontext muss auch die heilige Kuh der öffentlichen Schulen geschlachtet und zumindest ein privates Schulsystem, welches in einem Wettbewerb steht, alternativ diskutiert werden. Der Grund, weshalb das amerikanische Hochschulwesen zur Weltspitze gehört, liegt darin, dass Universitäten dem Wettbewerb unterworfen sind.

Wissen und Bildung sind nun mal der einzige Rohstoff, über den wir verfügen. Ihn unseren Kindern und Jugendlichen nicht optimal zugänglich zu machen, ist genauso fahrlässig wie der gedankenlose Umgang mit fossilen Brennstoffen und anderen Energieträgern.

DIE CHANCE DES INDIVIDUUMS

Trotzdem sind die Chancen des Individuums heute und in naher Zukunft so gross wie nie. Bildung und Wissen sind beinahe jedermann zugänglich. Weniger wegen der Schulen als dank dem Internet. Produkte werden sich immer ähnlicher werden und sich vorwiegend über Preis und Dienstleistungen definieren. Ersteres wird irgendwann an einem Endpunkt des Machbaren angelangt sein, so dass die mit dem Produkt verknüpfte Dienstleistung mehr und mehr an Bedeutung gewinnen wird. Dabei wird vor allem die emotionale Komponente von nicht zu unterschätzender Bedeutung sein. Der „emotional added value" wird massgeblich zur Kundenbindung, zur Mund-zu-Mund-Propaganda und damit auch zur Kundenneugewinnung beitragen. In einer Zeit, die durch so spannende Sachen wie Mehrwertsteuergesetze, Rentendiskussionen, inflationäre Hightecherrungenschaften mit Gebrauchsanweisungen so dick wie Telefonbücher sowie Re- und Umstrukturierungen dominiert wird, werden emotionale Erlebnisse als Kunde von unschätzbarem Wert werden.

> High tech = high touch!

Je technisierter unsere Umwelt wird, umso mehr wollen wir von ihr berührt werden. Wer über ein gutes Produkt und einen perfekten emotionalen Abholdienst verfügt, braucht sich nicht wirklich Sorgen zu machen.

DER NIEDERGANG DER FANTASIE
Fantasie und Romantik befinden sich auf dem Rückzug aus unserer Welt. Sie werden verdrängt durch ein Heer von Bildern, eine Visualisierung unserer Gesellschaft. Unsere Fähigkeiten, zu lesen und zu schreiben und damit zu kommunizieren, nehmen ab. Die Chance für denjenigen, die diese Meisterschaft weiterhin beherrschen und vervollkommnen – oder wie Aristoteles in seiner Poetik 332 v. Chr. schreibt:
„*Nichts wiegt mehr, als ein Meister der Metapher zu sein!*"

Inspironomie und Kreativität in entsprechender Umgebung.

Die Geschichte der Zivilisation ist eine Geschichte der Kommunikation – und wird es auch bleiben. Menschen sind dafür geboren, dass man zu und mit ihnen spricht und ihnen nicht nur schnell wechselnde Bilder vor die Nase setzt.

DIE EIGENVERANTWORTUNG DES INDIVIDUUMS
Das Individuum hat nicht nur Chancen, es hat auch eine wachsende Eigenverantwortung – insbesondere sich selbst gegenüber! Wenn wir mit der Kapitelüberschrift nach der Zukunft der Arbeit fragen, kommen wir nicht an der Frage vorbei, ob Arbeit denn wirklich so schrecklich ist.

In der Tat kennen wir nicht wenige Menschen, deren grösste Motivation für das morgendliche Aufstehen die volle Blase ist. Wer jahrzehntelang die Arbeit nur über die Anzahl auszusitzender Wochenstunden definiert, muss sich nicht wundern, wenn sie ausgeht oder keinen Spass macht.

Auf den nächsten Seiten geht es deshalb um

> Sie!

Gerade weil Sie dies nun wissen, werden Sie besonders kritisch hinschauen. Theoretisch werden Sie wahrscheinlich schon vielem in diesem Buch zugestimmt haben, sonst hätten Sie es kaum bis hierher gelesen. Wenn es nun aber konkret um Sie geht, entwickeln Sie unter Umständen enorme Widerstandskräfte. Unser Verstand ist darauf gepolt, unbedingt recht zu haben. Ähnliche Erfahrungen nicken wir mit richtig ab, andere mit falsch. Wir verteidigen gewissermassen damit unsere Vergangenheit. Teilweise haben wir uns so an unsere eigenen Geschichten gewöhnt, dass wir sie auch noch glauben. In Wahrheit tun wir nichts anderes, als unser inneres Museum zu restaurieren. Gewisse Menschen bezeichnen dies sogar noch als Denken. Generell geht es Ihnen aber nicht besser, wenn Sie das Etikett überkleben und den Mist, auf dem Sie sitzen, als Dünger bezeichnen. Das Erschrecken ist immer Einsicht in die Wirklichkeit. Und wer nie anstössig war, hat auch nie Anstösse gegeben!

DER DAUERNDE VERGLEICH
Eine Frage: Gibt es etwas, was Sie jetzt lieber tun würden, als dieses Buch zu lesen? Ja? Dann tun Sie es! Sie können nicht ... ? Sehen Sie, das fängt es schon an.

Viele Menschen erleben ihr Leben nicht als Gestalter, sondern als Gestaltete. Der Lebenszug steht immer im falschen Bahnhof, die tolle Party findet immer woanders statt. Bedenken Sie aber: Sie haben sich die jetzige Situation ausgesucht – also können Sie sie auch wieder abwählen. Sie sagen Nein? Dann ist Ihnen entweder der Preis zu hoch, denn wir vergleichen ständig Preise, oder Sie wollen gar nichts verändern, denn wer sagt, ich kann nicht, will nicht. Sie empfinden dies als zynisch? Viel zynischer ist es, seinen Luxuscontainer dauernd mit Wohlfahrtsdrogen vollzustopfen und dafür permanent zu jammern. Wer jammert, hat viele Kollegen, er ist nie allein. Aber wer heute den Kopf in den Sand steckt, knirscht morgen mit den Zähnen. Viele sind mit diesen Drogen schon so vollgestopft, dass schon nur das Festhalten an dieser Bequemlichkeit endlose Zwänge auftürmt und die Wahl der Freiheit völlig verschüttet. Ketten aus Gold binden ebenso wie Ketten aus Eisen. Dies endet dann bei der bekannten Verfettung der Herzen und der Bankkonten. Oder wie der Philosoph Immanuel Kant es formulierte:

„Die Notwendigkeit zu entscheiden übersteigt die Möglichkeit zu erkennen."

EINE TATSACHE

Etwas können wir nicht wählen – das Wählen selbst. Gerade dieses Wählen wird in der zukünftigen Arbeitswelt immer wichtiger werden, denn die Anforderungen werden nicht weniger werden. Wir sprechen vom bewussten, selbstbestimmten Wählen. Unbewusstes Wählen hingegen ist fremdbestimmt und die Eintrittskarte in den Opferklub, in dem man „würde" nur noch kleinschreibt. Das Jammern wird kein Ende haben, der Preis wird der höchstmögliche sein: der Verlust Ihrer Selbstachtung. Wer sein Tun für die Tribüne inszeniert, muss damit rechnen, dass die Daumen nach unten zeigen. Und wer stets in die Fussstapfen anderer tritt, hinterlässt selbst nie Abdrücke.

„Es geht darum, aus Menschen Unternehmer zu machen.
Unternehmer ihres eigenen Lebens."
Muhammad Yunus, Nobelpreisträger 2006

Viele Menschen sind nur Statisten im Leben, weil sie nach Drehbüchern leben, die andere für sie geschrieben haben. Weil sie Rollen spielen (müssen?), die sie nicht wollen. Als Ersatz gehen sie ins Kino und betrachten dort das wahre Leben. Und was erwarten wir vom Filmhelden? Dass er sich für eine gute Sache starkmacht, sein Ding gewissermassen durchzieht, keine Schwäche zeigt. Wir leiden mit ihm, wenn er gegen böse Gegner und Widerstände von Missgünstlingen kämpfen muss. Und atmen auf, wenn er es – wieder einmal statt unser – dann geschafft hat. Eigentlich grausam: Durch den strahlenden Haupteingang betreten wir das Kino. Durch den glanzlosen Hintereingang kehren wir zurück zu unserer wirklichen und fremdbestimmten Nebenrolle ...

SELBSTBESTIMMUNG FÜR GUTE GESUNDHEIT

Das Gefühl der Kontrolle über das eigene Leben ist die wichtigste Voraussetzung für körperliche und seelische Gesundheit. Das Burnout-Syndrom ist weitgehend unabhängig davon, was, wie viel oder wie lange wir arbeiten. Es ist ausschliesslich ein Resultat von Sinnverlust und erlebter Fremdbestimmung. Burnout erleiden Menschen, die sich manipuliert, dauerkontrolliert, ohnmächtig und unfrei fühlen. Sogar die Schulmedizin, oft geschmäht, ortet die höchste Herzinfarktgefährdung bei Menschen, die Autonomieverluste und unzureichende Selbstkontrolle über ihre Lebenssituation beklagen.

SINNFINDUNG

Ein regnerischer Tag in New York. Ein Zimmer im Waldorf-Astoria an der Park Avenue, darin Bill Clinton. Der Saal nebenan ist der Starlight Room des Waldorf-Astorias, seit 90 Minuten voll. „I am in the doing business now", sagt Bill Clinton. Genau übersetzen kann man dies nicht, jeder versteht, was gemeint ist. Jeder versteht den Unterschied zwischen Politik und Passion. Von den G-8-Gipfeln sagt er, dass sie immer nur an diesen Tischen sassen und darüber stritten, welches Wort in das Dokument kam und welches nicht. Sie betrieben nicht „das Geschäft des Handelns".

Manchmal wird Bill Clinton nachdenklich. Als er 2001 das Weisse Haus verliess, war die Welt nach seinen beiden Amtszeiten nicht besser geworden, vielleicht etwas schlechter. Der Rentner und Privatier Clinton fragt sich, ob er in Wahrheit nicht das Wichtigste versäumt hatte: einen echten Beitrag zur Rettung der Welt zu leisten. Dies trieb ihn an, die Clinton Global Initiative (Betriebskapital: 200 Mio. US-Dollars) zu gründen. Mehr Sinnfindung im persönlichen Tun als in seinen beiden Amtszeiten: Bill Clinton geht es gut.

Auch Firmen sind auf diesen Zug aufgesprungen, auch solche, die in den vergangenen Jahrzehnten die Probleme der Welt eher verschärft haben: Der Energiemulti Chevron schaltet Inserate, um sich als Zukunftsträger zu vermarkten. BP und Total bezahlen Magazinen Geld, um für Biokraftstoffe zu werben. In der französischen „Elle" stellt sich Renault als Partner dar, der für die Umwelt kämpft, und Canon engagiert sich mit Unicef im Kampf gegen den Hunger. Andere Weltkonzerne wie Walt Disney, Wal-Mart, Ikea, UPS oder Microsoft überbieten sich mit guten Taten. Dem Internet sei Dank können sich Firmen nicht mehr nicht gut verhalten. Wer sich grob danebenbenimmt, kann binnen Stunden auf der ganzen Welt am Pranger stehen mit Folgen, die sich längst in Bilanzen widerspiegeln.

EINE NEUE ZIVILGESELLSCHAFT DEFINIERT ARBEIT NEU
Aber es braucht Menschen, die das Internet mit Inhalt speisen. Menschen wie Bill Clinton, wie Melinda und Bill Gates, wie Richard Branson („Wenn ich mir überlege, wie man mich in Erinnerung behalten wird, dann möchte ich nicht der Typ aus dem Heissluftballon sein!"), wie Bob Geldof und Bono, wie Muhammad Yunus mit seiner Grameen Bank und deren Mikrokrediten für die Ärmsten der Armen. Menschen wie Frank Ribaud, der Chef von Danone, der auf Einladung von Muhammad Yunus im Norden Bangladeschs eine Fabrik baute, die seit Januar 2007 Milchprodukte herstellt. Es wurde die Firma Grameen-Danone gegründet, eine Non-Profit-Organisation für eines der ärmsten Länder der Welt, geführt mit professionellen Strukturen von einem der erfolgreichsten Konzerne der Welt.

Sinnfindung nicht nur im Geldscheffeln, sondern auch in der Ethik, beim Individuum und in Firmen. Die Zivilgesellschaft ist aufgewacht und hat mittlerweile, zumindest vereinzelt, auch die Vorstandsetagen erreicht. Spätestens seit klar ist, dass die

UNO regelmässig auf den politischen Feldern zu spät kommt und die Staaten in einer globalisierten Welt herumliegen wie ratlose Saurier kurz vor dem Aussterben. Ob dabei Life Earth direkt etwas bewirkt, ist nicht entscheidend. Wichtig ist, dass das Bewusstsein geweckt wird. Und dafür ist die Musik laut genug.

DIE GUTEN VORSÄTZE
Gute Vorsätze bedeuten: Ich will etwas anderes! Ich habe aber nicht den Mut, diese eindeutige Aussage gegenüber anderen und mir zu machen. Deshalb erzähle ich von dem, was ich mir vorgenommen habe. Bedeutet übersetzt Selbstbetrug. Und noch eins: Die anderen interessieren sich für alles, nur nicht für das, was Sie sich vorgenommen haben.

DAS LANGE WARTEN
Viele Menschen, kalendarisch gesehen Erwachsene, wollen weiterhin Kind bleiben. Sie warten auf die Fee, die ihnen alles bringen möge, alle Wünsche erfüllen soll. Sie erwarten, dass andere sie glücklich machen sollen. Sie scheuen sich, aktiv zu werden. Im Vordergrund die geliebte Sicherheit. Dabei gibt es nur eine davon: Sie ist ungefähr zwei Meter lang, meist aus Holz und unter der Erde.

„Die Vernünftigen halten bloss durch:
die Leidenschaftlichen leben."
Sébastien Chamfort

Viele stehen immer kurz davor, zu leben. In der vorgefassten Meinung, selbst doch nichts ändern zu können. Oder sie sind wie Kinder, die die Augen schliessen in der Hoffnung, man könne sie dann nicht sehen. Womit wir wieder bei der guten

Fee wären, deren Flugzeug entweder entführt ist oder dauernd Verspätung hat. Wer fröhlich seine Glatze föhnt, hat mit dem Schicksal sich versöhnt.

„Man kann nicht kämpfen, wenn die Hosen
voller sind als die Herzen!"

Carl von Ossietzky

Der Sicherheitsgedanke lässt Sie erstarren, dafür entkorken Sie lieber die Hausmarke Hoffnung. Die trübt den Blick gewaltig. Auf der Wiese der Hoffnung stehen bekanntlich viele Narren. Gott kann zwar Berge versetzen, aber bringen Sie lieber selbst eine Schaufel mit. Better brave than slave. Die totale Sicherheit gibt es nie!

LEIDENSCHAFT UND ÜBERZEUGUNG

„Kein Mensch muss müssen", wusste schon Lessings Nathan, der bekanntlich weise war.

Wenn Sie etwas tun oder arbeiten – tun Sie es generell mit Freude und Commitment, oder lassen Sie es bleiben. Love it, leave it or change it!

In der Fussballpause fragten die Spieler ihren Trainer: „Coach, werden wir gewinnen?"

„Nein!", antwortete dieser.

„Warum nicht?", wollten die Spieler wissen.

„Weil ihr fragt!"

DIE MAGIE DER VISION

„If you can dream it, you can do it!" Steht auf der Homepage von Viktor Röthlin, seit Jahren einem der besten europäischen Marathonläufer. Viktor hatte als kleiner Junge den Berufswunsch, Markus Ryffel (Silbermedaille Olympische Spiele Los

Angeles 1984 über 5 000 m) zu werden. 22 Jahre später, 2006, ist er selbst Silbermedaillengewinner über die Marathondistanz an der EM in Göteborg, mehrfacher Sieger des Zürich-Marathons und mit 2:08:20 souveräner Schweizer Rekordhalter über diese Distanz.

„Man gibt immer den Verhältnissen die Schuld für das, was man ist. Ich glaube nicht an die Verhältnisse. Diejenigen, die in der Welt vorankommen, gehen hin und suchen sich die Verhältnisse, die sie wollen, und wenn sie sie nicht finden können, schaffen sie sie selbst."

George Bernard Shaw

Luca und Ingrid Bein, unsere Interviewgäste in diesem Kapitel, fanden in ihrem ursprünglichen Beruf als Tierärzte nicht mehr genügend Erfüllung. Sie beschlossen, in ihrem bereits vorher viel bereisten Traumland Südafrika Wein zu produzieren. Nicht aus Langeweile, professionell. Dafür studierten sie an der Universität in Stellenbosch mit Studenten, deren Eltern sie problemlos hätten sein können, Weinbaukunde (Önologie). Nicht etwa auf Deutsch, auch nicht auf Englisch, sondern auf Afrikaans. Versuchen Sie diese Sprache nur schon mal in der Schweiz zu erlernen ... Heute leben die beiden in Stellenbosch auf einem schönen Weingut und produzieren jährlich vom eigenen Rebberg etwa 15 000 Flaschen Luca and Ingrid Bein Wine, einen wunderbaren und mehrfach prämierten Merlot.

GLÜCK IN DER ARBEIT?
Leider kann man nicht glücklich sein wollen. Auch wenn uns dies Think-positive-Gurus dauernd um die Löffel schlagen. Glück ist nur indirekt erlebbar, gewissermassen ein Abfallprodukt Nach all dem, was wir wissen, ist Glück oder Glücks-

erleben eine Begleiterscheinung aktiven Tuns, selbstverantwortlichen Lebens, klaren Denkens, präziser Entscheidungen.

Es ist nicht flüchtiges Vergnügen. Glück ist richtungsgleich mit Sichanstrengen, Schwierigkeiten-Überwinden, Hindernisse-Beseitigen. Glück als Überwindungsprämie. Beins mussten zuerst überhaupt mal an der Uni in Stellenbosch aufgenommen werden. Dazu brauchte es das Bestehen von Tests. Das schwirige Studium in einer absoluten Fremdsprache musste bewältigt werden. In der unsicheren Post-Apartheid-Phase wurde ein Haus gebaut und ein Business mit einheimischen Arbeitern entwickelt.

Damit sind Eigenschaften verbunden, die am gegenwärtigen Wertehimmel schon fast provokativ wirken:

Disziplin und Konzentration!

Wenn Sie beschliessen, jeden Tag vor der Arbeit davonzulaufen – tun Sie es! Niemand hat Sie dazu gezwungen, es ist von Ihnen frei gewählt. Wenn Sie jetzt wegen schlechten Wetters, späten Ausgangs oder Niederlage Ihres Lieblingsvereins zusammenknicken, fügen Sie sich selbst Schaden zu. Ihr Selbstrespekt leidet. Die Botschaft an Ihr Unterbewusstsein lautet: „Ich bin willensschwach!" Die ideale Voraussetzung für weitere Misserfolge. Dass Erfolg eben doch Glücksache ist, wird Ihnen ab diesem Zeitpunkt jeder Versager bestätigen. Oder alle Lotto-Millionäre, die deshalb auch so langfristig glücklich sind.

EIN LETZTES WORT

Friedrich Nietzsche lässt seinen Zarathustra sagen: „Das ist mein Weg – wo ist der eure? Den Weg nämlich – den gibt es nicht."

Wir behaupten keinesfalls, mit diesem Buch den Weg aufgezeigt zu haben. Aber dass es ein schöner und gangbarer voller Inspironomie® und Lebensfreude ist – dazu stehen wir!

Wenn Sie etwas tun wollen, für sich oder für Ihre Mitarbeiter – tun Sie es innerhalb der nächsten 48 Stunden. Aufschub ist der Dieb der Zeit. Sonst tun Sie es nicht mehr. Wäre doch schade, oder?

9.1 Interview mit Ingrid und Luca Bein

Wann ist erstmals der Gedanke aufgekommen, eine andere Arbeit in einem völlig anderen Land als der Schweiz zu verrichten?

Um ehrlich zu sein – dies war eigentlich gar nie so richtig geplant, es hat sich einfach so ergeben. Ursprünglich kamen wir auf unserer Hochzeitsreise zum ersten Mal nach Südafrika, wobei wir – zwei Jungtierärzte mit ausgesprochenem hippologischem Interesse – gleichzeitig auch ein zweimonatiges Praktikum in Pferdegynäkologie angehängt haben. Südafrika hat eine recht aktive Vollblutpferdezucht, und dank Beziehungen zu einem südafrikanischen Vollblutzüchter – deshalb auch Südafrika – fanden wir Zugang und Gelegenheit zur Erweiterung unseres praktischen Horizontes. Die Schweiz selbst bietet ja pro gynäkologisch praktizierenden Tierarzt im Durchschnitt so viel Stutenmaterial wie eine einzige Farm in Südafrika, also zu wenig, um eigentliche praktische Erfahrung zu sammeln.

Natürlich hatte Südafrika auch seinen speziellen Reiz, um uns auf die Reise zu locken – Afrika! Welcher Tierarzt hat nicht seine Daktari-Fantasien! Und für Naturliebhaber (und Romantiker!) ist Südafrika immer eine Reise wert!

Wie wird man Winemaker in Südafrika?

Winemaker ist kein geschützter Beruf. Entsprechend kann jeder Winemaker werden, der will – oder kann! Geld kann dabei eine wichtige Rolle spielen. Viele unserer Kollegen wechselten zum Weinmachen, indem sie es einfach versuchten. „Learning by doing" nennt man dies dann. Ich nenne es "trial and error" – deshalb entschlossen wir uns, es von Grund auf zu studieren, und schrieben uns an der Universität Stellenbosch für ein Weinbau- und Önologiestudium ein. Vier Jahre dauerte dies. Zugegebenermassen ein grosser Aufwand – manche meinen, das sei viel zu teuer. Aber wenn wir nun so rundherum beobachten können, was Nichtwissen kostet, dann sind wir froh, diesen Weg gewählt zu haben.

Abgeschlossen haben wir im Jahre 2002 mit einem „Bachelor of Science" und vielen neuen Freunden. Dies ist uns eine grosse Stütze als Newcomer in der Weinszene, einer Industrie, die mit 30 Prozent Überproduktion weltweit kein einfaches Tummelfeld ist. Und wo das Sprichwort wie kaum sonst wo zutrifft: „Weinmacher werden ist nicht schwer, Weinmacher bleiben dagegen sehr!"

Wer von euch beiden war die treibende Kraft für diesen doch einschneidenden Entscheid?
Ingrid ist eindeutig die „Hauptschuldige". Sie trifft Entscheidungen aus dem Bauch. Ich natürlich auch, nur brauche ich viel länger, um diese auch zu rationalisieren, Beweise zu sammeln, um die Vernünftigkeit des Entscheides plausibel erscheinen zu lassen, und überhaupt – man kann doch nicht einfach so etwas Wichtiges so schnell beschliessen! Aber Ingrid kann dies. Einfach so. Und so kam es, dass sie – als wir im März 1993 „unseren" Rebberg am Polkadraai angeboten bekamen – sofort wusste, dass wir ihn kaufen.

Dass wir aber schon sechs Jahre später hierherzogen und Wein machten, war nicht geplant; es war schon gar nicht ein singulärer, heroischer Entscheid, wie man meinen könnte. Mehr schon so eine Art Evolution, natürlicherweise vorgegeben und langsam entwickelt, durch eine Vielzahl von Faktoren geformt, und noch lange nicht am Ende seiner Entwicklung. Aber immer auf der Suche nach Optimierung!

Du, Ingrid, hattest in der Schweiz eine Kleintierpraxis, Luca eine Grosstierklinik, also getrennte Betriebe. Nun arbeitet ihr gemein-

sam im gleichen Betrieb am gleichen Produkt, was sehr viel Nähe bedeutet. Probleme damit?

Natürlich ging die Umstellung nicht ohne Reibereien vor sich. Jeder hatte sich sein Plätzchen auszusuchen. Schwieriger war es an der Universität, wo wir – beide offiziell gleichgestellt – natürlich knallhart benotet wurden und auch in Praktika gnadenlos in dieselben Gruppen eingeteilt wurden. Da hiess es manchmal schon aufpassen. Aber auf der anderen Seite brachte uns die gemeinsame Herausforderung auch näher!

Und heute haben wir beide unsere eigenen Bereiche, aber eigentlich nicht bewusst zugeteilt. Diese Aufgabenbereiche können sich über die Zeit auch verändern, aber doch so, dass wir beide wissen (und schätzen), was der andere tut (oder eben auch nicht getan hat).

Habt ihr nie Sehnsucht nach dem Tierarztberuf?

Nein, obwohl wir eigentlich beide gerne in unserem Beruf gearbeitet haben, welcher auch mehr direkte Anerkennung gebracht hat als unser neuer Beruf. Aber ich denke, dass, wenn eine neue Aufgabe erfüllend genug ist, man eigentlich nicht Vergangenem nachhängt. Zudem ist Weinmachen ein äusserst naturwissenschaftlicher Beruf mit viel Chemie, Physik, Mikrobiologie und Pflanzenkunde – eben Natur! Dabei ist es gar nicht so, dass wir nicht unserer Tierliebe frönen würden: Unsere Tiere sind unsere täglichen Begleiter, angefangen bei unseren drei Hunden, der Katze, den Hühnern, der Eselin Gloria bis hin zu den vielen „wilden" Tieren auf unserer Farm, dem Steenbock, den Fasanen, Eulen, den Hunderten von Perlhühnern und all den vielen anderen wunderbaren Vögeln.

Als Winemaker ist man dauernd von Wein umgeben. Wie gross ist die Gefahr, ihn selbst zu brauchen? Ist Alkoholismus ein Problem auf südafrikanischen Weinfarmen?

Die Allgegenwärtigkeit von Wein ist natürlich eine Gefahr, der man sich auf einer Weinfarm bewusst sein muss. So gibt es ungeschriebene Regeln, dass man beispielsweise nie in einem Keller trinkt. Weine, welche verkostet werden, werden ausgespuckt: Die Bewertung hat oberste Priorität, nicht das Trinken. Es ist vergleichbar mit einem Arzt, welcher sich auch nicht mit Medikamenten volldröhnt, obwohl er permanenten Zugang dazu hat.

Südafrika ist in dieser Hinsicht besonders sensibilisiert, da hier früher Alkohol Teil des Lohnes vieler Landarbeiter war, wie dies ja auch in vielen anderen Wein produzierenden Ländern gang und gäbe war. Dies ist aber heute in Südafrika strikt verboten. Trotzdem wiegen die Altlasten natürlich noch schwer, und es gibt viele Fälle von pränatalem Alkoholsyndrom unter den Farmarbeitern. Es bleibt zu hoffen, dass mit zunehmendem Wohlstand unter der Bevölkerung sich diese Probleme über die nächsten Generationen auswachsen werden.

Generell glaube ich, dass nicht die Verfügbarkeit einer Droge die eigentliche Suchtgefahr darstellt, sondern die Disposition des Suchtgefährdeten selbst. So betrachtet, ist das Arbeiten in einer Weinfarm so gefährlich wie das Arbeiten in einer chemischen Fabrik in Basel.

Eure Erfahrungen mit Südafrika als Business-Land?

Afrika ist verschieden von Europa – zum Glück! Man muss sich zuerst einmal umschauen, einleben, angewöhnen und schliesslich akzeptieren. Wir Westeuropäer neigen dazu, die Welt aus unserer Sicht zu sehen. Was nicht so ist, ist minderwertig. In diesem Zusammenhang eine kleine Geschichte:

Ich vergesse nie den Tag, als wir uns an der Stellenbosch-Universität anmelden wollten und mich die Beamten dort fragten, was ich denn dort suche. Was denn meine Qualifikation sei. Eine Schweizer Matur? Was ist das? Da soll ich doch bitte sehr zuerst einmal meine Credits und Unterlagen über die bestandenen Kurse bringen! Zuerst war ich natürlich empört: Ich meine, eine Schweizer Matur ist doch was Besonderes! Inzwischen sind wir etwas bescheidener geworden. Haben gelernt, dass Stellenbosch eine Eliteuniversität ist, eher anerkannt in der Welt als die Uni Zürich! Grösser als die Uni Zürich! Und strenger – unserer Erfahrung nach.

Dieselbe Erfahrung mit der afrikanischen Wirtschaft. Hüte dich vor Hochmut!

Natürlich bringen unsere schweizerischen Tugenden noch immer viele Vorteile: ein gesundes Qualitätsempfinden, früher aufstehen, länger arbeiten und vor allem immer dran sein!

Aber dies ist weltweit so. Und so bemühen wir uns hier um ein Spitzenprodukt, so wie wir uns in der restlichen Wirtschaftswelt bemühen müssen. Natürlich sind manchmal gewisse Dinge mühsamer in Afrika – abhängig von dem (gerechtfertigt oder ungerechtfertigt eingesetzten) Beamten, der damit beschäftigt ist. Aber wir können uns an Situationen in der Schweiz erinnern, wo uns auch schon graue Haare gewachsen sind!

Und last but not least: Wenn ich denke, was wir hier in dieser kurzer Zeit aus dem Nichts geschaffen haben – ich glaube nicht, dass dies in „good old Europe" möglich gewesen wäre!

Einmal Südafrika, immer Südafrika?

Dass wir ausgewandert sind, bedeutet nicht, dass wir der Schweiz abgeschworen hätten. Vielmehr ist unser Leben international geworden, mit Freunden „all over the world", neuen

Ideen und offenen Horizonten. Und dabei sind uns selbst viele unserer „alten" Schweizer Freunde nähergekommen, als dies in der Schweiz möglich gewesen wäre, können wir sie hier doch jetzt willkommen heissen, zusammensitzen und die Zeit abseits von der üblichen Hektik mit ihnen verbringen.

Und wenn wir in der Schweiz sind, so haben auch wir mehr Musse, uns auf die Schweiz und unsere Freunde einzulassen und die Zeit dort zu geniessen. So betrachtet fühlen wir uns ausgesprochen wohl hier in Südafrika.

Luca und Ingrid Bein entschieden sich nach 25 Jahren in der Tiermedizin, fortan gemeinsam Wein zu produzieren – in Südafrika. Sie sind als Team gut eingespielt und ausgesprochen zufrieden in der neuen Heimat. Ihre Schweizer Herkunft können und wollen sie aber nicht verleugnen, zumal typische Eigenschaften wie Verantwortungsbewusstsein und Streben nach Qualität einen hohen Stellenwert für sie haben.

10. Inspironomie®-Bar

Was nun folgt, ist ein Inspirationspfad als Orientierungskarte für Dienstleistung und Genuss. Koordinaten, die auch wir regelmässig ansteuern, um uns neu zu tunen, die Seele baumeln zu lassen oder uns eben von neuem zu inspirieren.

BAR WISSEN UND SCHULUNG
ÄQUILIBRIS SEMINARE AG Basel
Leitung: Dr. med. Marco Caimi
Corporate Health
Referate und Kick-offs
Innerbetriebliche Gesundheitsförderung
Kongresse und Events
Hirschgässlein 30, CH-4051 Basel
Fon: 0041 61 225 92 77
Mobile: 0041 79 286 40 71
E-Mail: seminare@aequilibris.ch
www.aequilibris.ch

SIB – Schweizerisches Institut für Betriebsökonomie
Lagerstrasse 5, 8021 Zürich
www.sib.ch
info@sib.ch

BAR WOHLBEFINDEN
ÄQUILIBRIS REHAB und DIAGNOSTIK BASEL
Dr. med. Christa Ritter
Dr. med. Marco Caimi
Zentrum für Medizinische Kräftigungstherapie
und Rehabilitation

Schmerztherapie und Physikalische Medizin
Moderne Leistungsdiagnostik und Innere Medizin FMH
MFT-Kompetenzzentrum
Orthomolekulare Medizin und Ernährungsberatung
Hirschgässlein 30, CH-4051 Basel
Fon: 0041 61 225 92 55
E-Mail: info@aequirehab.ch
www.aequirehab.ch

ÄQUILIBRIS REHAB FRENKENDORF
Dr. med. Angela Reinhart
Zentrum für Medizinische Kräftigungstherapie
und Rehabilitation
Psychosomatik APPM/Innere Medizin FMH
Güterstrasse 8, CH-4402 Frenkendorf
Fon: 0041 61 901 40 40
E-Mail: info2@aequirehab
www.aequirehab.ch

BAR TRAINING
ÄQUILIBRIS TRAINING Basel
Medical Teaching Concept AG
Ärztlich geleitetes Kraft- und Ausdauertraining
365 Tage geöffnet
Hirschgässlein 30, CH-4051 Basel
Fon: 0041 61 273 42 92
E-Mail: info@aequilibris-training.ch
www.at2.ch

ÄQUILIBRIS TRAINING Frenkendorf
PM Health Systems GmbH
Ärztlich geleitetes Kraft- und Ausdauertraining

MFT-Kompetenzzentrum
365 Tage geöffnet
Güterstrasse 8, CH-4402 Frenkendorf
Fon: 0041 61 901 60 00
E-Mail: at2@aequilibris-training.ch
www.at2.ch

BAR GENUSS UND RELAXEN
Parkhotel Waldhaus Flims
CH-7018 Flims Waldhaus
Fon: 0041 81 928 48 48
E-Mail: info@parkhotel-waldhaus.ch
www.parkhotel-waldhaus.ch

Hotel Waldhaus Sils
CH-7514 Sils Maria
Fon: 0041 81 838 51 00
E-Mail: mail@waldhaus-sils.ch
www.waldhaus-sils.ch

BAR MÄNNERMODE
Roberts Männermode
Personal shopping by appointment
Aeschenvorstadt 37, CH-4051 Basel
Fon: 0041 61 271 85 82

BAR KULTUR UND DESIGN
Vitra Design Museum
Charles-Eames-Strasse 1, D-79576 Weil am Rhein
www.vitra.com
www.design-museum.de

BAR COACHING UND BERATUNG
Dr. med. Stefan Schmid
Sexualberatung Uni Zürich und Heidelberg
Psychosomatik APPM
Männermedizin
Gynäkologie und Geburtshilfe FMH
Zürcherstrasse 11, CH-4310 Rheinfelden
Fon: 0041 61 831 81 81
E-Mail: stefan8@bluewin.ch

apraxis
Arbeitspsychologische Praxis
Peter Gugger, dipl. Psychologe FH/HAP
Dipl. Berufs- und Laufbahnberater BBT/SVB
Käferholzstrasse 210, CH-8046 Zürich
E-Mail: info@apraxis.ch
www.apraxis.ch

BAR AUSDAUERSPORT
Infos zu innovativen Produkten
www.montanasport.ch
www.asics.ch

Die Ausrüstungsprofis
Kost Sport Basel
Freie Strasse 51, CH-4001 Basel
www.kostsport.ch

Sport bym Törli
Rathausstrasse 78, CH-4410 Liestal
www.sportbymtoerli.ch

Ausdauerliteratur
Fit for Life
Das Magazin für Ausdauersport
E-Mail: info@fitforlife.ch
www.fitforlife.ch

Trainingsberatung
TOP PERFORMANCE COACHING
Olivier Bernhard
Mehrfacher Duathlonweltmeister und Ironman-Sieger
www.olivierbernhard.com

Trainingsplanung mit Viktor Röthlin
WM-Bronze Marathon Osaka 2007
www.vicsystem.com

BAR LÖWEN
Wo Sie lesen, was „Löwen" sonst noch tun:
OFFICElife
Das Magazin für den gesunden Arbeitsplatz
Blickpunkt:KMU Verlag GmbH
www.officelifeschweiz.ch

BAR SÜDAFRIKA
ÄQUILIBRIS SEMINARE AG Stellenbosch/Südafrika:
46, Simonsberg Ave., Devonvale/Stellenbosch, South Africa
Fon: 0041 79 286 40 71
E-Mail: seminare@aequilibris.ch

Wine Tasting
Luca and Ingrid Bein
Petrus Place
Polkadraai Road, Stellenbosch/SA
E-Mail: lib@beinwine.com
www.beinwine.com

Distribution Bein Wein CH/D/A:
Savinis AG
Bahnhofstrasse 48, CH-4132 Muttenz
E-Mail: info@savinis.ch
www.savinis.ch

Falls Ihr „Löwe" mal Schmerzen hat:
Praxis für Kleintiermedizin
Dr. med. vet. Veronica Fankhauser
Dr. med. vet. Simone Hauser-Eugster
Muttenzerstrasse 107, CH-4133 Pratteln
Fon: 0041 61 821 14 14

Wir wünschen Ihnen tolle Erlebnisse!

11. Literaturverzeichnis

FitFood – was Ihr Körper wirklich braucht
Dr. med. Marco Caimi, A&O Smart

The Art of Movement-Erfolg durch LebensPower
Dr. med. Marco Caimi, A&O Smart

Die Banalität der Kraft – schonen wir uns zu Tode?
Dr. med. Marco Caimi, A&O des Wissens

Abenteuer Karriere? – LebensPower statt Burnout!
Dr. med. Marco Caimi, A&O des Wissens

Nur zu Besuch ...! Liebesgedichte pur
Marco Caimi, A&O des Wissens

Körpersprache im Beruf
Samy Molcho, Goldmann

Diagnose Boreout – warum Unterforderung im Job krank macht
Phillipe Rothlin, Peter R. Werder, REDLINE WIRTSCHAFT

Forever Young – das Erfolgsprogramm
Dr. Ulrich Strunz, Deutscher Taschenbuch Verlag, München

Growing a chair – Das Büro und sein Stuhl
By vitra.

Der Dresscode
Fragen des Stils. Antworten des guten Geschmacks
Clifford Lilly/Jeroen van Rooijen, orell füssli

Lebe deinen Life-Code
Dr. Michael Despeghel, Campus

Krafttraining in Prävention und Therapie
Werner Kieser, Marco Caimi et. al, Huber

Das Ego-Projekt
Roger Schawinski, mvg

No risk, no fun – Ihr Weg in die Selbständigkeit
Klaus Kobjoll, Dagmar P. Heinke, orell füssli management

Das Blocher-Prinzip – Ein Führungsbuch
Matthias Ackeret, Meier Buchverlag Schaffhausen

Mobbing – Psychoterror am Arbeitsplatz und wie man sich dagegen wehren kann
Heinz Leymann, Rowohlt Taschenbuch Verlag GmbH, Reinbeck bei Hamburg

Re-imagine! Spitzenleistungen in chaotischen Zeiten
Tom Peters, Dorling Kindersley Limited, London

Abenteuer European Quality Award
Klaus Kobjoll, Orell Füssli Verlag AG, Zürich

Future Fitness – Wie Sie Ihre Zukunftskompetenz erhöhen
Matthias Horx, Eichborn Verlag, Frankfurt am Main

LITERATURVERZEICHNIS

Vom Know-how zum Do-how
Daniel Zanetti, Ullstein Buchverlage GmbH, Berlin

Zeit – der Stoff, aus dem das Leben ist
Stefan Klein, S. Fischer Verlag GmbH, Frankfurt am Main

Winning – the answers
Jack & Suzy Welch, Harper Collins Publishers, London

Der flexible Mensch
Richard Sennett, Berliner Taschenbuch Verlag, Berlin

Führen, leisten, leben
Fredmund Malik, Campus Verlag, Frankfurt/New York

Konfliktmanagement
Team Businessmediation (Hrsg.), Linde Verlag, Wien

Funky Business
Jonas Ridderstråle, Kjell Nordström,
Bookhouse Publishing, Harlow

Warum Vertrauen siegt
Gertrud Höhler, Ullstein Buchverlage GmbH, Berlin

Screw it, let's do it again
Richard Branson, Virgin Books, London

Mobbing – was tun?
Irmtraud Bräunlich Keller, Beobachter-Buchverlag, Zürich

www.aundoverlag.ch